Johanna Schopenhauer

Reise durch England und Schottland

Johanna Schopenhauer

Reise durch England und Schottland

Reproduktion des Originals.

1. Auflage 2022 | ISBN: 978-3-36826-621-9

Verlag: Outlook Verlag GmbH, Zeilweg 44, 60439 Frankfurt, Deutschland
Vertretungsberechtigt: E. Roepke, Zeilweg 44, 60439 Frankfurt, Deutschland
Druck: Books on Demand GmbH, In de Tarpen 42, 22848 Norderstedt, Deutschland

Inhalt

ENGLAND

VORLÄUFIGE BEMERKUNGEN ÜBER ENGLAND

Es ist eigentlich recht erfreulich, in diesem Lande zu reisen. Die schönsten Landschaftsgemälden ähnlichen Parks, die Gärten, die zweckmäßige Einrichtung der Häuser, der raffinierte Luxus, die Nettigkeit der Ordnung überall, die selbst in dem unbedeutendsten Hausgeräte sich zeigende Eleganz und Bequemlichkeit, machen Einen frohen Eindruck auf den Besuchenden. Man wünscht sich alle diese Dinge nicht, weil man ihrer nicht gewohnt ist, oft nicht einmal ihren Gebrauch kennt; aber man bekommt ein Gefühl von heiterem Lebensgenusse. Nur den Wunsch, sich der Kunstwerke recht zu erfreuen, sie zu studieren, vielleicht etwas zu kopieren, muß man nicht aufkommen lassen; denn seine Erfüllung ist in diesem Lande mit so vielen Schwierigkeiten umgeben, dass sie fast undenkbar wird.

Von den Schönheiten des Landes und der Wege, von den bequemen Gasthöfen, die man auch in den abgelegensten Gegenden findet und in welchen man nur einen wohlgefüllten Beutel braucht, um gleich so gut und vielleicht besser als zu Hause zu sein, von der trefflichen Einrichtung des Postwesens ist überall viel gesagt und geschrieben, und dennoch nicht zu viel, um dieses in seiner Art vollkommenste Ganze gehörig zu loben.

Für jetzt wollen wir uns aber darauf beschränken, eine allgemeine Idee eines englischen großen Landhauses mit seinen Umgebungen aufzustellen und alsdann versuchen zu beschreiben, was wir auf einer Reise von London durch das nördliche England nach Schottland zu sehen Gelegenheit hatten.

Ein englischer Park ist von dem, was man sich in Deutschland unter diesem Namen denkt, merklich verschieden. Er umfasst die das Wohnhaus oder Schloß zunächst umgebenden, eigentlich zu demselben gehörigen Ländereien und ist gewöhnlich von ziemlichen Umfange. Äcker und Wiesen, mit lebendigen Hecken zierlich eingefasst, durchschnitten von wohlgehaltenen Kieswegen zum Gehen und Fahren, liegen in seinem Bezirk, sowie auch einzelne Wirtschaftsgebäude von gefälliger, aber doch ihre Bestimmung andeutender Form. Überall hat man nach malerischen Effekten gestrebt, und die sanften Anhöhen und

1

Vertiefungen dieses Landes erleichtern dieses Streben; aber immer ist das Nützliche mit dem Schönen vereint.

Der höchste Schmuck dieses Parks sind die üppige Vegetation der wohlbestellten Äcker, die unvergleichlich schönen grünen Wiesen und die prächtigen Bäume, größtenteils Eichen und Buchen, welche überall in Gruppen verteilt stehen. In England haben die Bäume das Eigne, daß sie mehr als in anderen Ländern gleich von der Wurzel an ausschlagen und kleinere Zweige treiben. Enge, durch dichte Schatten und Gebüsche sich hinschlängelnde Gänge findet man in keinem Parke; auch Gehölze sind, wie überall in England, selten. Man könnte sagen, es fehle Schatten, wenn nicht gerade in diesem Lande, wo bei sehr milder Luft dennoch die Sonne selten recht heiß und hell scheint, der Schatten entbehrlicher wäre als anderswo. Die Kioske, Tempel, Einsiedeleien unserer Parks fehlen dort ebenfalls; alle diese zur Zierde dienenden Gebäude sind in die vom Park ganz verschiedenen, das Haus näher umgebenden Anlagen, in die sogenannten Pleasure-Grounds verwiesen. Nur in sehr großen Parks, wie die von Blenheim oder Stowe, steht hier und da ein Obelisk, eine Pyramide oder ein Turm, um vom Schloß aus eine Ansicht zu gewähren.

An Wasser darf es nie fehlen. Künstliche Wasserfälle kennt man nicht Und noch weniger Springbrunnen. Fließt aber ein kleiner Fluß oder nur ein beträchtlicher Bach in der Nähe einer solchen Besitzung, so muß er, wenn auch mit großen Kosten herbeigeführt, sich in mannigfaltigen Krümmungen hindurchschlängeln. Fehlt es an lebendigem Wasser, so sucht man wenigstens einem stehenden Kanale den Schein davon zu leihen. Man gibt ihm eine leichte, natürliche Krümmung, verdeckt Anfang und Ende mit überhängendem Gebüsche, wirft schöne Brücken darüber und täuscht so das Auge, oder man verwandelt die Ufer eines Teichs in die unregelmäßigen Umgebungen eines kleinen Sees. Überall strebt man nach dem Schönen und flieht das Gesuchte, Steife, Pretiöse.

Die Staffage vollendet diese lebendige Landschaft. Hunderte von halbzahmen Hirschen und Rehen weiden beinahe ganz furchtlos auf den grünsten Wiesen der Welt; mit ihnen die schönsten Pferde, Kühe und Ziegen, besonders in der Nähe des Hauses, wo sich die Wiesen rings umher wie ein Teppich auf das herrlichste ausbreiten. Die schönen Gestalten dieser Tiere, ihre leichten freien Bewegungen, ihr Wohlsein geben dem Ganzen einen unbeschreiblichen Reiz.

Immer liegt das Wohnhaus auf einer sanften Anhöhe, alle Bäume sind aus seiner nächsten Nähe verbannt, damit Licht, Luft und Sonne kein Hindernis finden. Dennoch ist es nicht heiß in den Zimmern, teils weil es überhaupt in England nicht heiß ist, teils wegen der wenigen Fenster, die aber so verständig angebracht sind, daß jeder Teil des Gebäudes sein hinlängliches Licht hat.

Die äußere Ansicht der englischen Landhäuser ist aus unzähligen Kupferstichen bekannt genug. Selten herrscht ein ganz reiner Geschmack darin, oft sind sie mit Verzierungen überladen. Die Hauptfassade ist gewöhnlich mit Säulen geziert. Sind gleich die Verhältnisse derselben nicht immer die richtigsten, scheinen sie oft müßig dazustehen, so gewähren sie doch immer ein angenehmes, schattiges Plätzchen vor dem Hause, von welchem man recht behaglich ins Freie über den grünen Wiesenplan hinaussieht. Unter und vor diesen Säulen stehen unzählbare fremde Gesträuche und Blumen in Vasen, teils auf schönen Gestellen übereinander getürmt, teils auf den Stufen des Eingang und den Geländern zierlich geordnet. Der Luxus, den man mit diesen Pflanzen treibt, ist unglaublich. Täglich müssen die verblühten hinweggeschafft und andere an ihre Stelle gesetzt werden.

Höchst reizend ist der Anblick dieser Shrubberies. Florens Schätze werden aus allen Ländern der Welt hierher gezaubert. Doch auch über diese schönsten Kinder der Natur herrscht in England das eiserne Zepter der Mode. In der Zeit, aus welcher diese Beschreibung stammt, hatte sie gerade die Eriken oder Heidekräuter ihrer besonderen Huld gewürdigt. Man gab wohl fünfzig und mehr Guineen für so ein geruch-, oft farbenloses Kraut hin, wenn es nur aus einem recht entfernten Winkel der Erde herstammte. Große Orangerien sind in England, außer in den königlichen Gärten, selten anzutreffen.

Die innere Einrichtung der Häuser richtet sich hier, wie überall, nach dem Reichtum und Geschmacke des Erbauers, des Bewohners und des Zeitalters, in welchem sie entstand. Die meisten haben große, vollkommen erleuchtete und hohe Souterrains, in welchen sich die Küche, die Gewölbe zur Bewahrung der Vorräte nebst den Bedientenzimmern befinden. Letztere sind durchaus gut möbliert, ja die der Haushälterin und des Haushofmeisters (in England Butler genannt) sogar elegant, hübsch tapeziert, mit Mahagonimöbeln und guten Fußteppichen. Auch bei den Bedienten wird die englische Sitte beobachtet, daß sie außer ihren Schlafzimmern noch Wohnzimmer und Speisezimmer haben.

Aus dem Garten tritt man gewöhnlich zuerst in eine große, hohe, öfters von oben beleuchtete Halle, die mit Gemälden oder Statuen, Basreliefs oder Vasen geziert ist. Zu beiden Seiten liegen die verschiedenen Putz- und Wohnzimmer; ein langes Zimmer enthält die Bibliothek, deren schöne Schränke und zierliche Einbände sie zu einem der elegantesten Zimmer des Schlosses machen. In vielen Häusern ist es Sitte, daß die Familie sich zum Frühstück darin versammelt. Sonst gibt es noch Frühstückszimmer, Arbeitszimmer, Musikzimmer, Gesellschaftszimmer, (Drawingrooms), Wohnzimmer (Parlours), Speisezimmer, Spielzimmer in Menge, doch selten von ausgezeichneter Größe. Überall einfache Pracht, Fußböden, Treppen und Vorplätze mit schönen Teppichen belegt. In vielen Häusern wechselt man im Sommer die warmen Winterteppiche mit kühlen, von gemalter Wachsleinwand, welche von beträchtlicher Dicke eigens dazu fabriziert wird. Mahagoniholz sieht man meistens nur an Treppengeländern, großen Eßtischen, Bettstellen; die Möbel in den herrschaftlichen Zimmern sind von fremden köstlicheren oder kunstreich lackierten Hölzern.

Man findet es bürgerlich, unmodisch, lächerlich, die Möbel an den Wänden hinzustellen, wie es in Deutschland gebräuchlich ist; in den Wohn- und Gesellschaftszimmern stehen alle in einem großen Kreis umher, so daß noch ein beträchtlicher Raum zum Spazieren zwischen den Stühlen, Sofas, Tischen und den Wänden übrig bleibt. Die Schreibtische sowohl als die Pianofortes sind immer mitten im Zimmer, wo eben das Licht am günstigsten fällt und man nicht von der Hitze nahe am Kamin oder vom Zug nahe am Fenster leidet. Noch müssen wir der Kamine gedenken, die, künstlich in Marmor gearbeitet oder mit brillantiertem Stahl geschmückt, eine der größten Zierden der Zimmer ausmachen. Schöne Vasen und prächtige Kandelaber prangen auf ihren Gesimsen. Der zweite Stock enthält die Schlafzimmer, welche indessen den Fremden nur selten gezeigt werden. Diese, besonders die der Damen, sind ein Heiligtum, in welches kein sterbliches Auge dringen darf. Oft hörten wir Engländerinnen mit wahrem Grausen von der Sitte der Französinnen sprechen, welche gerade ihre Schlafzimmer zum Besuchszimmer vorzugsweise erwählen.

So viel von der inneren Einrichtung der englischen Villen im allgemeinen. Kehren wir jetzt zurück zu den nächsten äußeren Umgebungen derselben.

Die Obst- und Gemüsegärten, die Treibhäuser liegen mit allen zur inneren Ökonomie gehörigen Gebäuden ganz nahe am herrschaftlichen Hause, werden aber durch mancherlei Vorkehrungen dem Auge entzogen. Diese Bezirke sind es, was der Engländer eigentlich Gärten (Gardens) nennt. Der zur Fußpromenade bestimmte Teil der Besitzung heißt Pleasure-Ground und liegt ganz nahe am Hause. Hier trifft man Ähnlichkeit mit den deutschen Parks: Gänge, die sich bald durch dichte Schatten, bald mehr im Freien hinschlängeln, Tempel, Säulen, Denkmäler, Ruheplätze und den ganzen architektonischen Reichtum der neueren Gartenkunst. Alle Gebäude sind von Stein, alle Geländer und Türen von schönem eisernen Gitterwerk. Hier blühen und grünen die vielen einheimischen Gesträuche, Bäume und Blumen neben den aus fremden Ländern herübergebrachten, die stark genug sind, den Winter im Freien zu ertragen.

Viele Pflanzen, die wir in Deutschland sorgfältig vor der Kälte schützen müssen, halten den durch Seeluft gemilderten englischen Winter aus, zum Beispiel der Laurus Tinus, da Heliotropium und der Jasmin (Jasminum officinale). Die beiden letzteren haben wir oft in einer Höhe von sechs bis acht Fuß sich an den Mauern hinziehen sehen.

Obstbäume aller art werden aus diesen Anlagen verbannt. Die verständige Weise, mit welcher alle Bäume mit Hinsicht auf Höhe, Wuchs und die dunklere oder hellere Farbe ihres Laubes geordnet sind, gibt dem Ganzen einen Zauber, den man fühlt, ohne sich ihn gleich erklären zu können. Alles ist zur schönsten befriedigenden Einheit gebracht. Das Auge wird sogar in Hinsicht der Entfernung eines Gegenstandes oft getäuscht. Die englischen Gärtner sind wahre Landschaftsmaler im Großen, ja wir möchten sie fast für die einzigen eigentlichen Künstler der Nation erklären. Jeden Vorteil, den Optik und die Regeln der Perspektive ihnen darbieten, wissen sie gar gut zu benutzen, ohne doch ins Kleinliche zu fallen. Mit den Nadelhölzern aller Art, den verschiedenen, uns zum Teil in Deutschland unbekannten, immergrünen Stauden und Sträuchern, deren einige sogar bisweilen im Dezember blühen, werden sehr schöne Effekte hervorgebracht. Gewöhnlich sieht man davon in der Nähe des Hauses eine Art Wintergarten an einem sonnigen Platz angelegt, in welchem man sich bei winterlichem Sonnenschein ergehen und, von allen Seiten durch das Grün getäuscht, in den Frühling hineinträumen kann. Solche Anstalten sind auf jener Insel notwendiger als bei uns: denn derselbe wunderliche Geist, der die Einwohner dieses Landes die nacht zum Tage umzuschaffen bewog, verwirrte auch den Lauf der Jahreszeiten. Der Winter herrscht in Hinsicht auf Kleidung und Vergnügen bis über die Mitte des Junius hinaus. Dann fängt der Frühling erst an, und so muß der Sommer und mit ihm der Aufenthalt auf dem Lande, welcher in der Regel erst im August und noch später beginnt, bis nach Weihnachten verlängert werden, damit jedem neben dem Unrecht auch sein Recht geschehe.

Der Haupteingang zum Park, ein oft sehr prächtiges Tor, hat zu beiden Seiten zwei kleine Gebäude, die Wohnung des Türhüters und seiner Familie, bei welchem sich jeder Einlaßbegehrende vermittelst einer Glocke meldet. Dieses Tor mit seinen Gebäuden, the Lodge genannt, ist eine Hauptzierde des Parks. Die beiden Pavillons sind bald im gotischen Geschmacke, bald im ägyptischen; sie stellen Türme, griechische Tempel oder auch nur artige, moderne Gartenhäuschen vor, je nachdem der Geschmack des Erbauers war. Immer hat der Türhüter eine freundliche, artige Wohnung darin, mit Küche und Keller und allem, wessen er bedarf, wohl versehen, und manche angesehene Familie in Deutschland würde zufrieden sein, einen solchen Sommeraufenthalt zu besitzen.

Woburn-Abbey

[Fußnote: Johanna trat die Reise nach längerem Aufenthalt in London mit ihrem Gatten am 30. Juni oder 31. Juli 1803 an]

Dieser Landsitz, der erste, welchen wir besuchten, ist das Eigentum des Herzogs von Bedford, des reichsten Particuliers und zugleich des größten Ökonomen in England. Sein Bruder, der Ökonomie mit noch größerem Eifer ergeben, starb vor wenigen Jahren, sechsunddreißig Jahre alt, und hinterließ dem jetzigen Besitzer, welcher sich dem geistlichen Stande gewidmet hatte, das große Vermögen.

Woburn liegt eine Tagesreise von London entfernt. Das erste, was man uns hier zeigt, waren natürlicherweise die Wirtschaftsgebäude, vor allem die Viehställe: denn der Herzog, wie seine Vorgänger, beschäftigt sich hauptsächlich mit diesem Zweige der Landwirtschaft. Auch machen die vierbeinigen Eleven aller Art ihrem Erzieher Freude und Ehre. Sie tragen bei den in England gewöhnlichen Preisbewerbungen in Hinsicht der Größe, Schönheit und des Gedeihens gewöhnlich über alle anderen Mitbewerber den Preis davon. Dafür wird auch alles getan, um ihr Andenken nach ihrem leider fast immer gewaltsamen Tode zu verewigen. Im Schloß wimmelt es von gemalten oder in Stein gehauenen ähnlichen Bildnissen der wohlgeratensten unter ihnen. Viele davon sind sogar in Kupfer gestochen, und ihr Porträt prangt in den Londoner Kupferstichläden neben anderen berühmten Porträts von großen Gelehrten oder Ministern.

So wenig wir auch vom Landhaus verstehen mochten, so war es uns doch unmöglich, die Ordnung überall und die zweckmäßigen Einrichtungen ohne Vergnügen und Bewunderung zu sehen. Man zeigte uns viele in diesem Lande der Industrie erfundenen Maschinen, um die ländliche Arbeit zu vereinfachen, zu erleichtern und einträglicher zu machen. Zum Beispiel eine Dreschmaschine; eine andere um das Getreide abzuschälen, damit kein Mehl in den Kleien verlorengehe; noch eine, womit man in der Mühle vier Sorten Mehl mit einem Mal durchbeutelt, und noch manches andere von dieser Art.

In den Viehställen herrscht eine unglaubliche Reinlichkeit, besonders da, wo wir sie am wenigstens vermuten konnten, im Schweinestalle. Die Bewohner dieses Orts hatten aber auch ein so gesegnetes Gedeihen, waren so groß und von der Last ihres Fettes so niedergedrückt, daß sie uns völlig lebensmüde erschienen. Noch zeigte man uns verschiedene ihrer Schönheit wegen berühmte Stiere und einige indianische Kühe. Letztere haben einen geraderen Rücken und einen kleineren Kopf, übrigens sehen sie wie andere Kühe aus.

Der Park mit seinen herrlichen Wiesen und den ehrwürdigen Bäumen ist von pittoresker Schönheit. Herden zahmer Hirsche und Rehe grasten darin umher, zu achtzig Stück und mehrere zusammen, mitten unter ihnen die schönsten, größten Schafe, einige asiatische mit dicken Fettschwänzen. Die furchtlose Ruhe dieser Tiere von so verschiedenen Gattungen erfreute uns jedes Mal, so oft wir den lieblichen Anblick auch sahen; sie führte ein Bild der schönen goldenen Zeit vor die Seele.

Das an sich große Schloß zeichnet sich vor andren weder durch besondere Pracht noch große Schönheit aus. Es ist zu neu, um ehrwürdig, zu alt, um elegant zu erscheinen. Nur montags steht es Fremden offen; für uns traf es sich diesmal sehr glücklich. Wir durchliefen eine Menge Zimmer voll Gemälden, größtenteils Porträts. Sechs große wunderschöne van Dycks, ganze Gestalten in Lebensgröße, fielen uns besonders auf. Dann auch das Porträt des unglücklichen Grafen Essex, ebenfalls in Lebensgröße. Er hatte eine schlaue, höchst bedeutende Physiognomie und einen ganz roten Bart. Ihm gegenüber hängt das Porträt der Königin Elisabeth, im geschmacklosesten, übertriebensten Putz, ohne allen weiblichen Reiz. Der historischen Gemälde und Landschaften, größtenteils aus der niederländischen Schule, sind eine große Anzahl, und darunter gewiß Stücke von hohem Werte. Auch eine sehr elegante Bibliothek befindet sich im Schlosse.

Das Orangeriehaus ist einfach prächtig. Acht große Marmorsäulen tragen in der Mitte desselben eine von oben erleuchtete Kuppel und umgeben eine große, mit Basreliefs geschmückte antike Marmorvase, über die man ein ganzes Buch schreiben könnte und an der wir flüchtig vorübereilen mußten.

Zu beiden Seiten der Orangerie ist eine oben bedeckte Promenade angebracht: sie bildet einen halben Kreis und dient zum Spazierengehen bei schlechtem Wetter und im Winter. Geißblatt, Rosen, echter Jasmin, Heliotrop und viele andere ähnliche Gewächse umranken die Pfeiler und die auf ihnen ruhenden Bogen, welche die Bedachung tragen; unzählige seltene und schöne Blumen und Gewächse stehen in Vasen, der Promenade entlang.

Ganz in der Nähe ist das Reithaus, ein anderes Haus zum Ballschlagen und eine Art von Pracht-Milchkammer, mit Fenstern von gemaltem Glase. Alle zur Milcherei gehörigen Gefäße sind darin von seltenem japanischen und chinesischen Porzellan--Die eigentlichen Spaziergänge fanden wir, im Vergleich mit den übrigen, weder groß noch prächtig, aber geschmackvoll angelegt.

Stowe's Garden

Landsitz des Marquis von Buckingham

Diese Gärten werden mit Recht für die schönsten und prächtigsten in England gehalten und liegen in nicht gar großer Entfernung von Woburn. Wir erreichten sie noch denselben Abend, nachdem wir nachmittags Woburn verlassen hatten, und fanden in dem dicht daneben liegenden Gasthofe sehr gute Bedienung.

Stowe's Garden enthält einen Reichtum von Tempeln, Obelisken, Säulen, Pavillons aller Art. In jedem beschränkteren Platze ist freilich weise Sparsamkeit mit solchen Verzierungen nicht genug zu empfehlen; aber hier in diesem großen Raume fällt die Anzahl der Gebäude nur auf, weil man jedesmal die glückliche Wahl bewundern muß, mit der sie angebracht sind, und zugleich den Reichtum, der die Mittel darbot, auf eine so kostbare Weise eines der natürlich schönsten Plätzchen der Erde noch zu verschönern. Unmöglich ist's, diese Gärten durch bloße Worte darzustellen, man muß sie gesehen haben, um sie sich denken zu können. Sie bilden die schönste, lieblichste Landschaft, die nur eine Dichter-Phantasie erfinden konnte. Auch wandelt man hier auf klassischem Boden. Lord Cobham, dem sie hauptsächlich ihre Verschönerung verdanken, lebte hier in der glänzendsten Zeit der englischen Literatur. Die besten Köpfe Britanniens waren seine Freunde und teilten in diesem reizenden Aufenthalte frohe Tage mit ihm.

Auch ist alles getan worden, um hier das Andenken jenes seltenen Vereins zu erhalten. In einem der Freundschaft gewidmeten Tempel stehen Cobhams und seiner Freunde Büsten in Marmor, eine Art halboffener Rotunde enthält die Büsten merkwürdiger Menschen, die zu verschiedenen Zeiten sich um das Vaterland verdient gemacht haben. König Alfred, Königin Elisabeth, Pope, Newton, Franz Drake und mehrere andere, durch Jahrhunderte voneinander getrennt, sieht man hier, wo nur das allen gemeinsame Streben gilt, in geschwisterlichem Vereine.

Eine hohe Säule, welche Lord Cobham zu erbauen anfing, ist von seinem Nachfolger Lord Temple vollendet und seinem Andenken gewidmet. Sie ist inwendig hohl und enthält eine hundertsiebzig Stufen hohe Wendeltreppe. Man genießt oben einer vortrefflichen Aussicht nach Oxford zu. Eine andere Säule steht hier zum Andenken des General Wolf; eine kleinere, mit einem Globus verziert, zu Ehren des Weltumseglers Kapitän Cook.

Noch müssen wir eines gotischen Tempels gedenken, mit Fenstern von gefärbtem Glase, durch welche die Gegend umher sich wunderbar

ausnimmt. Diese Anlagen sind reich an schönen alten Bäumen, besonders Eichen und Zypressen; ein ungeheuer großer Taxusbaum zeichnet sich besonders aus. Schattige Gänge ziehen sich um einen kleinen See. Einige natürliche Wasserfälle, schöne malerische Brücken, alles ist hier vereint, was einen solchen Platz nur zu verschönern vermag.

Das Haus besteht aus einem zwei Stock hohen Hauptgebäude und zwei Flügeln von einem Stock. Unter einer von Marmorsäulen getragenen, weit vorspringenden Attika blühen die seltensten Pflanzen in Blumentöpfen. Von hier tritt man in die prächtige, durch eine Kuppel von oben erleuchtete Halle. Am Friese ist ein römischer Triumphzug in Marmor abgebildet. Marmorsäulen zieren ringsumher diese Halle; zwischen ihnen stehen marmorne Statuen.

Aus der Halle tritt man in einen kleineren, mit antiken Büsten verzierten Saal, in dessen Mitte ein schöner Apoll aufgestellt ist. Diese Statue sowohl als der größte Teil der in der Halle befindlichen, sind Antiken.

Die nicht ganz modern dekorierten Zimmer enthalten einen Reichtum an Gemälden, meist Niederländern, namentlich Rembrandts, unter anderem das eigene Porträt dieses Meisters, dessen Arbeiten in England besonders hochgeschätzt werden. Ein Kabinett voller Porträts, größtenteils aus dem merkwürdigen Kreise, den Lord Cobham hier um sich versammelte, ist sehr sehenswert. Hier findet man Pope, Swift, Steele, Addison, der ein höchst gutmütiges Gesicht hat, und viele andere; auch ein Originalporträt der unglücklichen Maria Stuart. Sie ist in wunderlicher Kleidung mit einem sehr hohen Halskragen dargestellt und erscheint weit weniger schön, als man sie sich zu denken gewohnt ist; doch mag auch wohl die nicht außerordentliche Kunst des Malers daran schuld sein.

Lady Buckingham und ihre Tochter beschäftigen sich auch mit der Malerei. Die Mutter malt in Öl, die Tochter Pastell; sie haben ein ganzes Zimmer mit ihren Arbeiten dekoriert, von denen sich übrigens nichts weiter sagen läßt, als daß es von solchen Damen doch lobenswert ist, wenn sie ihre Zeit auf diese Weise hinzubringen suchen.

Wir fuhren denselben Abend, an welchem wir uns in Stowe umgesehen hatten, nach Woodstock, einem Städtchen, das auf vielfache Weise bekannt ist. Das prächtige Schloß Blenheim, welches die Königin Anna ihrem Lieblinge, dem Herzog von Marlborough [Fußnote: John Churchill (1650-1722), Staatsmann und Feldherr, gewann vor allem durch den Einfluß seiner Frau Sarah auf die Königin Anna, die letzte Herrscherin aus dem Hause Stuart (1702-14), höchste politische Macht.], zum Dank für seine erfochtenen Siege schenkte und nach einem der glänzendsten benannte, liegt ganz nahe daran. Auch werden hier die vorzüglichsten, in ganz England beliebten Stahlarbeiten nicht fabrikmäßig, sondern von einzelnen Arbeitern in ihren Häusern verfertigt. Wir besuchten einen der geschicktesten, um einiges von ihm zu kaufen. Wie ein Maler, der sein Lieblingsbild mit Gold weggeben muß, so betrachtete der gute Alte seine besten Scheren und Messer mit wahrem Künstlerschmerz, ehe er sie uns übergab und ermahnte uns noch beim Schneiden, sie ja gut zu bewahren und zweimal des Tages mit Wolle abzureiben: denn ihm schienen sie das Wichtigste, was uns beschäftigen könnte.

In historischer Hinsicht ist Woodstock besonders merkwürdig. Auf einer Wiese, die jetzt zum Park von Blenheim gezogen ist, stand einst ein Landhaus, in welchem die Königin Elisabeth in ihrer Jugend erzogen, ja gleichsam gefangen gehalten ward. Sie konnte damals nicht hof-

fen, daß ihre Ansprüche an die Krone von England einst geltend werden würden; und eben diese Ansprüche, die sie gewiß oft in jenen Zeiten bitter beweinte, waren es, die ihr Freiheit, Umgang mit Menschen
und jede Jugendfreude raubten. Hier erwarb sie sich alle die Kenntnisse,
die Festigkeit, Klugheit, welche sie späterhin zur weisen, glücklichen
Regentin machten. Wie war es aber möglich, daß diese frühere Erfahrung des Unglücks, diese Einsamkeit, diese Bekanntschaft mit allen Guten und Großen, was weise Männer vor ihrer Zeit dachten und schrie-
ben, sie nur klug, nicht auch gut machten? Sie, die einst auch gefangen
war, wie konnte sie ihre unglückliche Schwester Leiden fühlen lassen,
welche sie selbst nur zu gut aus Erfahrung kannte und sie zuletzt dem
fürchterlichen Tode auf dem Blutgerüst weihen! Die Nachwelt ist ge-
recht. Jeder Engländer spricht noch jetzt von Elisabeth, dem Weibe, und
der Name der unglücklichen Maria wird noch überall mit Liebe und
Mitleid genannt. Die Fehler der Stuart sind vergessen, aber ihr Unglück
und ihre Liebenswürdigkeit lebt noch in allen Herzen.

Blenheim

Als wir uns in Woodstock morgens früh anschickten, nach unserer
Gewohnheit vor's erste den Park zu durchwandern, sahen wir mit Erstaunen, daß ein himmelhoher Phaeton [Fußnote: leichter, eleganter
Wagen], mit zweien ziemlich unbändig scheinenden Schimmeln bespannt, unser vor der Tür des Gasthofes harrte. Die Wirtin versicherte
uns mit der in solchen Fällen gebräuchlichen Eloquenz, es wäre gerade-
zu unmöglich den Park zu Fuße zu sehen. Wir fügten uns also ihrer Einrichtung, bestiegen das so gefährlich aussehende Fuhrwerk und hatten
alle Ursache, mit diesem Entschlusse zufrieden zu sein. Der Park ist so
groß, daß kaum anderthalb Stunden zu der Fahrt hinreichten. Die
Schimmel waren weniger unbändig, als sie zuerst schienen, und die
große Höhe des jetzt aus der Mode gekommenen ganz unbedeckten
Fuhrwerks erleichterte gar sehr das Umsehen nach allen Seiten und den
Genuß der verschiedenen sich darbietenden Aussichten.

Übrigens wird Blenheim auf eine noch umständlichere und dadurch auch kostspieligere Weise gezeigt, als es bei anderen Landsitzen
gebräuchlich ist. Der Geist der stolzen Frau ihrer Zeit, der Lady Sarah,
Marlboroughs Gemahlin, scheint noch jetzt auf die in ihrem ehemaligen
Wohnsitze übliche Etikette Einfluß zu haben.

Ein großes, prächtiges Tor mit zwei Nebengebäuden, die Wohnung des Türwärters, dient dem Park zum Haupteingange; eine Inschrift auf einer darüber angebrachten Marmorplatte belehrte uns, daß Lady Sarah diese Art von Triumphbogen ihrem verstorbenen Gemahl zu Ehren erbaute. Der Türhüter empfing uns mit einer wahrscheinlich für diesen Zweck ein für allemal auswendig gelernten Anrede, ging ganz ernsthaft etwa fünfzig Schritte neben dem Wagen her, dann ließ er ihn halten. "Dies ist die erste Aussicht", rief er uns zu; "da drüben sehen Sie ein Wasser mit einer schönen geraden Brücke; daneben rechts steht ein hoher Obelisk, des Herzogs taten, die Schlachten, die er schlug und gewann, sind daran zu lesen; seine Statue steht auf der Spitze des Obelisks und ist zehn Fuß hoch, so klein sie auch von hier aus erscheint." So ging es eine feine Weile; uns ward langweilig zu Mute: denn alles, was wir später in der Nähe sehen sollten, ward hier von weitem gezeigt, ohne daß man uns Zeit gelassen hätte, der wirklich mannigfaltigen und lieblichen Aussicht uns zu erfreuen. Dennoch war es unmöglich, dem Strome dieser eingeübten Rede Einhalt zu tun.

Endlich waren wir an dem Orte, wo der lästige Redner, nach der hergebrachten Regel dieses Hauses, von uns scheiden mußte. Er übergab uns einem Förster, der uns zu Pferde begleitet, legte uns noch zum Beschluß, trotz der herzöglichen Livree, die er trug, den endlichen Zweck aller seiner Redekunst, besonders an's Herz und schied, nachdem er ihn erreicht hatte. Sein Nachfolger war zum Glück weniger beredt; bescheidentlich ritt er neben uns her und sprach nur, wo es notwendig war.

Der Park ist einer der schönsten in England. Sanfte Anhöhen, liebliche Täler in freundlicher Abwechslung, bedeckt mit dem schönsten Grase, werden von vielen hundert Rehen und Damhirschen belebt. Mehrere schöne steinerne Brücken führen über einen Kanal, welchem man sehr täuschend das Ansehen eines sanft sich hinwindenden Stroms zu geben wußte. Einige zerstreut liegende Tempel und andere Gebäude, der Obelisk mit der Statue des großen Marlborough und unzählige alte herrliche Bäume gaben ihm einen unbeschreiblichen Reiz. Überall sind mannigfaltige Aussichten auf das Schloß, das Wasser, die Brücken, die Gebäude mit Auswahl und bescheiden sich verhüllter Kunst veranlaßt. Nachdem wir alles gehörig bewundert und uns auch mit dem Förster abgefunden hatten, übergab uns dieser dem Gärtner, welcher uns in den das Schloß in der Nähe umgebenden, zum Spazierengehen bestimmten Anlagen herumführte. Auch diese sind sehr reizend und lieblich, aber bei weitem nicht so prächtig als die von Stowe. Ihre zierliche Einfachheit muß zwar gefallen, doch dünkte uns, sie würde sich besser zu jenem kleineren, in prunkloserem Stil erbauten Schlosse schicken, und dagegen die mit so viel Reichtum ausgestatteten Gärten von Stowe zum Prachtpalaste von Blenheim. Eine wasserreiche, immer laufende Kaskade, ein lieblicher Weg um einen kleinen See herum und viele vorzüglich große, schöne Bäume bilden hier die schönsten Partien.

Als wir des nachmittags hingingen, das Schloss zu sehen, wurden wir am Eingange des zweiten Hofes von einer alten Frau empfangen, die wir anfangs für die Haushälterin hielten, welche uns, wie das in England gebräuchlich ist, die Zimmer zeigen sollte. Sie machte, wie alle Engländerinnen der unteren Klasse, einen kleinen wunderlichen Knicks bei jedem Worte, das wir zu ihr sprachen, und führte uns mit großer Redseligkeit bis an das Schloß. Hier nahm sie wieder mit unzähligen Knicksen Abschied und belehrte uns, ihr Amt wäre, die hohen Herrschaften (the Quality nannte sie es) mit gebührendem Respekt zu empfangen und dahin zu sehen, daß sie, wie es sich gehöre, über den Hof begleitet würden. Wir gaben ihr lachen ein paar Schilling und das Zeugnis, daß sie ihrem Amte trefflich vorstehe, und so schieden wir mit wechselseitiger Zufriedenheit voneinander.

Das Schloß ist ein durch seine Größe imponierendes Gebäude; übrigens schwer, bunt, kraus, mit einer Unzahl von Säulen, Vasen, Treppen, Geländern und Türmen verziert oder verunziert.

Die große Halle, in welche man zuerst im Schlosse tritt, ist sehr hoch, sehr groß und, wie die in Stowe, ebenfalls von oben erleuchtet. Sie hat einen schön gemalten Plafond, den marmorne Säulen unterstützen, schöne, zum Teil antike Statuen stehen ringsumher. Die übrigen Zimmer sind von altmodischer Pracht, alles solid und köstlich, wie man es an diesem Orte erwarten muß. Französische Hautelisse-Tapeten schmücken mehrere Säle, alle stellen des großen Herzogs Siege vor, sind aber leider sehr verblichen.

Die Gemäldesammlung ist sehr groß; eine Magdalena von Tizian und eine heilige Familie von Leonardo da Vinci, zwei Marattis, Bettelbuben vorstellend, einige Porträts von van Dyck sind uns bei dem schnellen Durchfliegen noch einigermaßen im Gedächtnisse geblieben; Raffaele zeigte man uns wenigstens ein halb Dutzend, von denen dieser große Meister selbst wahrscheinlich nie einen sah. Treffliche Niederländer sind hier, verschiedene Gemälde von Rubens, Bauernstuben voll Leben und Wahrheit von Ostade, Steen und anderen. Gewaltsam mußten wir uns von diesen, in engen Banden gehaltenen Schätzen wegwenden. Ein großes Gemälde von Sir Joshua Reynolds, den jetzigen Herzog und seine Familie vorstellend, hängt auch hier; aber die Nachbarschaft sowohl als das Kostüm tut ihm Schaden.

Noch ein großer, hoher, von oben erleuchteter Saal, von la Guerre mit vieler Wahrheit gemalt, dünkt uns des Erwähnens wert. Der Plafond stellt den Herzog vor, wie Zeit und Friede ihn in seinem Triumphwagen aufhalten. Die Wände sind wie eine offene Halle gemalt; rundum läuft ein Geländer, hinter welchem alle europäischen Nationen mit charakteristischer Physiognomie und Kleidung in verschiedenen Stellungen stehen. Die Figuren, etwas über Lebensgröße, übrigens von täuschender Wahrheit, ragen halb über das Geländer vor.

Die Bibliothek, ein sehr langes schmales Zimmer, soll an siebzigtausend Bände enthalten. Am Ende derselben steht die marmorne Statue der Königin Anna in völliger Staatstracht; mit dem Königsmantel, dem langen, über einen oben schmalen, unten breiten Reifrock gespannten Kleide, dem hohen Halskragen und der Krone auf dem Haupte, sieht sie wie eine große Weihnachtspuppe aus; Spitzen und Stickereien aber sind mit bewundernswürdigem Fleiße in den harten Stein gearbeitet. Auch in der Bibliothek hängen viele Porträts; der große Herzog und seine Sarah sind hier abgebildet; sie hält die herzogliche Krone recht fest und schaut keck und übermütig in die Welt hinein.

In der Schloßkapelle zeigte man uns das große Grabmal, welches Lady Sarah sich, ihrem Gemahl und ihren zwei Kindern noch bei Lebzeiten setzen ließ. Die Familie ist in Lebensgröße darauf zu sehen, nebst einem ansehnlichen Gefolge von Tugenden und Genien. Es ward in London gefertigt und sehr teuer bezahlt; das ist alles, was wir davon zu sagen wissen; weder der Gedanke noch die Ausführung zog uns an.

Des flüchtigen Sehens überdrüssig, ermüdet von dem Stehen und Gehen in den vielen großen Zimmern, eilten wir in unseren Gasthof zurück und entsagten einer Sammlung von altem echten japanischen und chinesischen Porzellan, die man uns als etwas sehr Merkwürdiges zu zeigen sich erbot.

Birmingham und Soho

Wir reisten jetzt auf Birmingham [Fußnote: heute einer der größten Industriestädte der Welt mit über 1 Million Einwohnern, hatte zur Zeit Johannas etwa 75 000] zu. Die Gegend verschöne sich mit jeder Meile, Berge wechselten mit lachenden Tälern. Wir mußten zuweilen die Räder einhemmen, weil der Weg zu steil bergab führte. Die Aussichten von der Höhe sind sehr reizend. In Birmingham selbst erklommen wir noch einen steilen Berg, der uns lebhaft an den Hradschin in Prag erinnerte, ehe wir zu dem großen eleganten Gasthofe gelangten. Dieser heißt noch immer "Zur Henne mit den Küchlein", obgleich der Wirt in unseren, immer vornehmer werdenden Zeiten sich alle Mühe gibt, ihn zu Lloyd's Hotel umzustempeln.

Birmingham ist durch seine Fabriken weit und breit berühmt, ja man könnte fast behaupten, es gäbe kein Dorf im kultivierten Europa, vielleicht kein Haus, in welchem nicht irgendein Produkt der Industrie dieser Stadt zu finden wäre, sei es auch nur ein Knopf, eine Nadel oder ein Bleistift. Die Stadt selbst ist schon durch ihre bergige Lage nicht schön; der Rauch der vielen Fabriken und Werkstätten, die hier ihr Wesen treiben, gibt ihr ein düsteres, schmutziges Ansehen. Überall hört man hämmern und pochen, alles läuft am Tage geschäftig hin und wider, niemand hat Zeit, solange die Sonne leuchtet. Dafür hallen des abends die Straßen vom Geschrei und von Gesängen derer wider, die sich den Tag über unter der schweren Last des Lebens abarbeiteten. In den wenigen Stunden, die sie dem alle Sinne lähmenden Schlafe des ermüdeten Arbeiters abstehlen können, suchen sie in Tavernen und Spielhäusern die Freude zu haschen, an die sie den Tag über nicht denken konnten.

Den Tag nach unserer Ankunft eilten wir, den merkwürdigsten Punkt dieser Gegend, Soho, das zwei Meilen von Birmingham gelegene Etablissement des Herrn Boulton [Fußnote: Matthew (1728-1809) gründete mit James Watt die erst Dampfmaschinenfabrik der Welt; die Fabrikanlagen in Soho gründete er 1762], zu besuchen.

Wir finden in ganz England, vielleicht in ganz Europa keinen glänzenderen Beweis von dem, was Industrie, Fleiß und anhaltendes Streben nach einem Ziele vermögen, als diesen kleinen freundlichen Fleck. Herzlich freuten wir uns, seinen Schöpfer, den achtzigjährigen Boulton, noch in völliger Geisteslebendigkeit kennen zu lernen, obgleich sein Körper der Krankheit, dem Alter und der unermüdeten Arbeit längst unterlag. Wir fanden ihn durch Steinschmerzen völlig gelähmt; im Hause ließ er sich durch zwei rüstige Bediente herumtragen; im Freien fuhr er sich selbst in einem der kleinen bequemen Fuhrwerke, die in England zum Troste der dort so häufigen Lahmen und Gebrechlichen erfunden wurden. Alles dies hinderte ihn nicht, uns, die wir ihm durch einen seiner Freunde empfohlen waren, überall selbst hinzubegleiten. Sein dunk-

15

les Auge blitzte von Jugendfeuer, als er uns erzählte, wie er alle die vielen sich ihm entgegenstellenden Schwierigkeiten mutig bekämpfte und glücklich überwand. Freundlich erklärte und zeigte er uns alles. Und als wir in die dortigen Anlagen traten, die er mit Hilfe einer Dampfmaschine dem unfruchtbaren Sumpfe abgewann, sprangen uns seine blühenden Enkel entgegen, spannten sich vor sein Wägelchen und fuhren den glücklichen Greis wie im Triumph davon.

Achthundert Menschen finden in Soho täglich Arbeit und Brot. Hier werden englische Kupfermünzen und ausländische, für die ostindische Compagnie, für Amerika und manche fremde Höfe geprägt. In Deutschland sagt das Gerücht: Boulton lasse auch die vielen falschen Münzen fabrizieren, die von England aus Deutschland überschwemmen. Dem ist aber nicht so, er hat an dem gesetzlichen Wege mehr Arbeit, als er bestreiten kann, und ist zu rechtlich, zu reich, um sich einem so gefährlichen Handwerke zu unterziehen. Vor diesem war das Nachprägen fremder Münzen, wenn nicht erlaubt, doch in England toleriert; sie wurden wie Rechenpfennige angesehen und in großer Menge, meistens auf Bestellung spekulativer Köpfe in Deutschland und anderen Ländern, ziemlich öffentlich fabriziert. Seitdem aber der Galgen so gut auf diesen Zweig der Industrie gesetzt ist wie auf das Nachmachen englischer Banknoten und Münzen, wird dieses Geschäft nur ganz heimlich betrieben. Es soll indessen in Birmingham an dergleichen Fabriken, welchen oft eine Knopffabrik zum Aushängeschild dient, nicht fehlen.

Außer der Münze enthält Soho noch eine große Fabrik von plattierten Waren aller Art, eine Glasfabrik und eine von Dampfmaschinen. Die erstaunenswürdigste Erfindung der letzteren, bei dem Reichtum an Steinkohlen für England von unermeßlichem Wert, hat Boulton erst auf den Gipfel von Vollkommenheit gebracht, auf welchem sie jetzt steht. Er verfertigt Dampfmaschinen für ganz Europa und Amerika, läßt aber diese Fabrik niemanden sehen, weil sich oft Leute bei ihm einschlichen, die seine Gastfreundschaft mißbrauchten und mühsam errungenen Vorteile ihm abzusehen strebten, während er sie freundlich bei sich aufnahm. Er sagte uns, wir würden es unartig gefunden haben, daß er in allen Gasthöfen, viele Meilen um Birmingham her, ein Avertissement anschlagen ließ, in welchem er bekanntmachte: daß ohne besondere Empfehlung an ihn keinem Fremden sein Etablissement gezeigt werden. Durch den ewigen Zulauf von Fremden, der ihm oder doch einem seiner Associés alle Zeit raubte und unter seinen Arbeitern ewige Störungen veranlaßte, wurde er zu diesem Schritte gezwungen, den er höchst ungern tat. "Nichts ist unerträglicher", sagte er, "als ein Haus zu besitzen, das eine Sehenswürdigkeit ist (a rare show) oder gar selbst eine zu sein; beides war mein Fall, denn jeder, der Soho gesehen hatte, glaubte schon aus Höflichkeit dessen Stifter in Augenschein nehmen zu müssen, und so wußte ich mir am Ende nicht anders zu helfen, als auf diese unfreundliche Weise."

Das Wohnhaus in Soho ist ein hübsches, bequemes und großes Gebäude, überall Sauberkeit und Eleganz, nirgends Pracht, nirgends ein Streben, mit den prächtigen Villen der Großen des Landes zu wetteifern. Es liegt sehr angenehm: aus den vorderen Zimmern übersieht man eine sehr schöne, reiche Gegend, im Vordergrunde die Stadt; fruchtbare angebaute Hügel steigen über ihr empor. Dicht vor dem Hause liegt ein hübscher Garten voll Blumen und fremder Pflanzen und hinter dem Hause eine reizende Promenade, längs den Ufern eines kleinen Sees, welchen Boulton schuf, indem er vermittelst der Dampfmaschine die alten Sümpfe austrocknete und das Wasser hier sammelte. In einer Ecke desselben ergießt sich ein Wasserfall von einem mit schönen Blumen und Bäumen gezierten Hügel. Alles dieses war vor ungefähr zwanzig Jahren eine öde, sumpfige Heide.

Die Fabrik von plattierten Sachen erschien uns besonders interessant. Es ist unmöglich, schönere Formen und bessere Politur zu sehen, als dem Silber hier gegeben wird. Man kann das Plattierte von dem ganz Silbernen durch's Auge allein nicht unterscheiden, und es gibt auch, auf die Weise wie hier gearbeitet, dem Silber an Dauer wenig nach.

Auf ein Stück Kupfer, etwa eine halbe Elle lang und eine Achtelelle im Durchmesser, werden Längen aus zwei Platten von ganz reinem Silber, etwa den zehnten Teil so dick als Kupfer ist, oben und unten aufgeschmolzen. Dann wird es durch Walzen, von einer Dampfmaschine getrieben, zu Blech ausgedehnt, so dünne man es bedarf. Das Silber bleibt dabei immer mit dem Kupfer im nämlichen Verhältnisse. Dieses Blech braucht man zur Verfertigung der Leuchter, Kannen und allen Silbergerätes, welches eine Fläche bietet; zu den Henkeln, Füßen und dergleichen nimmt man eine runde, mit Silber belegte Stange Kupfer, die auf die nämliche Weise, wie wir oben beschrieben, behandelt wird. Die äußeren Ecken werden den Gefäßen von massivem Silber angesetzt; auch sind die meisten Verzierungen daran ganz Silber.

Die Glasschleiferei ist ebenfalls merkwürdig. In einem sehr langen Zimmer sieht man eine Menge Schleifsteine unaufhörlich schnell sich drehen. Eine lange hölzerne, am Boden horizontal liegende Walze, welche durch eine unter dem Zimmer sich befindende Dampfmaschine getrieben wird, setzt sie alle in Bewegung. Mit der größten anscheinenden Leichtigkeit schleifen die Arbeiter die schönsten Muster auf die Gläser mit einer bewundernswürdigen Genauigkeit, ohne alle Vorzeichnung, indem sie dieselben an die wie von Zauberei getriebenen Scheiben halten. Von hier aus kommen größtenteils die schönen Girandolen, Lüster, Trinkgläser und Prachtvasen, die glänzendste Zierde großer Tafeln, welche wir oft in den, bei nächtlicher Beleuchtung einem Feenschloß ähnlichen, flimmernden Glasläden Londons nicht genug bewundern konnten. Die letzte Politur wird dem Glase vermittelst einer hölzernen Scheibe, statt des Schleifsteins, gegeben.

Die Münze arbeitete gerade diesen Tag nicht. Herr Boulton ließ aber einige kleine Geldstücke prägen, um uns den Mechanismus zu zeigen. Acht Prägstöcke werden hier ebenfalls von einer Dampfmaschine getrieben; jeder derselben prägt in einer Minute dreißig bis einhundertzwanzig Stücke aus, je nachdem sie größer oder kleiner sind, und zwar auf beiden Seiten zugleich. Bei jedem Stempel ist eine höchst sinnreich erfundene Maschine angebracht, die mit Blitzesschnelle das eben geprägte Stück fort und ein noch ungeprägtes an dessen Stelle einschiebt. Alles dieses scheint wie von unsichtbaren Geistern getrieben. Das Gepräge der Münzen ist durchgängig schön. Sie sind alle vollkommen rund, von gleicher Größe und möglichst gleichem Werte.

In einem anderen Zimmer werden die Münzen geschnitten, ehe sie geprägt werden; noch in einem anderen nach dem Prägen gereinigt, indem sie in langen leinenen Säcken hin und her geschwungen werden. Auch diese Operation wird durch die Dampfmaschine bewerkstelligt.

Zum Abschiede statteten wir noch der Dampfmaschine selbst einen Besuch ab. Wir sahen in einem unterirdischen Gewölbe eine Pumpe durch den Dampf des darunter in einem verschlossenen, eingemauerten Kessel kochenden Wassers unaufhörlich in Bewegung gesetzt. Diese Pumpe trieb einige große Räder, diese Räder kommunizierten mit den vielen, in den oberen Zimmern befindlichen mannigfaltigen Maschinen und brachten alle die Wunder hervor, die uns oben in Erstaunen gesetzt hatten. Das ist alles, was wir durch's bloße Anschauen von dieser bewundernswerten Erfindung begriffen. Das Wasser muß das ganze Jahr im Kochen erhalten werden, damit die Maschine nie stocke. Herr Boulton versicherte uns, es gehöre weit weniger Feuerung dazu, als man auf den ersten Augenblick glauben möchte.

Burton und Derby

Von Birmingham reisten wir über Burton [Fußnote: Burton-upon-Trent, berühmte Brauereistadt, die ihre Entstehung den braukundigen Mönchen der Burton Abbey im 11. Jahrhundert verdankt. Die Güte dieses Bieres wird auf die Qualität des Wasser zurückgeführt] nach Derby. Burton ist ein freundliches Städtchen, weltberühmt durch das Ale [Footnote: helles, alkoholreiches, stark gehopftes Bier mit bitterem Geschmack und kräftigem Schaum], welches nirgends so gut gebraut wird als hier. In Friedenszeiten gehen jährlich große Sendungen davon nach ganz Europa, besonders nach Rußland. Auch nach Amerika ward viel davon verschifft. In England trinkt man es, wenn es einige Jahre gelegen hat, in bürgerlichen Häusern zum Dessert. Auch ist es dann durch die Zeit so stark, daß es sich mit jedem Wein an Geist messen kann und den Biergeschmack ganz verliert.

Derby ist eine ziemlich große, aber nicht schöne Stadt. Sie enthält viele Fabriken, unter anderen eine Seidenspinnerei; am ausgezeichnetsten ist die Porzellanfabrik. An Feinheit des Tons mag das hiesige Porzellan wohl dem Meißner und Sèvres nachstehen; aber in Hinsicht auf Farben, Vergoldung und Schönheit der Form in den verschiedenen Vasen und Geschirren läßt es nichts zu wünschen übrig. Die Figuren von Biskuit bleiben weit hinter den sächsischen zurück, sowohl in der Erfindung als der Ausführung. Auch hier sieht man deutlich, wie der englische Kunstsinn nur das gerade Nützliche und Bequeme hervorzubringen vermag; doch dieses auch in der höchsten Vollkommenheit.

Zum erstenmal in England mußten wir bei unserer Abreise auf Pferde warten, und endlich erschienen um sechs Uhr abends zwei, die des Tages Last reichlich getragen hatten. Wir wollten nach Matlock, einem siebzehn Meilen von Derby im gebirgigen Derbyshire gelegenen Badeorte. Siebzehn Meilen sind in England gewöhnlich in zwei bis drei Stunden abgefahren; daher achteten wir den heftigen Regen nicht, der uns ohnehin in unsere Zimmer eingekerkert hätte, und reisten ab. Die Pferde waren sehr müde: der Postillon konnte sie ungeachtet allen Treibens kaum von der Stelle bringen; langsam schlichen sie fort, Schritt vor Schritt. Uns war, als wären wir auf irgendeiner Poststraße in der Mark. Wir fürchteten, die armen Tiere würden zuletzt aus Ermüdung ganz stille stehen. Der Regen strömte heftiger, und die Nacht brach sehr finster herein, obgleich wir uns in der ersten Hälfte des Junius-Monats befanden. Der Weg war sehr bergig, hohe Felsen türmten sich vor uns auf;

wir sahen ihre kolossalen Konturen nur schwach durch die dunkle Nacht. Nah und fern flammten Feuer aus den Ziegelbrennereien ringsumher, feurigen Gespenstern gleich, was uns die Finsternis nur auffallender machte, ohne sie zu erleuchten. Die Pferde scheuten sich einigemal davor. Wir fuhren steile Abhänge hinab und hinauf, tief unten brausende Waldströme ließen uns Abgründe neben dem Wege ahnen. Das Geklapper der vielen Mühlen, das Brausen der vom Wasser getriebenen Räder aller Art in dieser fabrikreichen Gegend, das Sausen der Gewässer ringsumher, der Wind, der Regen, die flammenden Limekilns (Kalköfen), alles vereinte sich, diese Nacht zu einer der schauerlichsten zu machen.

Die Situation war romantisch, das ist nicht zu leugnen; wir freuten uns indessen doch sehr, nach elf Uhr ihr Ende und das Ziel unserer Reise erreicht zu haben. Im alten Bade in Matlock fanden wir allen Komfort, den man nur in einem englischen Gasthofe erwarten kann, und die abenteuerliche, ermüdende Reise machte ihn uns doppelt angenehm.

Badeorte

Es wimmelte in England von Badeorten aller Art. Jeder am Ufer des Meeres gelegene Ort, dessen Strand und andere Umgebungen es erlauben, ist zum Bade eingerichtet. In allen findet man mehr oder weniger, vornehmere oder geringere Gesellschaft, je nachdem die Mode es gewollt hat. Zu diesen Badeplätzen sowohl als zu den im Lande gelegenen mineralischen Quellen flüchtet jeder, der keine eigene Villa besitzt, oder auf keiner eingeladen ist, und doch der Schande entgehen will, im Sommer in London gesehen zu werden.

Bekanntlich ist dann die Stadt (so heißt London vorzugsweise in ganz England) leer, obgleich die Straßen von Menschen wimmeln und der Fremde diese angebliche Öde gar nicht bemerkt. Alle Leute, welche man vom Anfang Julius bis gegen Weihnachten in London sieht, sind sogenannte Niemands (Nobodies) und werden gar nicht gerechnet. Die feinere Welt, die Müßigen, die Reichen, die Glücksritter, alles flüchtet aufs Land oder ins Bad. Die Seebäder sind im ganzen die besuchtesten und luxuriösesten. Die mineralischen Quellen werden öfter von der mittleren Klasse besucht, welche dort mehr ländliche Freuden als rauschende Ergötzlichkeiten sucht. Bath macht hiervon eine Ausnahme: im Sommer besuchen es die wahrhaft Kranken, die Lahmen und Gichtbrüchigen der warmen Quellen wegen. Die eigentliche Saison aber fängt dort erst im Dezember an und währt bis zum Frühjahr. Alle Londoner Freuden sind alsdann wohlfeiler und nach verjüngtem Maßstabe auch in Bath zu finden. Deshalb eilen die dorthin, welche gern groß und vornehm leben möchten und doch nicht reich genug sind, um dieses in London zu können. Viele große Familien bringen einige Winter in Bath zu, um durch diese Ökonomie ihren zerrütteten Finanzen wieder aufzuhelfen.

Nach Bristol hingegen treibt selten die Freude, öfter die Not, so ausgezeichnet schön auch die dortige Gegend ist. Man weiß, wie viele Opfer die Schwindsucht jährlich in England hinwegrafft. Bristols Quelle wird gewöhnlich als der letzte Versuch der Rettung von den englischen Ärzten angeraten. Daß es wirklich oft der letzte sei, bezeigen die vielen Denkmäler auf dem dortigen Gottesacker.

An allen diesen Plätzen ist die Lebensweise sehr verschieden: in den kleinen Bädern, wie in Matlock, lebt man still und ruhig, geselliger zwar, wie es sonst in England unter Unbekannten gebräuchlich ist, aber dennoch weit weniger so als in Deutschland in ähnlichen Verhältnissen.

In den großen, von den Vornehmen besuchtesten Bädern herrscht eine strenge, wunderliche Etikette. Wir werden weiterhin Gelegenheit finden, hiervon ausführlicher zu sprechen. Vorjetzt kommen wir zu Matlock und seinen Umgebungen.

Matlock

Freundlich und dennoch erhaben, einsam und dennoch voll regen Lebens, ist dieses liebliche Tal eines der schönsten Plätzchen Britanniens.

Sei es immer, daß seine Heilquelle wenig wirksam ist, es braucht ihrer nicht, um in dieser himmlischen Gegend neue Lebenskraft zu finden. Auch sahen die fünfzig oder sechzig Badegäste, die wir hier fanden, gar nicht aus, als ob Äskulap sie mit seinem Schlangenstabe hierher gebannt hätte. Sie schienen sich vor dem wilden, unsteten Treiben des Lebens hergeflüchtet zu haben, um einmal ruhig Atem zu schöpfen und dann mit frischem Mute wieder an ihr Werk zu gehen.

Der eigentliche Badeort besteht nur aus drei schönen großen Gasthöfen und zwei Logierhäusern. Das Dorf Matlock liegt etwa anderthalb Meilen davon. Es ist unmöglich, dies reizende Tal durch bloße Beschreibung anschaulich darzustellen: so still, so heimlich liegt es da, durchrauscht von der Derwent, umgeben von hohen, kühnen Felsen, die bald schroff und nackt gen Himmel starren, öfter noch ihre mit den schönsten Bäumen gekrönten Gipfel freundlich erheben.

Wir schifften in einem Nachen auf der Derwent umher, so weit sie befahrbar ist; freilich nur eine kleine Strecke; denn es ist ein wildes Bergwasser, voll Fällen und Strudeln. Die Felswände zogen sich enger zusammen, als wollten sie uns den Weg versperren; die Sträucher am Ufer bildeten Lauben über den Nachen, und drohend schauten die Felsspitzen von oben hinein. Dann traten sie wieder zurück, und wir sahen freundliche Hütten, mit Gärtchen und Wiesenplätzchen untermischt, an ihrer Seite hangen; stattliche Häuser, große Fabrikgebäude, zu ihren Füßen liegen. Kunstlose, wie von der Hand der Natur geschaffene Spaziergänge ziehen sich an beiden Ufern zwischen Wald und Fels dahin, bis zurück zu unserem Gasthofe.

Ihm gegenüber erhebt sich der höchste Fels dieser Gegend. Die Landleute nennen ihn High Tor. Auf einem größtenteils schattigen, nicht sehr beschwerlichen Wege stiegen wir hinauf. Wir erblickten oben von einer Seite das enge Tal in der ganzen Pracht seiner üppigen Vegetation. Mitten hindurch gaukelt der Strom; an dem gegenüberstehenden, waldbewachsenen Fels lehnen die netten Gebäude des Bades und geben ein freundliches Bild des bequemen, geselligen Lebens in dieser Abgeschiedenheit. Von der entgegengesetzten Seite blickten wir in ein zweites Tal. Als ob noch nie ein menschlicher Fuß bis hierher gedrungen wäre, so heimlich in verborgener Stille liegt es da, rings umgeben von grünen Bergen. Schöne Herden weideten ohne Hirten im hohen Grase. Nirgends sahen wir die wilde, einfache Schönheit der Natur glücklicher mit hoher Kultur vereint als hier am Ufer der Derwent. Die Freuden der Badegäste beschränken sich größtenteils auf den Genuß dieser herrlichen Natur; denn ein Bowling green [Fußnote: dazu Johanna in einer Anmerkung: "Ein grüner, solgfältig mit Walzen geglätteter Rasenplatz, zu einem nur in England gebräuchlichen Spiele mit Kugeln."] und einige Billard-Tafeln sind alles, was die Kunst zu ihrem Ergötzen ihnen hier darzubieten wagt. Getanzt wird selten und nur auf Veranlassung der Badegäste selbst: denn der Spekulationsgeist der hiesigen Wirte reicht nicht so weit. Dem Wasser erzeigt man die Ehre, es warm zu nennen, wir fanden es kaum lau; es schmeckt recht gut und ist sehr klar. Die Bäder sind so bequem und reinlich eingerichtet, wie man es nur in diesem Lande erwarten kann.

Für den Geologen ist Matlock höchst interessant, die verschiedenen Steinarten, Flußspate, Stalaktiten usw., welche Derbyshire hervorbringt, sind allbekannt. In Matlock findet man sie in zwei eleganten Läden in aller ihrer Mannigfaltigkeit zum Verkaufe und zum Anschauen ausgestellt, zum Teil roh in sehr schönen Exemplaren für den Liebhaber und Sammler, der auch zu Kaminen, Urnen, Vasen, Schreibzeugen und unzähligen anderen Dingen verarbeitet wird. Alle diese Sachen werden zu niedrigen Preisen hier verkauft, sie sind vortrefflich poliert, von schöner Form und sehen ungemein glänzend und elegant aus. Leider ist es wegen ihrer Zerbrechlichkeit schwer, sie weit zu verführen.

Noch ist eine versteinernde Quelle [Fußnote: kalksinterhaltiges Wasser] hier merkwürdig. Alles, was man hineinlegt, wird in kurzer Zeit inkrustiert, und wenn es länger liegt, ganz in Stein verwandelt. Der Wächter dieser Quelle zeigte uns eine auf diese Weise verewigte Perücke und einen Haarbesen, die beide in dieser Gestalt gar wunderlich aussahen.

Jenseits der Derwent, dem Dorfe schräg gegenüber, liegt Cromford Mill, die Baumwollspinnerei des Sir Richard Arkwright [Fußnote: (1732-92), ursprünglich Barbier, baute 1769 die erste brauchbare Spinnmaschine, die wegen der Anwendung von Wasserkraft auch Wassermaschine genannt wurde], die erste, welche er, der eigentliche Erfinder der in ihren Wirkungen ans Wunderbare grenzenden Spinnmaschinen, erbaute. Dieser durch seine mechanische Geschicklichkeit und seinen ausdauernden Mut so merkwürdige Mann war ursprünglich ein Barbier; er hatte bei seinen Unternehmungen Schwierigkeiten zu bekämpfen, denen ein gewöhnlicher Mann unterlegen wäre. Er verdiente, mächtige Freunde zu finden, die ihm hilfreich beistünden, und er fand sie; sein großes Unternehmen gelang, und er selbst lebte lange genug, um im hohen Wohlstande sich dessen zu erfreuen. Noch heute ist diese Fabrik, welche jetzt aus drei Spinnmaschinen besteht, im Besitz der Familie Arkwright, welche die ganz nahe dabei gelegene schöne Villa Wellersley bewohnt. Das von weißen Steinen massiv erbaute Wohnhaus sowohl als die großen Fabrikgebäude am Ufer des Stromes, beschirmt von mächtigen Felsen, erhöhen die Schönheit der Gegend. Noch erfreulicher aber ist der Anblick des Wohlstands, der durch sie ringsumher unter den Einwohnern des Tals verbreitet wird. Wir sahen mit wahrer Freude an einem Sonntagabend die wohlgekleideten Arbeiter mit ihren geputzten Weibern und Mädchen spazieren gehen, umspielt von schönen reinlichen Kindern.

Die englischen Bauernmädchen und jungen Weiber sind durchgängig schöne Gestalten, älter werden sie oft zu dick. In ihrem Putze sehen sie gewissermaßen vornehm und damenhaft aus. Ein feiner Strohhut, mit farbigem Bande geschmückt, auf einem kleinen schneeweißen Häubchen, steht den artigen bescheidenen Gesichtern sehr gut. Dazu große, weiße musselinene Halstücher, ein Rock von durchgestepptem Zeug von einer hellen Farbe, himmelblau oder rosenrot bei den Eleganten, und ein vorn offenes kattunenes langes Kleid, hinten künstlich mit Nadeln aufgesteckt, alles blendend rein bis auf die feinen weißen gewebten Strümpfe [Fußnote: dazu Johanna in einer Anmerkung: "Nur die ärmsten Engländerinnen stricken; diese Arbeit wird bei ihnen für schimpflich gehalten]. Dies ist ihr Sonntagskostüm, von welchem das der Wochentage nur durch dunklere Farben und schlechteren Stoff abweicht.

Hinter dem Wohnhause von Wellersley strecken sich die dazu gehörigen großen, wohlangelegten Promenaden hoch den Berg hinan. Die mannigfaltigen Ansichten des Tales von oben herab sind wunderschön. Die Gärten enthalten Treibhäuser und eine hübsche Orangerie. Überall sieht man die segensreichen Früchte des Fleißes und der Industrie.

An einem frühen Morgen verließen wir endlich ungern das freundliche Matlock. Lange noch zog sich der Weg durch das Tal am Ufer der bald ruhig hinfließenden, bald über Felsstücke wild daherbrausenden Derwent. Dann wand sich der hohe Berge hinan, deren Gipfel uns eine weite Aussicht auf das fruchtbare, durch unzählige Fabriken und Häuser belebte Land eröffneten. Jetzt führte der Weg abwärts; im Morgenlicht schimmerte uns ein prächtiges Gebäude entgegen. Es war Chatsworth [Fußnote: das Schloß wurde 1687-1706 vom Herzog von Devonshire in italienischem Spätrenaissancestil erbaut, anstelle eines älteren Schlosses, in dem Maria Stuart gefangen gehalten worden war; 1820 wurde der Nordflügel angebaut. Das Zimmer, das Johanna hier beschreibt, ist also nicht das ursprüngliche Zimmer Marias gewesen.], seit zweihundert Jahren der Landsitz der edlen Familie von Cavendish, jetzt ihrer Abkömmlinge, der Herzöge von Devonshire.

Das Schloß liegt romantisch in einem weiten tiefen Tale. Hinter demselben erhebt ein hoher Fels den stolzen, waldgekrönten Scheitel. Vor dem Schlosse windet sich silbern die Derwent durch das lachende Grün, eine sehr schöne steinerne Brücke führt hinüber. Wir fuhren durch den Park; neugierig guckten seine Bewohner, die Hirsche und Rehe, von beiden Seiten des Wegs in unsere Postchaise.

Chatsworth

Landsitz des Herzogs von Devonshire

Das in einem edlen Stil erbaute Haus ist von außen eines der größten und prächtigsten in England und seine Front einhundertzweiundachtzig Fuß lang. Die auswärts stark vergoldeten Fensterrahmen, welche wir sonst nirgends in England sahen, flimmerten im Sonnenstrahle und gaben ihm ein wunderbares feenartiges Ansehen. Diese äußere Pracht sticht auffallend ab gegen die große Stille und Einsamkeit der wilden Gegend umher; es ist, als ob ein Zauberer dieses Schloß hier zu eigenen Zwecken entstehen ließ. Auch hatte es einst eine traurige Bestimmung. Maria Stuart beweinte hier sechzehn Jahre lang ihre Freiheit, jedes Glück des Lebens entbehrend. Ihre grausame Feindin sandte sie zuerst nach Chatsworth in enge Gefangenschaft; nach sechzehn Jahren brachte man sie dann nach Fotheringhay in Northumberland, wo sie hingerichtet ward.

Die innere Einrichtung des Schlosses von Chatsworth enthält wenig Merkwürdiges. Seit Jahren von den Eigentümern nicht besucht, zeigt es überall nur Spuren alter, allmählich hinsinkender Pracht; dennoch wird es im ganzen wohl unterhalten, nur nichts Neues hinzugefügt, und so fehlt ihm die Frischheit, die sonst die englischen Landhäuser so angenehm macht. Für uns hatte es dennoch ein hohes Interesse. Im zweiten Stock des ältesten Teils des Schlosses findet man das Zimmer der unglücklichen Maria Stuart, ganz so eingerichtet und möbliert, wie sie es bewohnte. Es ist sehr groß und hoch; alte gewirkte Tapeten, die ihm ein finsteres, schauerliches Ansehen geben, hängen an den Wänden. Ein hoher Betstuhl steht in der Nähe eines Fensters, die Aussicht aus demselben ist nicht erheiternd: man sieht ihn eine zwar schöne, aber höchst einsame, von Bergen eingeschlossene Gegend. Alle Möbel im Zimmer, die hohen schweren Stühle mit kleinen Treppen davor, die eichenen und nußbaumenen unbeweglichen Tische versetzten uns in jene trüben Tage, welche die schönste und unglücklichste Frau ihrer Zeit hier verlebte. Ihr Bette mit schweren rotsamtenen Gardinen, die mit breiten silbernen Tressen besetzt sind, stand noch da; uns war, als sähen wir noch die Spuren der einsamen Tränen, die sie hier verweinte.

Der Garten von Chatsworth ist sehr alt und in einem der jetzigen Zeit fremden Geschmack angelegt. Man könnte ihn altfranzösisch nennen, wenn er regelmäßiger wäre, doch mag er dies wohl eher gewesen sein; denn es ist sichtbar, daß viele Anlagen, Alleen, Parterres, Berceaus und dergleichen eingegangen sind. Was ihn im ganzen Lande berühmt macht, sind die Wasserkünste, die aber mit denen von St.-Cloud, von Herrenhausen und der Wilhelmshöhe bei Kassel keinen Vergleich aushalten. Nur daß sie die einzigen im Lande sind, macht ihren Ruhm aus. Eine künstliche, zwei- bis dreihundert Fuß hohe Kaskade mit Stufen, der es aber, wie den meisten dieser Art, an hinlänglichem Wasser fehlt, wird zuerst gezeigt. In einem anderen Bassin muß das Wasser die Gestalt einer gläsernen Glocke annehmen. Neben dieser Glocke steht noch ein dem Ansehen nach verdorrter Baum; er ist aus Kupfer künstlich gebildet, das Wasser spritzt schäumend aus seinen Zweigen, er sieht dann ganz artig aus, als ob er mit großen Eiszapfen und Schnee bedeckt wäre, kleine Wasserstrahlen steigen ringsumher aus der Erde empor. Zwei andere Springbrunnen werfen den Wasserstrahl neunzig Fuß hoch gen Himmel und machen eine recht hübsche Wirkung. Die Engländer, welche in den ringsumher liegenden Bädern hausen, wallfahrten fleißig her, staunen das nie zuvor Gesehene an und erheben Chatsworth zu einem Wunder der Welt.

Castleton

Voll von Mariens Schicksale und stolz, daß unser Schiller den Briten den Rang abgewann und ihrem Andenken das schönste Denkmal schuf, verließen wir das traurig schöne Chatsworth. Nur kurze Zeit noch und die zwar einsame, aber dennoch reiche Gegend verschwand.

Ein enges, schauerliches Tal empfing uns: kein Baum, keine Spur von Vegetation, nur nackte und steile Felsen, zwischen denen wir uns ängstlich hindurchwinden mußten, die jeden Augenblick den Weg zu versperren schienen. Zu Anfange sahen wir noch zwischendurch ansehnliche Fabrikgebäude von großem Umfange; auch diese ödeste, schauerlichste Gegend in England, die Bleiminen von Derbyshire. Es waren deren unzählige von allen Seiten zu sehen, zwischendurch die ärmlichsten, aus Feldsteinen aufgetürmten Hütten, vor ihnen langsam wandelnde bleiche Gestalten, Bewohner dieser Öde, von der schrecklichen Arbeit in den Bleiminen entkräftet.

Zu Mittage langten wir in Castleton an, einem so armen, kleinen Städtchen, wie wir noch keines in England sahen. Wir bestellten in dem ärmlich aussehenden Gasthofe unser Mittagessen und eilten nach der Peakshöhle mit einem Führer, der sich gleich beim Aussteigen aus dem Wagen unserer bemächtigt hatte.

Die Peaks Höhle

Diese sehr berühmte Höhle liegt nahe vor der Stadt, der Eingang derselben ist wahrhaft groß und imposant. Eine Reihe meist senkrecht steiler Felsen von wunderbar zackiger Form erhebt die mit Bäumen gekrönten Scheitel. In einem derselben hat die Natur ein schauerliches, zweiundvierzig Fuß hohes und einhundertzwanzig Fuß breites Tor gewölbt, durch welches man in undurchdringliches Dunkel zu blicken wähnt. Langsam fließt ein schwarzes, ziemlich breites Wasser aus der Unterwelt an's Tageslicht hervor. Vor der Wölbung hängen ungeheure, bizarr geformte Tropfsteine; wildes Gesträuch rankt dazwischen, Efeu umwindet sie und flattert in leichten Kränzen darum her. Felsenstücke hängen herab, Untergang drohend dem Haupte dessen, der vorwitzig in die Geheimnisse der Unterwelt dringen will.

Wir traten in die Höhle, die dunkle Nacht war dem allmählich sich daran gewöhnenden Auge zur Dämmerung. Bald unterschieden wir darin eine Menge Weiber und Kinder, emsig spinnend, die ärmlichsten Gestalten, welche die Phantasie nur erdenken kann. Gnomen gleich hocken sie in dieser kalten feuchten Dunkelheit und fristen kümmerlich ihr armes leben; des nachts schlafen sie in kleinen bretternen Hütten, die sie sich in der Höhle erbauten und deren wir eine ziemliche Anzahl umherstehen sahen. Ungestüm bettelnd umgaben sie uns, sowie sie uns gewahrten; wir waren froh, nach dem Rate der Wirtin in Castleton, eine Menge Kupfergeld eingesteckt zu haben, um uns loszukaufen. Dies ist die unterirdische Stadt, von der mancher Reisende gefabelt hat. Die Wärme der Höhle im Winter, die ein eigentliches Haus entbehrlich macht, der kleine Gewinn, den die neugierigen Fremden ihnen gewähren, besonders aber die Freiheit von Abgaben, welche nur auf der Oberwelt, im Sonnenlichte gefordert werden, bewegen diese Armen, eine so unfreundliche Wohnung zu wählen.

Wie wir uns selbst erst von ihrem Ungestüm losgekauft hatten, kauften wir Lichter. Jeder von uns mußte eins tragen, der Führer trug deren zwei voraus, und so ging es denn weiter in den ganz finsteren Hintergrund der Höhle. Der Führer machte uns auf einige ungeheuer große Tropfsteine aufmerksam, welchen er allerhand Namen gab, ohne daß wir die Ähnlichkeit mit den dadurch bezeichneten Dingen finden konnten. Dann öffnete er eine schmale niedrige Tür, und wir standen in einem großen Gewölbe, von dessen Decke große Felsenstücke, drohender als je, über unsere Häupter herabhingen. Der Schimmer der flackernden Lichter machte sie noch grausenvoller, sie schienen sich zu bewegen.

Jetzt ward das Gewölbe ganz niedrig. Gebückt, mit unsicherem Tritte auf dem schlüpfrigen unebenen Boden, mußten wir uns lange durch eine enge Felsenspalte winden; bald ging es steil in die Höhe, bald ebenso hinunter. Wir stießen von allen Seiten an die vorragenden Felsen; ein einsames Licht brannte hin und wieder und diente nur, das Grabesdunkel noch sichtbarer zu machen; die Luft war schwer, wir möchten sagen zähe, denn ihr Widerstand schien uns fühlbar.

Endlich konnten wir unsere Häupter erheben, wir befanden uns in einem kleinen Gewölbe und bald am Ufer des unterirdischen Stroms, der hier, wie der Styx, kalt und stumm in ewiger Nacht die schwarzen Wellen langsam dahinwälzt. Wir fanden einen mit Stroh angefüllten Kahn, in welchem zwei Personen ausgestreckt nebeneinander liegen konnten. Der Führer stieg ins Wasser, welches ihm fast bis an die Hüfte ging, so schob er den Kahn vor sich hin, in welchem wir auf dem Stroh lagen und kaum zu atmen wagten. Es ging unter Felsen weg, die nur eine Hand breit von unserem Haupte entfernt, alle Augenblicke einzustürzen schien; von beiden Seiten war kein Zoll breit Ufer, um darauf fußen zu können. Nie war uns die Idee eines lebendig Begrabenen anschaulicher als hier in dem sargähnlichen Kahne mit der schwarzen, schweren Felsendecke über uns. Der Führer mußte ganz gebückt waten, ein Stoß an einen der Felsen, der ihn besinnungslos gemacht hätte, und wir waren verloren auf die entsetzlichste Weise. Mit diesen erbaulichen Gedanken beschäftigt, schwammen wir eine ziemliche Zeit, bis wir landen konnten, immer das Licht in der Hand. Endlich stiegen wir aus unserem Sarge. Schwindlig von der Fahrt, mußten wir uns erst eine Weile erholen, ehe wir um uns blicken konnten, und fast wären wir es beim ersten Umherschauen von neuem geworden. In einem ungeheuren Dom, der nach der Aussage des Führers einhundertzwanzig Fuß hoch, zweihundertsiebzig lang und zweihundertzehn breit war, funkelten eine Menge hin und wider zerstreuter Lichter wie Sterne, die nicht leuchten. Hier ist der Tempel des ewigen Schweigens, zu dem noch nie ein Strahl der sonnigen Oberwelt, ein Laut der Freude drang. In dieser unabsehbaren Höhle war uns noch bänglicher als in den engen kleinen; die Entfernung von allem Leben war hier fühlbarer durch den Raum, der uns sichtbar davon trennte.

Mühsam kletterten wir über abgerissene, rauhe Felsstücke und kamen wieder an das Wasser; wir standen still, es war als ob Töne einer sehr fernen Musik zu uns herüberschlüpften. Der Führer stieg abermals ins Wasser und trug einen nach dem anderen eine ziemliche Strecke auf den Schultern hindurch. In einer kleinen runden Höhle, in welcher das Wasser tropfenweise von allen Seiten unaufhörlich niedersinkt, und die deshalb Rogers Regenhaus heißt, fanden wir eben in diesem ewigen Tröpfeln die Ursache jener Töne, die uns zuvor wie Musik aus der Ferne schienen. Der Fußboden war mit tausend wunderlichen Schnörkeln aus Tropfstein bedeckt, und das Gehen darauf höchst beschwerlich, besonders da die ewige Nässe ihn schlüpfrig macht. Die Luft war hier noch unangenehmer kalt und feucht als zuvor.

So gut als es anging, eilten wir weiter, und in einer höheren, gewölbten Abteilung der Höhle harrte unser eine sonderbare Überraschung. Ein Chor von Männern empfing uns mit einem langsamen, eintönigen Gesang. Lichter in den Händen haltend, die sie hin und her schwenkten, standen sie fünfzig Fuß hoch über uns in einer Art von Nische, welche die Natur in einer der Seitenwände geschaffen hatte. Ihr Gesang war rauh, aus wenig Tönen zusammengesetzt, wild und klagend, aber dennoch nicht unangenehm.

Nach diesem wunderlichen Empfange ging es weiter. Ängstlich gebückt schlichen wir unter und über Felsenmassen bis zu einem kleinen Gewölbe, noch grausender und schauerlicher als alle übrigen, und ein schwarzer Abgrund, zu welchem wir schaudernd hinableuchteten, gähnte dicht vor unseren Füßen. Der Führer zeigte uns den steilen, furchtbaren Fußsteig, welcher über schlüpfrige Tropfsteine hinabführt. "Dies ist der Teufelskeller", sagte er, und indem er plötzlich einen von uns beim Arm ergriff: "Hier bin ich Herr", sprach er widerlich lachend, "hier kann ich tun, was ich will; ich wollte, ich hätte Napoleon hier!"-- Wir können's nicht leugnen, wir erschraken, denn er war nur zu sichtbar Herr, und wir hatten es längst gemerkt, daß er uns für Franzosen hielt. Indessen faßten wir uns bald und antworteten ihm, daß wir ihm die Erfüllung dieses Wunsches gern gönnen wollten, wenn nur Napoleon [Fußnote: zur Zeit von Johannas Reise stand England im Krieg mit Frankreich] nicht die Gewohnheit hätte, immer mit starker Begleitung zu kommen; schon unsere Begleiter, die, wie er wohl wisse, draußen geblieben wären, würden ernstlich nachforschen, wenn uns hier ein Unglück widerführe. Dies Argument schien ihm deutlich und machte ihn etwas höflicher. Unser Erschrecken über das wunderliche Benehmen des Führers wäre indessen weit heftiger gewesen, wenn wir damals schon gewußt hätten, was wir später erfuhren, daß vor mehreren Jahren ein Herr und eine Dame in einem einspännigen Whisky ohne andere Begleitung ankamen, gerade vor die Höhle fuhren, das Pferd anbanden, hineingingen und nie wieder gesehen wurden.

Der Führer leuchtete jetzt in den Abgrund vor uns hinab. Die wenigsten Wanderer wagen sich den steilen Pfad hinunter, der einhundertfünfzig Fuß tiefer führt; sie lassen bloß den Führer mit einigen Lichtern hinabgehen und begnügen sich mit dem schauerlichen Anblicke von oben. Wir taten dies auch. Kühne, bogenähnliche Vertiefungen, emporstrebende Säulen, geformt von der Hand der Natur, sahen wir im flimmernden Lichte, das Wasser plätscherte lebendiger im tiefsten Grunde. Der Führer sagte uns, es wäre dort von kristallener Helle. Endlich stieg er wieder herauf, wir traten den Rückweg an, ein ferner Schimmer des Tages, den unser, an die Dunkelheit gewöhntes Auge jetzt in der zweiten Höhle vom Eingang entdeckte, erfreute uns unbeschreiblich.

Zwei Stunden waren wir in der Wohnung der Nacht und des ewigen Schweigens geblieben. Wie wir nun wieder hinaustraten an's erfreuliche Sonnenlicht, wie uns wieder die milde, schmeichelnde Sommerluft warm und lebendig empfing, da war uns, als erwachten wir von einem beängstigenden Traume; alles umher, die ganze Gegend in ihrer wilden Pracht erschien uns in himmlischem Glanze. Es freue sich, riefen wir mit Schiller:

Es freue sich, was da lebet im rosigen Licht!

Dort unten aber ist's fürchterlich

Und der Mensch versuche die Götter nicht.

Wir fuhren weiter nach Buxton, einem Badeorte, wo wir übernachten wollten. Die Aussicht vom Gipfel eines hohen steilen Berges, dicht hinter Castleton, über welchen der Weg führt, ist des Verweilens wert. Man erblickt das fruchtbare, bebaute Tal und von beiden Seiten die wunderbar gestalteten Felsen, die es umschließen.

Einer dieser Berge heißt Win Hill, der andere Lose Hill, von einer Schlacht, die hier in uralten Zeiten gefochten worden sein soll. Der merkwürdigste unter ihnen ist der Mam Tor, auch der Shivering Hill, der schaudernde Berg genannt. Die Sage geht, daß seine Oberfläche sich immer auflöse und wie Sand herabkrümle, ohne daß er dadurch abnehme. Der schaudernde heißt er, weil das Herabrieseln des Sandes von weitem aussieht, als ob er zusammenschaudre. Die Wahrheit ist, daß Regen und Wetter jährlich größere und kleinere Fragmente von Mam

Tor ablösen, indem er ungewöhnlich schroff und steil ist, aber auch, daß er, genauen Beobachtungen zufolge, allerdings kleiner dadurch wird. Die Landleute bleiben indes bei ihrem alten Glauben und rechnen ihn zu einem der sieben Wunder des Peaks Gebirge. Über unfruchtbare Felsen, öde Heiden ging es fort bis Buxton, welches wir noch zu guter Tageszeit erreicht.

Buxton

Ebenfalls ein Badeort, aber wie himmelweit verschieden vom zauberisch schönen Matlock! Rund umgeben von kahlen Felsen, liegt es wie in einem Kessel. Wild und traurig ist die ganze Gegend umher, große Schätze verbarg die Natur hier tief im Schoße der Erde, aber dem Wanderer lächelt sie nicht freundlich entgegen.

Eine Meile von Buxton liegt die ebenfalls berühmte Pools Höhle; man versicherte uns, sie wäre nach der von Castleton kaum sehenswert und überdies noch beschwerlicher zu besuchen. So viel bedurfte es nicht einmal, um uns von dem Unternehmen, sie zu sehen, abzuschrecken. Buxton, sonst ein unbedeutendes Dorf, ist durch seine warme Heilquelle, welche die Römer schon gekannt haben sollen, ein ziemlich ansehnlicher Ort geworden. Das Wasser ist lauwarm, schmeckt nicht übel, und wird sowohl zum Trinken als zum Baden gegen Gicht, Skorbut und viele andere Übel gebraucht.

Man lebt hier ziemlich einfach und langweilig. Der Morgen wird mit Promenieren im Crescent, einer im Halbzirkel gebauten Reihe zierlicher Häuser, hingebracht. Letztere enthalten viele hübsche Wohnungen für die Brunnengäste und ein paar elegante Gasthöfe, in welchen sich die zu Bällen und Assembleen bestimmten Säle befinden. Dessen ungeachtet haben sie das Ansehen eines einzigen großen Prachtgebäudes von mehr als dreihundert Fenstern in der Front. Elegante Läden, ein paar Leihbibliotheken, in welchen man nach englischem Badegebrauch von der Promenade ausruht, und einige Kaffeezimmer erfüllten das Erdgeschoß, ringsumher läuft ein oben bedeckter Säulengang für die Spaziergänger, zum Schutze bei dem hier sehr gewöhnlichen Regenwetter. Das Brunnengebäude und die Bäder liegen ganz in der Nähe. Nach der Morgenpromenade wird die übrige Zeit des Tages mit Spazierenfahren und Reiten zugebracht, obgleich die Gegend eben nicht einladend ist.

31

Die Jagd macht hier für die Herren eine Hauptergötzlichkeit aus. Liebhaber davon können auf eine Koppel Jagdhunde, die dazu gehalten wird, subskribieren. In England fehlt es überhaupt am Wilde, hier aber in dieser öden Wüstenei gibt es noch bisweilen Hasen und Füchse, auch wilde Enten und andere Wasservögel in Menge auf den nahegelegenen Sümpfen des Strömchens Wye. Des Abends ist Ball oder Spiel-Assemblee, und dreimal die Woche Schauspiel in einer zu diesem Behufe ganz artig aufgeputzten Scheune.

Die größte Merkwürdigkeit sind hier die prächtigen, vom Herzog von Devonshire erbaute Pferdeställe; man hält sie für die schönsten und in ihrer Art vollkommensten in Europa, und unseres Wissens mögen sie diesen Ruhm wohl verdienen. Im Zirkel gebaut, umgeben von einer Kolonnade, unter welcher die Pferde, geschützt vor Wind und Regen, den ganzen Tag nach englischer Weise gepflegt, geputzt und gestriegelt werden, umschließen sie eine sehr schöne, bequeme Reitbahn. Ein Teil des Gebäudes enthält Wagen-Remisen, und das Ganze ist von beträchtlicher Größe, so daß es aussieht, als ob die vierbeinigen Brunnengäste hier die Hauptpersonen wären. Ein daran hinfließender Bach dient dazu, diese Prachtställe reinlich zu halten und fast allen üblen Geruch zu verbannen.

Das Interessanteste für uns war eine Fensterscheibe in der Halle, dem ältesten Absteigequartier in Buxton, in welchem Maria Stuart auf ihrer unglücklichen Reise von Schottland verweilte. Sie schrieb mit prophetischem Sinn folgende Zeiten darauf:

"Buxton! whose fame thy baths shall ever tell;

which I perhaps shall see no more, farewell!"

Manchester

[Fußnote: eines der bedeutendsten Industriezentren Englands. Die industrielle Umwälzung, die Johanna voll miterlebte, brachte der Stadt einen ungeheuren Aufschwung. Die Bevölkerung stieg von 20 000 um 1750 auf 100 000 Einwohner im Jahre 1803]

Frühmorgens verließen wir Buxton und erreichten gegen Mittag diese berühmte, große Fabrikstadt. Dunkel und vom Kohlendampfe eingeräuchert, sieht sie einer ungeheuren Schmiede oder sonst einer Werkstatt ähnlich. Arbeit, Erwerb, Geldbegier scheinen hier die einzige

Idee zu sein, überall hört man das Geklapper der Baumwollspinnereien und der Webstühle, auf allen Gesichtern stehen Zahlen, nichts als Zahlen.

An Freude und Vergnügen zu denken, hat das arbeitsame Völkchen hier eben nicht viel zeit, doch sind einige Anstalten dazu getroffen. Es gibt hier ein Theater, einen Konzert- und einen Assembleesaal, in welchem sich winters die Subskribenten zum Spiel, mitunter zum Tanze versammeln; und damit der liebe Gott doch auch sein Teil bekomme, hat man ihm ganz kürzlich eine neumodische tempelartige Kirche erbaut, die aber ziemlich schwerfällig geraten ist.

Im Ganzen blieb der feine Geist der Geselligkeit Manchester, wie anderen bloß von Fabriken lebenden Städten, ziemlich fremd. Die Männer erholen sich in Tavernen bei der Bouteille von der ermüdenden Arbeit, die Frauen haben ihre Zirkel unter sich. Wie amüsant aber solch eine Gesellschaft von lauter Engländerinnen sein mag, wünschten wir lieber zu erraten, als zu erfahren.

Die Gegend rings um Manchester hat wenig Einladendes. Die öffentliche Promenade in der Stadt, eine Art von botanischem Garten, wäre nicht übel, führte sie nur nicht immer dicht am Kranken- und Irrenhause auf und ab; so aber hört man unaufhörlich das Geschrei und Geplapper der armen Verrückten, sieht sie auch mitunter, wie sie gewaltsam in dem am Irrenhause dahinfließenden Wasser zu ihrer Heilung gebadet werden. Dies ist, wie man wohl denken kann, eben nicht ergötzlich; doch die Einwohner von Manchester scheinen sich daran gewöhnt zu haben und lassen sich durch solche Kleinigkeiten nicht in ihrer Promenade stören.

Wir besuchten eine der größten Baumwollspinnereien. Eine im Souterrain angebrachte Dampfmaschine setzte alle die fast unzähligen, in vielen übereinander getürmten Stockwerken angebrachten Räder und Spindeln in Bewegung. Uns schwindelte in diesen großen Sälen bei dem Anblicke des mechanischen Lebens ohne Ende. In jedem derselben sahen wir einige Weiber beschäftigt, die nur selten reißenden Fäden der unaufhörlich sich drehenden Spindeln wieder anzuknüpfen; Kinder wickelten und haspelten das gesponnene Garn. In einem großen Saale reinigte man die noch ungesponnene Baumwolle; in großen viereckigen, watteähnlichen Stücken lag sie ausgebreitet auf großen Tischen; eine Menge Weiber und Mädchen, in jeder Hand mit einem dünnen Stecken bewaffnet, prügelten lustig darauf los; in einem anderen Saale ward sie durch eine einem ungeheuren Kamme ähnliche Maschine getrieben und glich nun einem äußerst dünnen, aber doch zusammenhängenden Gewebe; noch in einem anderen ward sie zu einem lockeren, fast zwei Finger dicken Faden gesponnen, und so durch viele Säle hindurch, immer feiner, bis zu der Feinheit eines Haares.

Alles wird hier auf die leichteste Weise durch Maschinen bewirkt, deren jede uns ein Wunder der Industrie erschien. So sahen wir zum Zusammendrehen und Einpacken der fertigen Stücke Garn ganz eigene Vorrichtungen. Eine andere, einer Schnellwaage ähnliche Maschine zeigte vermittelst eines Zeigers die Nummer und zugleich den Grad der Feinheit der daran gehängten Garnspule. Alles in der Fabrik, auch das Geringste, geschieht mit bewundernswerter Genauigkeit und Zierlichkeit, dabei mit Blitzesschnelle. Am Ende schien es uns, als wären alle diese Räder hier das eigentlich Lebendige und die darum beschäftigten Menschen die Maschinen.

Betäubt von den gesehenen Wundern verließen wir das Haus und bestiegen den Wagen, der uns zu einem anderen Wunder, dem vom Herzog von Bridgewater angelegten Aquädukt [Fußnote: Bridgewater Kanal, verbindet Manchester mit Liverpool und wurde 1758-71 von Brindley erbaut; nicht zu verwechseln mit dem 1894 eröffneten Manchester Schiffskanal, der die Stadt direkt mit dem Meer verbindet], bringen sollte. Dieser Herzog hat sich um sein Vaterland, besonders um Manchester, unsterblichen Verdienst erworben, sowohl durch Anlegung der Kanäle, die hier den Warentransport so sehr erleichtern, als durch die Verbesserung und Bearbeitung der benachbarten Kohlenminen, die denn doch die Seele des hier waltenden mechanischen Lebens sind. Der Aquädukt, zu welchem wir jetzt fuhren, ist des Herzogs höchster Triumph und erschien uns ein Werk, würdig der Zeiten der alten Römer.

Der Anblick war in der Tat feenhaft. Wie in der Luft sahen wir ein Kohleschiff mit vollen Segeln hinschweben, während ein anderes in entgegengesetzter Richtung darunter hinfuhr. Dies seltene Schauspiel traf durch den glücklichsten Zufall von der Welt grade mit dem Moment unserer Ankunft bei dem Kanale zusammen. Nachdem die Wirkung des ersten Erstaunens vorüber war, besahen wir uns die Sache näher. Ein schiffbarer Fluß strömt zwischen hohen Ufern dahin; ein Kanal führt auf dem höheren Lande in einer ihn gerade durchkreuzenden Richtung. Über den Fluß ist eine auf drei ungeheuren Bogen ruhende schnurgerade Brücke (anders wissen wir es nicht zu nennen) gebaut. Diese, Gott weiß wie? wasserdicht gemacht, empfängt den Kanal in einem Bette, welches tief genug ist, um nicht bloß Kähne, sondern auch Schiffe von ziemlicher Größe zu tragen. Zu beiden Seiten des Kanals ist noch ein breiter Fußsteig gelassen. Wenn man oben wandelt und nicht gerade hinunter blickt, so ahnt man nicht das Dasein der Brücke, sondern glaubt noch immer auf festem Lande zu sein.

Jetzt ging es zu den nicht gar weit entfernten, sehr beträchtlichen Kohlenminen. Die wilden, in den Bergwerken sich ansammelnden Wasser, die sonst dem Bergmann soviel Not machen, wurden auf Angabe des Herzogs in einem, Meilen weit in das Innere der Erde sich erstreckenden, für ziemlich große Kähne schiffbaren Kanal gesammelt. Tief und weit unter der Oberfläche führt er in verschiedenen Richtungen hin, an einigen Stellen breit genug für zwei einander begegnende Kanäle. Über ihm wölbt sich die nicht gar hohe, teils gemauerte, teils in den Felsen gehauene Decke. So wie er an's Licht des Tags kommt, ist er mit anderen das Land durchkreuzenden Kanälen in Verbindung.

Der Eingang zu diesem Reiche der Unterwelt ist imposant: ein großes Tor, in einen senkrecht steilen, majestätisch hohen Felsen eingehauen. Wir bestiegen einen langen schmalen Kahn, der sonst zum Kohlentransporte dient; mit Brettern und Kissen waren ziemlich bequeme Sitze für uns darin bereitet, am Rande und im Boote selbst kleine Leuchter mit brennenden Lichtern angebracht; so schifften wir hinab auf der schwarzen, stillen Flut. Unser Führer war über die Maßen redselig und wir merkten bald, daß er sich ein wenig zu sehr gegen die kalte unterirdische Luft versehen hatte; doch war hier an keine Gefahr zu denken. Immerfort perorierend bugsierte er uns langsam weiter, indem er sich von Zeit zu Zeit gegen die Wände des Gewölbes stemmte. Nach einer Viertelstunde verschwand jeder Schein des goldenen Tageslichts, kalt, düster, unheimlich war es um uns her.

An der ersten Mine kletterten wir aus dem Kahne. Eine Menge gewölbter Gänge in verschiedenen Richtungen durchkreuzten sich hier, alle so niedrig, daß man nur mit Mühe ganz gebückt durchkriechen kann. Die Kohlen liegen ganz frei da und wurden von halbnackten, bald knienden, bald auf dem Rücken liegenden Männern mit einer Bergmannshaue losgebrochen. Die Arbeit schien uns höchst mühsam und beschwerlich, auch ist sie nicht ohne Gefahr, und viele Menschen verlieren hier ihr Leben. Giftige Dämpfe entstehen plötzlich und ersticken den Arbeiter, oder entzünden sich an seinem Grubenlichte und verbrennen ihn, wenn er sich nicht mit dem Gesichte platt auf die Erde wirft, sobald er gewahr wird, daß die Flamme seines Lichts blau brennt.

Der nächste Augenblick ist gewöhnlich schon zu spät.

Nachdem jedes von uns ein Stück Kohle heruntergeschlagen hatte, was wir zum Wahrzeichen mitnehmen mußten, waren wir nicht ferner begierig, tiefer ins Innere der Erde zu dringen. Wir eilten zurück in unser illuminiertes Boot, zu unserem noch besser illuminierten Führer und erblickten bald darauf wieder das schöne Licht der Sonne.

Auf dem Rückwege nach Manchester hielten wir uns noch in einer ganz allein liegenden Bleistiftfabrik auf. Den Eignern schien unser Besuch nicht viel Freude zu machen; doch ließ man uns, auf die Fürsprache unseres Begleiters von Manchester, die ganze Verfahrensweise dabei sehen. Ein Mann hobelte die kleinen, etwa eine halbe Elle langen und breiten Brettchen von Zedernholz ganz glatt; ein anderer schnitt sie in Streifen zu viereckigen Bleistiften und machte mit einem Instrument die Spalte, welche das Blei aufnehmen sollte; ein dritter setzte das Blei hinein. Es waren etwa vier Zoll lange und halb so breite Stücke, gerade so dick, daß sie in die Spalte paßten. Vorher wurden sie in eine schwärzliche Flüssigkeit getaucht und, wenn sie in die Spalte gefügt waren, mit einem sehr scharfen Messer dicht am Holze glatt abgeschnitten. Ein vierter Arbeiter leimte kleine, dazu abgepaßte Späne hinein, die das Blei bedeckten. Zuletzt ward der bis jetzt viereckige Bleistift auf einer Maschine rund gemacht. Das Ganze ging blitzschnell und war gar leicht und artig anzusehen.

Leeds

Den folgenden Morgen setzten wir unsere Reise fort nach Leeds in Yorkshire. Traurig war die erste Hälfte des Weges, wieder mußten wir steile, himmelhohe Felsen erklimmen. Wie sehr irrt der Bewohner des festen Landes, der sich gewöhnlich ganz England als ein schönes, fruchtbares, einem Garten ähnliches Land denkt. Öde, unangebaut, ohne Spur freudiger Vegetation war die Gegend umher; hier müssen, wie auf den westfälischen Steppen, durch die wir früher gekommen, die Jahreszeiten ebenso unmerkbar für die Bewohner hinschwinden: denn keine bringt ihnen Gaben, womit sie glücklichere Erdstriche erfreuen. Kein Baum, kein Kornfeld, keine ländlichen Gärten, aber überall Blei- und Kohlenminen, Steinbrüche, Schmelzöfen, Ziegelfabriken, unterbrochen von großen, einzeln liegenden Baumwollspinnereien und anderen Manufakturgebäuden.

Die Luft war schwarz und dick vom Kohlendampfe; überall sahen wir den Armen arbeiten, um den Reichen noch reicher zu machen, während jener selbst nur kümmerlich sein armes Leben dabei fristet. Ein Gemälde menschlichen Fleißes, doch nicht von der erfreulichen Seite. Wie erheiternd ist doch der Anblick des rüstigen Landmanns, der im Schweiße seines Angesichts der Erde sein Brot abgewinnt, indem er sie schmückt! Wie traurig sieht dagegen der bleiche, schmutzige Bewohner der Minen aus, der wie ein Maulwurf in ihr Inneres sich hinein wühlen muß, um nur wenige Jahre elend zu leben! Ein beängstigendes Gefühl des Mitleids drängte sich uns unwillkürlich auf bei diesem Schauspiele, das wir bis jetzt nur zu oft und zu lange gehabt hatten.

Bei Wakefield war die Gegend freundlicher und ländlicher; wir dachten des guten Vikars, der uns allen aus Goldsmiths [Fußnote: Oliver (1728- 74) "The Vicar of Wakefield", 1766] gemütlicher Dichtung bekannt ist, aber vergebens suchten wir hier sein Dörfchen, sein wirtliches Dach. Wakefield ist ein Städtchen voll Fabriken.

Gegen Abend erreichten wir Leeds, eine ziemlich große Stadt, welche hauptsächlich aus Tuchmanufakturen besteht. Unser Eintritt war von einer höchst traurigen, herzzerreißenden Szene begleitet. Wir bemerkten mit Erstaunen, daß der Wegegeldeinnehmer am Schlagbaum, dicht vor der Stadt, heftig weinte; neben ihm stand seine Frau mit der Gebärde trostloser Verzweiflung; zwei ganz kleine Mädchen blickten stumm und verwundert auf Vater und Mutter. "Gute Leute, was fehlt euch?" fragten wir mitleidig. "Unser einziger Sohn ist eben ertrunken", antwortete der Mann mit halb erstickter Stimme. Nun machte das verzweifelnde Mutterherz sich Luft, mit Händeringen rief sie: "Ach, er war der schönste Knabe im Ort, vierzehn Jahre alt, immer gehorsam und fleißig; heute um vier Uhr kam er mit gutem Zeugnis fröhlich aus der Schule, und nun--." Wir fuhren mit schwerem Herzen und nassen Augen weiter; denn wer von uns konnte es wagen, hier trösten zu wollen?

Wunderbar ist's, daß in England nicht unendlich viel Kinder verunglücken; nirgends scheint der alte fromme Glaube, daß jedes seinen eigenen Engel habe, der es beschützt, einheimischer als hier; denn nirgends werden sie mehr ohne sichtbare Aufsicht sich selbst überlassen. In den Städten und Dörfern, auf den volkreichsten Straßen kriechen kleine, kaum zweijährige Säuglinge in den Fahrwegen umher, größere Kinder laufen ohne Furcht im Gewühle zwischen Rädern und Pferden durch, und der Reisende sitzt ängstlich im pfeilschnell rollenden Wagen und zürnt über die unachtsamen Mütter. Die Tuchfabrikanten machen den größten Teil der Einwohner von Leeds aus; sie haben hier eine eigene Halle, in welcher jedem sein bestimmter, mit seinem Namen bezeichnete Platz angewiesen ist, auf welchem er an Markttagen seine Waren zur Schau legt und feil hält. Diese Halle, ein großes, ganz bedecktes Gebäude, schließt einen geräumigen Hof von allen vier Seiten ein und ist einer Börse nicht unähnlich.

Man macht sehr hübsche Teppiche in Leeds, sie werden auf gewöhnlichen Webstühlen gearbeitet. Es war lustig zu sehen, wie schnell die schönen Blumen und Muster in reicher Farbenpracht vor unseren Augen entstanden. Bei den breiten Fußdecken für die Zimmer arbeiten immer zwei Personen an einem Webstuhle; bei den schmalen zu Treppen und Vorplätzen nur einer.

Studley Park. Fountain's Abbey. Hackfall

Ripon, ein freundliches, reinliches Landstädtchen, liegt in einer zwar bergigen, aber angenehmen fruchtbaren Gegend. Es ist ein Borough [Fußnote: ursprünglich Bezeichnung für eine Burg oder eine befestigte Stadt; Kreisstadt, die im Parlament vertreten ist: Parliamentary Borough] und hat also das Recht, bei jeder Parlamentswahl ein Mitglied zu wählen und nach London zu schicken. Nun gehören alle Häuser in Ripon einer alten achtzigjährigen Dame, die unermeßlich reich, auch die Besitzerin von Studley Park, Hackfall und mehrerer Güter im fruchtbaren Yorkshire ist. Sie allein, als die einzige Grundbesitzerin in Ripon, wählt also dies Mitglied, und das Gewicht, welches sie hierdurch in der Nachbarschaft, ja im ganzen Königreich erhält, ist fast nicht zu berechnen. Nach ihrem, wahrscheinlich jetzt schon erfolgten Tode erbt eine Miß Lawrence alle ihre Reichtümer und Rechte. Diese Dame, obgleich auch schon längst über die Jugendjahre hinaus, wird, wie man leicht denken kann, von Anbetern und Freiern umlagert, wie weiland Penelope, sie aber widersteht allen und erklärt laut: sie würde jetzt keinen heiraten, weil niemand sich um sie bewarb, ehe sie die reiche Erbin war, welche sie erst kürzlich durch den unerwarteten Tod ihres Bruders wurde. Miß Lawrence ward uns übrigens als sehr gut und auch im Äußern nicht unliebenswürdig geschildert.

Wir fuhren nach dem nicht weit entlegenen Studley Park: das Haus enthält nichts besonders Sehenswertes, auch die Außenseite desselben zeichnet sich auf keine Weise aus. Die sehr weitläufigen Spaziergänge gehören aber zu den schönsten in England.

Der Park hat einen, ihn von den gewöhnlichen Parks unterscheidenden ernsteren Charakter. Freie sonnige Partien, grüne Rasenplätze trifft man weniger, aber herrliche Schattengänge, unter dem Schutze himmelhoher Buchen und Eichen, am Abhange der bewachsenen Felsen, auf lachenden Höhen und in duftigen Tälern. Mit unbeschreiblichem Vergnügen wandelten wir hier und ahnten nicht, daß die Krone des Ganzen uns noch erst wunderbar überraschen sollte. Unser Führer, ein alter vernünftiger, eisgrauer Gärtner, seit mehr als vierzig Jahren hier in Dienst, öffnete plötzlich eine kleine, unscheinbare Gartentür, und wir erblickten in einem lieblichen grünen Tale die schönsten gotischen Ruinen, die wir je sahen.

Vom Morgenstrahl gerötet lagen sie da in stiller, feierlicher Pracht. Es waren die Überbleibsel von Fountains Abbey [Fußnote: in seinem Grundriß einer der gewaltigsten Klosterbauten Englands. Zisterziensergründung: 1132. Die Anlage verfiel unter der Regierungszeit Heinrichs VIII.; die Ruinen zählen zu den eindrucksvollsten der Welt], einem im zwölften Jahrhundert erbauten Kloster, nun schon seit zweihundertfünfzig Jahren in Trümmern. Diese zeugen vom ehemaligen ungeheuren Umfange. Das Dach fehlt gänzlich, die Seitenwände größtenteils auch; aber noch stehen, wie trauernde Geister auf dem Grabe der Vergangenheit, viele, reich mit Skulptur gezierte Säulen, die weiland das Schiff der Kirche ausmachten; feste Gewölbe, hohe Bogenfenster trotzen noch der Zerstörung, alles bezeichnet ehemalige hohe geistliche Pracht. Einige alte steinerne Särge stehen umher, gewaltsam ans Licht der Sonne gezogen. Deutlich zu unterscheiden ist noch die Stelle, wo sonst der Hochaltar war, so auch die Kreuzgänge, das Refektorium, der Versammlungssaal. Viele unterirdische Gänge und Gewölbe sind fast noch unversehrt; auch erkennt man eine Küche, und an dem die Wand schwärzenden Rauche die Stelle, wo sonst der Herd stand. Fountains Abbey ist ein großes Grab vergangener Zeiten, dennoch drängt sich überall das frische Leben der ewig jungen Natur üppig hervor. Efeu umschlingt die verwitternden Pfeiler und kleidet sie in die Farbe der Hoffnung, junge Blumen und Sträuche nicken aus den hohen Bogenfenstern und von den Kapitellen der Säulen. In der Kirche wandelt man unter dem Schatten bejahrter Bäume. Überall neues Entstehen mitten unter den Trümmern der Zerstörung, überall die Lehre, Menschenwerk ist vergänglich, wie Menschenleben, aber der Geist der schaffenden Natur waltet fort, kennt weder Vernichtung noch Grenzen.

Welche Verzierungen für einen Park sind diese Ruinen, wie sinkt alles so kleinlich dagegen zusammen, was selbst große Fürsten auf ihren Landsitzen unternehmen, um nur etwas ähnliches zu erkünsteln! Der vorige Besitzer von Studley Park erkaufte sie freilich für eine große Summe, aber er gab seinen Besitztum dadurch einen hohen, einzigen Wert und sicherte zugleich diese heiligen Überreste zwar nicht gegen den langsam zerstörenden Zahn der Zeit, aber doch gegen vernichtenden Mutwillen, der leider überall dem Schönen droht.

Von Studley Park ging es nach Hackfall. Alle Parks, die wir bis jetzt sahen, erschienen uns als freundliche Punkte unserer Reise, an die wir noch nach Jahren gern zurückdenken werden; hier aber fühlten wir das Trostlose des Geschicks des Reisenden, nur flüchtig am Schönen vorüberstreifen zu können und es nur im Bilde davonzutragen. Hier wünschten wir Hütten zu bauen. Wie schön muß sich's in diesem heimliche verborgenen Tale wohnen! Grünend, blühend liegt es zwischen malerisch geformten und bewachsenen Felsen. Wege schlängeln sich bald in schwindelnder Höhe, bald tiefer in lieblichen Schatten an den Bergen hin; ganz unten braust und blinkt und wogt ein spiegelheller Fluß, von allen Felsen rauschen und gaukeln Bäche zu ihm hinab, bald sprudelnd und schäumend, bald wie im leichten Tanz. Endlich gelangt man hinauf zur höchsten Höhe. Ein Pavillon ziert sie. Von dort aus blickt man weit ins offene fruchtbare Land. Da liegt die Welt vor uns und ihr unruhiges Treiben, und zu unseren Füßen das Tal mit seinem stillen Frieden. Zögernd, wider Willen, verließen wir abends diesen lieblichen Ort, über Berg und Tal rollten wir hin durch den schönen, fruchtbaren Teil von Yorkshire, bis Catterick Bridge, einem großen, ganz isoliert liegenden Gasthofe.

Englische Gasthöfe

Die Annehmlichkeiten eines solchen Gasthofes in England kennt man auf dem festen Lande nicht; darum erlauben wir uns hier einiges darüber zu sagen. Durchgängig, auch in den Städten, sind die englischen Gasthöfe sehr lobenswert: Zimmer, Betten, Bedienung, Reinlichkeit übertreffen alles, was man in anderen Ländern in dieser Art antrifft, aber wir möchten fast behaupten, daß die guten Gasthöfe auf dem Lande wieder die in Städten in dem Maße übertreffen wie jene die deutschen.

Die Teuerung ist auch nicht so groß, als man denken möchte, wenn man nur erst die Sitte kennt. Der Umstand, daß man durchaus nicht portionsweise speist, ist freilich unangenehm. Alle Vorräte des Hauses an Fleisch, Fischen, Gemüsen und dergleichen sind mit der höchsten Sauberkeit und mit einer Art Eleganz in einem auf dem Flur befindlichen, mit Glasfenstern versehenden Kabinett zur Schau gestellt. Hier trifft man gewöhnlich die Wirtin oder ihre Stellvertreterin an. Außer einigem Backwerk findet man nichts fertig zubereitet; die Häuser, in welchen die öffentlichen Fuhrwerke zu bestimmten Stunden einkehren, machen jedoch hiervon eine Ausnahme. In diesen ist mittags oder abends der Tisch gedeckt, an welchem die ankommenden Reisenden um einen festgesetzten Preis in Gesellschaft speisen können. Außer diesem aber muß der einzelne Fremde in jenem Vorratsmagazine seine Mahlzeit und die Art der Zubereitung selbst wählen und geduldig warten, bis sie fertig ist. Wählt man nun einen Hammel- oder Rinderbraten oder sonst ein großes Stück, so bekommt man es ganz auf den Tisch und muß es auch ganz bezahlen, wenn es gleich kaum angeschnitten wieder abgetragen würde. Dies ist freilich nicht angenehm, aber der Landeskundige weiß sich einzurichten und bestellt kleinere, leichter zu bereitende Gerichte. Das Logis ist nicht teuer. Für das Zimmer, in welchem man speist und den Tag zubringt, wird, auch bei längerem Aufenthalt, gewöhnlich nichts gerechnet, es sei denn, daß man nur im Hause wohne und immer auswärts speise. Im Schlafzimmer bezahlt man nur das Bette, und dieses kostet selten mehr als einen Schilling die Nacht. Und welch ein Bett! Die schönsten Matratzen, die feinsten Bettücher und Decken. Schöne Vorhänge umgeben das Bett, ein hübscher kleiner Teppich liegt davor, eine feine weiße Nachtmütze und ein Paar Pantoffeln fehlen auch nie dabei, deren sich reisende Engländer, die immer wenig Gepäck mit sich führen, ohne alle Scheu bedienen.

Es ist uns immer aufgefallen, wie dieses Volk, bei aller Reinlichkeit, tausend kleine Rücksichten nicht kennt, die dem Deutschen, noch mehr dem Franzosen, zur Natur geworden sind. Kein Engländer, zum Beispiel, der nicht zu den vornehmsten Klassen gehört, wird sich weigern, mit andern aus einem Glase oder Porterkruge zu trinken, oder mit Bekannten, auch wohl Fremden, in einem Bette zu schlafen, wenn es im Hause an Raum fehlt.

Auch in den Städten erscheint der Wirt gleich, um den Fremden beim Austritte aus dem Wagen zu empfangen, aber auf dem Lande ist's, als käme man zu einem längst erwarteten Besuch. Der Wirt öffnet selbst den Schlag und hilft dem Reisenden heraus; in der Tür steht die Wirtin; mit dem freundlichsten Gesichte von der Welt knickst sie ein halbes Dutzend Mal kurz hintereinander, bemächtigt sich der reisenden Damen sogleich, führt sie in ein besonderes Zimmer und sorgt auf alle

Weise für ihre Bequemlichkeit, während ihr Mann bei den Herren die Honneurs macht. Wenn man auch nur die Pferde wechselt, ohne das geringste zu verzehren, so bleibt diese Höflichkeit sich dennoch gleich: Wirt und Wirtin begleiten die Reisenden an den Wagen, danken für die erzeigte Ehre und bitten, bald wieder zu kommen. Freilich haben die Wirte auf jeden Fall einigen Nutzen von den Reisenden, da sie die Post für eigene Rechnung bedienen.

Je weiter man in's nördliche England dringt und sich Schottland nähert, je mehr nimmt diese Aufmerksamkeit der Wirte zu, verbunden mit einer Art Kordialität, die unangenehm auffällt. Der Wirt bringt immer die erste Schüssel auf den Tisch, sei sein Gasthof noch so groß und ansehnlich; ihm folgt seine Frau, selbst alle Kinder des Hauses, die nur einigermaßen sich dazu schicken, folgen dem Alter nach in Prozession, alle bringen etwas; oft sahen wir zuletzt so einen kleinen goldlockigen Cherub von drei, vier Jahren geschäftig mit einem Pfefferbüchsen dahergetrippelt kommen. Die Aufwärter, Waiters, scheinen Flügel zu haben, so schnell kommen sie auf jeden Klingelzug, und in allen Zimmern hängen gute, gangbare Klingeln, welche der reisende Engländer nach Herzenslust handhabt.

So wie es keine aufmerksameren Wirte gibt, so gibt es auch keine viel verlangerenden Gäste als in England. Das Wirtschaftswesen wird aber gewissermaßen fabrikmäßig betrieben: jeder hat sein Departement, und so geht alles in schneller Ordnung. Die Pferde besorgt der Stallknecht, Hostler genannt, hat aber wohl im Stalle seine Untergebenen zum eigentlichen Dienste, denn er selbst sieht zu elegant dazu aus; er nimmt nur die Befehle der Fremden an und führt die Pferde vor. Dann ist noch der Stiefelwichser; dieser, gewöhnlich der pfiffigste und gescheiteste vom ganzen dienenden Personal, wird schlechtweg Boots, Stiefel, gerufen, und ist eine sehr wichtige Person im Hause. Er besorgt gewissermaßen die auswärtigen Angelegenheiten, bestellt Kommissionen, führt die Fremden im Orte herum und gibt von allem Rede und Antwort. Unaufhörlich hört man in einem ganz eigenen, hellklingenden Fistelton durchs ganze Haus "Boots!" rufen, und immer ist er zur Hand.

Abends beim Zubettegehen wird jedesmal das Kammermädchen, Chambermaid, gerufen, sie erscheint im feinen kattunenen Kleide, mit einer schneeweißen Musselinschürze, einem artigen Spitzenhäubchen, kurz, so nett und damenhaft gekleidet als möglich. Ihr Amt ist, den Fremden, ohne Unterschied der Person und des Geschlechts, einen Nachttischleuchter mit einem Wachslicht anzuzünden, ihn in's Schlafzimmer zu führen und zuzusehen, daß es ihm an keiner Bequemlichkeit mangle. Dies geschieht jeden Abend, und wenn man Monate lang im Haus verweilte.

Beim Abschiede erscheinen dann Waiter und Hostler und Boots, ganz zuletzt noch bittet die Chambermaid mit einem artigen Knicks, ihrer nicht zu vergessen, don't forget the Chambermaid. Man gibt diesen Leuten nicht viel, wenn man die Teuerung des Landes bedenkt, und man gibt gern, denn man wurde gut bedient. Nach dieser Digression kehren wir zurück nach Catterick Bridge.

Krankheitshalber mußten wir einige Tage dort verweilen und wurden gewartet und gepflegt, als wären wir unter Bekannten und Freunden. Die Wirtin, Mistreß Ferguson, wich nur aus dem Krankenzimmer, wenn ihre Geschäfte es notwendig machten; ihr Mann ritt selbst nach dem vier Meilen entlegenen Städtchen Richmond, um den Apotheker des Orts zu holen, und der Sohn des Hauses, ein Landgeistlicher aus der Nachbarschaft, schleppte seine halbe Bibliothek herbei, um Kranken und Gesunden Unterhaltung zu verschaffen. Der Apotheker war ein vernünftiger, guter Arzt, und das Übel wich seinen Heilmitteln bald.

In ganz England sind die Apotheker die am meisten gesuchten Ärzte; man nennt sie auch Doktor. Besuche der eigentlichen Ärzte werden, außer bei reichen vornehmen Kranken, nur bei sehr großer Gefahr gefordert. Sie sind zu kostbar: weniger als eine Guinee dar man keinem für jede einzelne Visite bieten. Diese wird ihnen gewöhnlich jedes Mal beim Abschiednehmen in die Hand gedrückt. Eine Konsultation des Arztes in seinem eigenen Hause kostet die Hälfte. Die Apotheker werden ungefähr wie die Ärzte in großen deutschen Städten bezahlt. Übrigens wimmelt's nirgends so von Quacksalber wie in England; dies bezeugen die öffentlichen Blätter, deren größte Hälfte aus Ankündigungen von Arkanen besteht.

Richmond

Gänzlich hergestellt kamen wir nach Richmond, einer kleinen Landstadt, am Abhange eines Felsens erbaut. Die Ruinen des uralten Schlosses Richmond, von welchem die jetzigen Herzöge von Richmond zwar den Namen führen, aber keine fünfzig Pfund Einnahme haben, stolzieren hoch auf dem Gipfel desselben über die Stadt. Letztere liegt höchst malerisch, und die Ruinen der sie umgebenden alten ehemaligen Wälle gewähren eine weite herrliche Aussicht. Wald, Wiese, hübsche Landhäuser, Gärten, Dörfer, kleine fruchtbare Anhöhen wechseln auf eine unbeschreibliche anmutige Weise ringsumher, und ein Strom, über den eine steinerne Brücke führt, belebt das Ganze. Jeder Schritt entdeckt neue Schönheiten; der wilde Fels, auf dem Schloß und Stadt erbaut sind, bildet einen wunderbaren Kontrast mit den lieblichen Umgebungen. Die Ruinen, zwar in einem ganz anderen Geschmack und weniger prächtig als die von Fountains Abbey, zeugen dennoch von ehemaliger Größe und gesunkener Herrlichkeit. Sie werden gar nicht unterhalten und drohen stündlichen Einsturz, zur großen Gefahr für die an ihrem Fuße liegenden Wohnhäuser. Ein einziger Turm steht erhalten da, alles übrige sind nur hohe, üppig mit Efeu bewachsene Mauern. Die Abteilungen der Gemächer sieht man noch deutlich und die hohen Bogenfenster, aber das Dach fehlt gänzlich; Regen und Wind haben überall freien Zugang.

Aukland, Durham, Sunderland und Newcastle

Von Richmond nach Aukland kamen wir in wenigen Stunden; es ist der Sitz des Bischofs von Durham. Sein Wohnhaus, ein großes gotisches Gebäude, zwar recht nett, aber doch ganz bürgerlich und einfach möbliert, zeigt keine Spur geistlicher Pracht, alles ist, so wie es sich eigentlich für einen solchen Oberhirten schickt. Der zu dem Hause gehörige Garten ist in Hinsicht der darauf verwendeten Kunst kaum nennenswert, aber von Natur eines der schönsten, lieblichsten Fleckchen der Erde. Er vereinigt Fels und Wald; ein rauschender Fluß stürzt bald gaukelnd, bald unwillig über wildes Gestein, das sich ihm vergeblich in den Weg wirft. Unendlich viel Schönes könnte hier mit Geld und Geschmack hervorgebracht werden, und doch, wenn man diese ungeschminkte Natur sieht, muß man unwillkürlich wünschen, daß alles so bleibe, wie es ist.

Wir fuhren durch den großen, sehr angenehmen Park nach der Stadt Durham. Sie ist eine der ältesten, wenngleich nicht der größten in England und liegt sehr malerisch in einem reizenden, von fruchtbar angebauten Bergen umgebenen Tale. Den folgenden Morgen gingen wir über Sunderland nach Newcastle.

Sunderland ist wegen einer eisernen Brücke, der größten in England, sehr merkwürdig. Ein einziger ungeheurer Bogen wölbt sich hundert Fuß hoch über die Fläche des Wassers, so daß ein Schiff, ohne die Masten umzulegen, darunter hinsegeln kann. Nie sahen wir Zierlichkeit und Stärke so vereint. Wie ein Zauberwerk scheint die Brücke in der Luft zu schweben. Nur der Bogen, auf welchem sie ruht, und die Geländer, die sie an beiden Seiten einfassen, sind von Eisen, sie selbst ist von Stein. Auf einem bequemen Platze unter der Brücke konnten wir den Mechanismus derselben recht betrachten. Sechs nebeneinander parallel hinlaufende Bogen vereinigen sich zu einem Ganzen. Jeder dieser Bogen besteht aus einer dicken eisernen Stange, die auf einer Menge nebeneinander aufrecht gestellter, ebenfalls eisernen Ringe ruht, von welchen jeder fünfzehn Fuß im Diameter hält. Diese Ringe ruhen unten wieder auf einer der oberen ähnlichen Stange; verschiedene Eisen sind symmetrisch angebracht, um die sechs Bogen nebeneinander zu verbinden. Das Ganze liegt an beiden Enden auf zwei mehr als armdicken eisernen Querstangen, die aber inwendig hohl sind.

Der zierliche Anblick dieses Kunstwerks ist unbeschreiblich; augenscheinlich sieht man, wie viel mehrere schwache Kräfte vereinigt tragen können. Wenn auch etwas an diesen Bogen durch Zeit oder Gewalt zerstört würde, so bleibt doch immer genug übrig, das Ganze zu erhalten, und man möchte fast behaupten, es könne nie sehr baufällig werden, weil man mit leichter Mühe jedem kleinen Schaden bald abhelfen kann. Es wohnt hier ein eigener Wächter neben der Brücke, der darauf zu sehen hat, daß sie immer im Stande erhalten werde. Man hat einen auch in Deutschland bekannten großen Kupferstich, welcher den Kunstbau dieser wahren Wunderbrücke sehr gut und deutlich darstellt.

In Newcastle, wohin uns jetzt unser Weg führte, fanden wir nichts zu tun als auszuschlafen. Die Stadt ist ziemlich groß, hat neben vielen engen und winkligen auch einige hübsche Straßen und ist, besonders wegen des Steinkohlenhandels, für Großbritannien sehr wichtig. Aber alles hat auch das Ansehen und den Geruch dieses Geschäfts und also für den bloß zum Vergnügen Reisenden wenig Einladendes.

Alnwick Castle und Berwick

Alnwick, diesen alten Sitz der Herzöge von Northumberland, erreichten wir einige Stunden, nachdem wir Newcastle verlassen hatten. Der Anblick dieses Schlosses aus der Ferne versetzte uns zurück in längst vergangene Tage, wir glaubten eine Burg aus jenen Zeiten vor uns zu sehen, in welchen das Faustrecht noch galt, und jeder gegen

45

feindliche Nachbarn mit eigener Kraft sich zu schützen suchen mußte. Die wunderbare Erhaltung dieses großen altertümlichen Gebäudes, an welchem durchaus nichts Verfallenes oder Ruinenartiges zu erblicken war, fiel uns vor allem auf. Die durchaus altertümliche Burg mit ihren runden Ecktürmen, ihren mit Schießscharten versehenen Ringmauern, ihren Brustwehren, ihren Toren, ihren über dem Schloßgraben führenden Zugbrücken, schien wie durch ein Wunder der Gewalt der Elemente wie der gegen sie anstürmenden Feinde Jahrhunderte lang auf unbegreifliche Weise getrotzt zu haben.

Es war eine Täuschung, aber die gelungenste, die uns in dieser Art jemals vorgekommen ist.

Alnwick Castle [Fußnote: eines der schönsten Feudalschlösser Englands, letzte, weitgehende Restaurierung im 19. Jahrhundert; durchaus nicht "ganz modernen Ursprungs", sondern nur oft und manchmal recht unglücklich restauriert] ist ganz modernen Ursprungs und verdankt seine altertümliche Gestalt nur der seltsamen Laune des Herzogs von Northumberland. Auf den Zinnen der Mauer und der Türme stehen alte Krieger in drohender Stellung, von Stein gehauen, in Lebensgröße. So viel wir von unten davon urteilen konnten, sind diese Figuren recht gut gearbeitet. Über jedem Tor steht einer davon in gebückter Stellung, mit beiden Händen einen großen Stein haltend, als wäre er im Begriff, den Eintretenden damit zu zerschmettern. Die Idee kann man eben nicht gastfreundlich nennen; aber diese ganze Verzierung, so wunderlich und einzig in ihrer Art sie ist, macht einen großen Effekt. Von weitem glaubt man fast, die Geister der alten Krieger, die einst hier hausten, wären zurückgekehrt und wollten der Neugier den Eintritt in ihr Heiligtum wehren: in so drohender mannigfaltiger Bewegung und Gebärde stehen sie da. Auch sind sie nicht so harmlos, als man denken möchte. Mancher dieser Helden kam schon ungerufen herunter, wenn es ihm oben zu windig ward, und richtete auf der Erde Schaden und Unfug an.

Das Innere der Burg ist ebenfalls im Geist der Vorzeit gehalten: hohe gewölbte Zimmer mit Bogenfenstern voll künstlicher gotischer Verzierungen und Schnörkeln, ungeheure Pfeiler und Mauern, lange sich durchkreuzende Galerien, dunkle, krumme Gänge würden ein sehr schauerliches Ganzes machen, wären die Zimmer nicht mit hellen Farben heiter und lustig aufgemalt. Indessen glauben wir doch, daß einer der englischen Schauerromane, einsam um Mitternacht hier gelesen, seine Wirkung nicht verfehlen würde.

Wir eilten fort, hinaus in den freundlichen Sonnenschein, in den ar-

tigen, die Burg umgebenden, ganz modernen Garten, zu den wohl angelegten Treibhäusern, in welchen wir uns zu unserer Freude, da der
Herzog nicht da war, mit Weintrauben und Melonen für die Reise ver-
sorgen konnten. Den Park, der sich eben durch nichts von anderen
Parks auszeichnet, sahen wir nur von weitem aus den Fenstern der
Burg. Man wollte uns nicht erlauben hindurchzufahren, was doch bei
anderen Parks selten Schwierigkeit findet.

Jetzt führte der Weg längs der Küste des Meeres, das wir fast nie
aus dem Gesichte verloren, nach der uralten Stadt Berwick, an der äußersten Spitze Northumberlands.

In Northumberland, besonders in Berwick, der letzten englischen
Stadt, fiel uns die Sprache der Einwohner auf. Das wunderliche allgemeine Schnarren, womit sie den Buchstaben R aussprechen, und die
vielen ganz unbekannten Provinzialausdrücke, welche sie einmischen,
machten, daß wir Mühe hatten, sie zu verstehen. Schon nach Newcastle
spricht man das Englische sehr fehlerhaft, fast wie plattdeutsch aus.

SCHOTTLAND

Die Fahrt von Berwick nach Edinburgh, vierundfünfzig englische Meilen, fast immer im Angesichte des Meeres, wäre allein die Reise wert; von so seltener, wunderbarer Schönheit ist die Gegend, aber deshalb wohl umso unbeschreibbarer.

Bis dicht hinab an die Wellen der Küste bebaut wie ein Garten: Kornfelder, Wiesen mit Herden bedeckt, Obst- und Gemüsegärten wechseln, alles in der Pracht der üppigsten Vegetation. Dazwischen kleine Gehölze, duftende, blühende Hecken, und in ihrer Mitte Dörfer, die umso malerischer erscheinen, da sie schon ein ländlicheres Ansehen haben und nicht, wie die englischen, kleinen Städten ähnlich sind. Das Land ist nicht bergig, aber auch nicht flach; wellenförmig erhebt es sich zu kleinen Anhöhen und sinkt wieder zu lieblichen Gründen hinab. Freundliche, einzelne Landhäuser liegen überall zerstreut, ehrwürdige, efeubewachsenen Ruinen der Vorzeit erheben ihre alten Mauern und zeugen von vergangener Größe. Und nun noch der Anblick des Meeres, dieses ewig wechselnden Elements, das jeder Gegend, auch der ödesten, Leben gibt!

Kleine Inseln mit Leuchttürmen, entfernte blaue Felsen, die zackig und wild am Horizonte sichtbar werden, alles, alles vereint sich hier, um ein Ganzes voll wunderbarer Schönheit zu bilden. Zwei Lager (Fußnote: in England befürchtete man eine Invasion der Franzosen], jedes von ungefähr dreitausend Mann, die eben hier die Küste bewachen, kontrastieren mit der ländlichen Anmut rings umher. Der Anblick dieser Krieger, ihre Zelte, ihre glänzenden Waffen und Uniformen, brachten ein neues, fremdes Leben in diese entzückende Gegend.

Schon hier, so nahe an der englischen Grenze, fiel uns der Unterschied zwischen dem englischen und schottischen Volke merklich auf. Freundliches, gutmütiges Zuvorkommen, Treuherzigkeit, verbunden mit großer, aber fröhlicher Armut, erinnerte uns immer an die Bewohner deutscher Gebirge. Schuhe und Strümpfe, ohne welche man in England keinen Bettler erblickt, sind hier schon hoher Luxus. Die arbeitende Klasse und der größte Teil der Kinder, selbst wohlhabender Eltern, laufen Sommer und Winter barfuß; vielleicht geschieht dies fast ebenso oft aus Gewohnheit als aus Armut; aber es fällt sehr auf, wenn man aus England kommt, wo dergleichen unerhört ist.

Edinburgh

In keinem der vielen schönen Gasthöfe dieser Stadt konnten wir unterkommen. Es waren eben die letzten Tage der Woche, in welcher dort alljährlich Pferderennen gehalten werden. Wir fanden alles vollgepfropft von Fremden, die teils jenes edle Vergnügen, teils die es begleitenden Lustbarkeiten, das Theater, die Bälle, Konzerte und tausend andere Freuden herbeigezogen hatten. Da wir bald eine artige Wohnung bei einem Kupferstichhändler, einem der unzähligen Mackintoshes, fanden, waren wir es wohl zufrieden, das Volk einmal in seiner Nationalfreude zu sehen.

Die Stadt Edinburgh, von beträchtlicher Größe, ist eine der schönsten und häßlichsten Städte zugleich und verdient in dieser Hinsicht mit Marseille verglichen zu werden. Die Altstadt, ein grauen- und ekelerregender Klumpen alter, schmutziger, den Einsturz drohender Häuser, die anscheinen ohne Ordnung in engen, winkligen Straßen an- und übereinandergeworfen zu sein scheinen; die neue Stadt dagegen wetteifernd mit den schönsten Städten Europas. Edinburghs ganze Lage ist einzig in ihrer Art, von hoher romantischer Schönheit.

An den Seiten eines hohen Felsens, der sich an eine lange, majestätische Reihe anderer Felsen anschließt, liegen die Häuser der alten Stadt, wie Schwalbennester angeklebt, unter- und übereinander; einige dieser Häuser haben, von einer Straße aus gesehen, zehn Stockwerke, während sie von der anderen Seite deren nur zwei oder drei zählen, und man aus dem vierten oder fünften Stock der niedriger liegenden Seite auf der hohen geraden Fußes ins Freie in eine andere Straße geht. Wie krumm, wie eng, wie winklig der größte Teil dieser Straßen ist, läßt sich schwer beschreiben. Einige derselben führen steile und hohe Berge hinauf und hinab, auf die allerbeschwerlichste Weise. Auf den höchsten Gipfel dieser Felsenkette thront die uralte Wohnung der schottischen Könige, das Kastell, hoch über den Häusern der übrigen Einwohner. Eine tiefe Kluft, aus welcher jene Felsen steil, fast senkrecht emporsteigen, trennt die alte Stadt von einer Anhöhe, auf welcher die neue Stadt erbaut ist. Einige schöne steinerne Brücken führen hinüber und vereinigen beide Städte. Tief im Abgrunde sieht man von einer dieser Brücke Straßen, die dort unten liegen, wie im Erebus, denen Sonne und Mond fast nie scheinen, und deren Dächer noch lange nicht bis zu der Grundlage der Brücke hinaufreichen. Die Menschen, die dort wandeln, erscheinen, von oben gesehen, wie Gnomen. Es ist unbegreiflich, wie man im Angesichte der schönen, neueren Stadt diese unfreundlichen Wohnungen ertragen kann. Nur ein Teil dieser Kluft ist bebaut, der übrige wird zum Teil als Viehweide benutzt, zum Teil liegt er steinig und unfruchtbar da. Die neue Stadt kann sich in Hinsicht der Regelmäßigkeit und Breite der wohlgepflasterten, mit breiten Fußwegen auf beiden Seiten versehenden Straßen mit den schönsten Städten Europas messen; in Hinsicht der Schönheit, der Solidität und des guten Geschmacks der aus Quadersteinen erbauten Wohnhäuser übertrifft sie solche vielleicht.

Wie in London gibt es auch hier große Plätze, umgeben von schönen Gebäuden, und in ihrer Mitte einen mit eisernem Geländer eingefaßten artigen Garten oder einen schönen Grasplatz. Fast alle Straßen bieten Aussicht auf's Meer. Dieses große, ewig wechselnde, ewig neue Schauspiel erhält hier noch durch eine Menge kleiner, zerstreut liegender Inseln neuen Reiz. Ferne, blaue Berge begrenzen von der einen Seite die große Perspektive, die von der anderen sich in's Unendliche ausbreitet.

Unvergeßlich bleibt uns ein Abend, den wir in Princes Street bei einem unserer Bekannten zubrachten. Diese, eine englische Meile lange Straße besteht nur aus einer Reihe sehr schöner Häuser; gegenüber begrenzt eine eiserne Balustrade jene Kluft, welche die alte Stadt von der neuen scheidet, und welche, gerade hier unbebaut, Kühen und Ziegen zur Weide dient. Senkrecht steigen daraus die ganz nackten Felsen empor, wild, zackig, in schönen, wechselnden Formen. Hoch liegt die alte Königsburg und andere alte Gebäude; über ihnen droht, von blauen Nebeln umwoben, König Arthurs Sitz, ein wunderbar geformter Fels, fast wie ein Thron gestaltet. Von ihm erzählt sich das Volk manche schauerliche Sage der Vorzeit. In seiner Nähe erblickt man auf einem anderen Felsen die Ruine eines alten Schlosses, in welchem die unglückliche Maria Stuart von ihrem eigenen Volke gefangen gehalten ward, ehe sie nach England in den Tod ging. Das Meer begrenzt die Aussicht am Ende der Straße. Hier sahen wir die sinkende Sonne die Spitzen der Felsen röten, später den Mond die Wellen des Meeres versilbern, und schieden mit der Überzeugung, daß nicht leicht eine andere große, volkreiche Stadt uns ein ähnliches Schauspiel darbieten wird.

Die dritte Abteilung von Edinburgh ist Leith. Eigentlich eine Stadt für sich, aber, fast mit Edinburgh zusammenhängend, kann sie doch dazugerechnet werden. Leith liegt in der Tiefe, hart am Hafen, in einer niedrigen, etwas sumpfigen, unangenehmen Lage. Hier sind die Schiffswerften, Magazine, Comptoire und die Wohnungen derer, die mit allen diesen Dingen sich beschäftigen. Hier gibt's des Drängens, Stoßens, Treibens genug. Leith ist nicht so bergig, aber fast so häßlich als die Altstadt Edinburgh; die Straßen sind voll Gewühl und Getümmel; wir waren froh, bald zu entkommen.

Das schönste Gebäude in Edinburgh ist das Register Office; es dient zu mannigfaltigen öffentlichen Zwecken. In einer durch eine Kuppel von oben erleuchteten Rotunde sahen wir hier die marmorne Statue des Königs Georg des Dritten. Mrs. Damer, eine Dame von Stande in London, hat sie der Stadt geschenkt, und, was das Merkwürdigste dabei ist, sie hat sie selbst verfertigt. Man muß ihren guten Willen ehren, die Statue selbst ist ein unförmiges Machwerk.

Das Kastell ist ehrwürdig durch seine ehemalige Bestimmung, sein Alter und seine imposante Lage, hoch auf dem Gipfel des Felsens. Holyrood House, die Residenz des Königs von Großbritannien, wenn er einmal nach Edinburgh kommen sollte, ist ein großes, ganz gewöhnliches altmodisches Schloß, welches sich auf keine Weise auszeichnet, aber dennoch dem Palaste von St. James in London vorzuziehen. Verschiedene Privatpersonen, denen der König die Erlaubnis dazu gab, bewohnen es jetzt; auch war es die Residenz des Grafen Artois, späterhin König Karl der Zehnte. Die Wohnungen im Schlosse und dem es zunächst umgebenden Bezirke haben das Vorrecht, daß niemand schuldenhalber darin arretiert werden kann. Sie werden deshalb sehr gesucht, besonders, wie man uns versicherte, vom schottischen Adel.

Graf Artois [Fußnote: als Karl X. König von Frankreich (1824-30). Er gründete nach dem Sturm auf die Bastille mit dem Prinzen Condé die Emigration. In dieser Eigenschaft führte er mehrere Feindhandlungen gegen Frankreich. Von 1795-1813 lebte er im englischen Exil von einer Pension, die ihm das englische Parlament bewilligt hatte.] lebte hier, soviel möglich wie weiland zu Versailles. Zweimal die Woche speiste er öffentlich, allein, wie es die Etikette fordert. Dreimal die Woche hielt er Lever vor einem Hofe von Emigranten, die er um sich versammelte. Wir sahen seine Zimmer; sie sind so ganz bürgerlich einfach, daß sie ihn doch oft an die Vergänglichkeit aller irdischen Dinge erinnert haben müssen. Uns waren nur drei Gegenstände darin merkwürdig: das Bildnis der Tochter Ludwigs des Sechzehnten, das ihrer Tante, der Prinzessin Elisabeth, und eine Aussicht auf Malta, welche diese unglückliche Dame zu Paris im Temple [Fußnote: hier wurden die Mitglieder des Königshauses gefangengehalten] malte, und hoffentlich so, unterm Schutze der ewig heiteren Kunst, wenigstens einige Stunden

den großen Schmerz vergaß, der schwer auf ihr lastete.

Bei aller romantischen Pracht und Schönheit eignet sich die Lage Edinburghs dennoch wenig zu Spaziergängen. Es fehlt in der Nähe an Schatten, an ländlicher Lieblichkeit; doch findet man auch diese, wenn man sich nur die Mühe geben will, sie ein oder zwei Stunden weit aufzusuchen.

Das Pferderennen, das man wohl den Karneval der Briten nennen darf, erfüllte während der ersten Tage unseres Aufenthalts daselbst die ganze Stadt Edinburgh mit ungewöhnlichem Leben. Die Vergnügungen jagten einander in dieser Woche. Sonst lebt man hier stiller, einfacher als in London, mehr ein Familienleben auf deutsche Weise. Die Kinder werden nicht, wie es dort durchaus gewöhnlich ist, in Pensionen erzogen, sie wachsen im Hause unter den Augen der Eltern heran.

Die äußere Frömmigkeit und besonders die Feier des Sonntags wird hier noch strenger beobachtet als dort. Einer unserer Bekannten, welcher uns an einem Sonntagmorgen zu einer Spazierfahrt abholte, schloß sorgfältig die Jalousien an seinem Wagen, solange wir in der Stadt fuhren; weil er sich scheute, den Leuten, die in die Kirchen gingen, zu zeigen, daß er in einer Stunde spazieren fahre, welche eine so heilige Bestimmung hat. Am Sonntagmorgen werden alle musikalischen Instrumente, alle Bücher, die nicht religiösen Inhalts sind, alle Spielkarten, alle Handarbeiten, auch die unbedeutendsten, sorgfältig weggeschlossen, damit auch selbst ihr Anblick nicht störend werde. Jedermann geht in die Kirche und hält Andachtsübungen zu Hause, wobei die Hausgenossen bis auf die geringsten Bedienten erscheinen müssen. Jede Ergötzung ist hoch verpönt; den Herren bleibt nur die Flasche, bei der sie an diesem Tage noch länger als sonst nach Tische verweilen, und den Damen der Teetisch. Zuvorkommende, gutmütige Freundlichkeit und ein gewisses treuherzigfröhliches Wesen unterscheiden den Schotten merklich vom Engländer. Man achtet hier die Fremden mehr als in England, ist bekannter mit ihren Sitten und Gebräuchen; denn Armut zwingt den Schotten oft, in der weiten Welt ein Fortkommen zu suchen, und er sucht es lieber recht fern, als in England, wo man sein geliebtes Vaterland mit ungerechter Verachtung betrachtet. Der größte Teil der in Deutschland und anderen Ländern angesiedelten Briten sind eigentlich Schotten.

Frömmigkeit, Ehrlichkeit, Arbeitsamkeit ist der Charakter des Volks im allgemeinen; dazu eine ungemessene Liebe zu ihrem Lande, zu ihrer vaterländischen Literatur. Mit ihr, wie mit den Alten, ist jeder bekannt, der nur auf Bildung einigen Anspruch macht. Sie hegen hohe Ehrfurcht vor allem, was auf ihre ehemaligen besseren Tage hindeutet. Maria Stuart hat hier noch unzählige warme Verehrer, und jede Reliquie, die von ihr übrig ist, wird wie ein Heiligtum betrachtet und sorgsam vor dem Untergang geschützt.

Die bildende Kunst will unter britischem Himmel nicht recht gedeihen; doch daß sie wenigstens nicht immer dort nach Brote geht, davon fanden wir den Beweis bei einem wirklich ausgezeichneten Künstler, mit Namen Reaburn. Wir besuchten ihn in seinem eigenen, elegant gebauten und möblierten Hause, in welchem er mit seiner Frau und vier Kindern auf einem sehr angenehmen Fuß lebt. Ein ähnliches Landhaus besitzt er vor der Stadt, und alles dieses erwarb ihm sein Pinsel, denn er war ohne Vermögen. Freilich hat er einen Kunstzweig erwählt, der wohl nirgends so belohnt werden würde als in Großbritannien; er malt Pferde, aber so wunderschön, mit solcher Wahrheit, daß selbst ein nicht englisches Auge davon entzückt werden muß. Auch menschliche Porträts gelingen ihm mit ziemlichem Glück, aber die Konterfeis der vierfüßigen Lieblinge manches reichen Lords haben eigentlich doch sein Glück und seinen Ruhm gegründet. In einem großen, von oben erleuchteten Saale, den er sich zu diesem Zwecke erbauen ließ, sahen wir viele seiner Gemälde im schönsten Lichte mit wahrer Freude.

Pferderennen

Das Pferderennen, welches so viel Fremde in Edinburgh versammelt hatte, konnten wir nicht unbesucht lassen; wir wohnten noch den beiden letzten und daher wichtigsten bei. Gewöhnlich werden sie an anderen Orten auf einer dazu eingerichteten große Wiese gehalten, hier aber hat man, wunderlich genug, das Ufer des Meeres bei Leith dazu erwählt, eigentlich die sandige Fläche, von welcher sich das Meer zur Zeit der Ebbe zurückzieht. Darum muß die Stunde genau abgepaßt werden. Uns schien die Expedition nicht ganz ohne Gefahr. Sollte den alten Poseidon einmal eine Laune anwandeln und er schickte seine Wogen etwas früher zurück, so möchte wohl die Katastrophe des Königs Pharao im Roten Meere nochmals wiederholt werden, und Edinburgh wäre mit einem Male verödet, denn niemand bleibt bei diesem wichtigen Vorgange zu Hause, wenn er nicht muß. Uns kann das ganze Vergnügen etwas wunderlich vor.

Auf dem nassen, pfützenreichen Sande, wo es unbegreiflich ist, wie die Pferde festen Tritt haben können, und der noch obendrein wie ein Fischmarkt riecht, ist ein Platz mit Schranken von Stricken umgeben. Alte, invalide Soldaten stehen ringsumher und halten auf Ordnung. An einem Ende dieses Platzes sitzen die Kampfrichter, auf einem hohen, mit Fähnchen verzierten Gerüste, gravitätisch wie Rhadamant mit seinen Kollegen; die Helden des Tags, die Pferde, stehen daneben. Eine unzählige Menge Menschen umgibt den Platz. Auf die Dächer, an die Fenster der benachbarten Häuser von Leith, auf die Mauern, auf eigens dazu erbaute Gerüste, auf den Quai des Hafens, überall, wo nur ein Plätzchen zu finden ist, haben neugierige Fußgänger sich hingestellt. Diese bunte, fröhliche Menge gibt, vom Rennplatz aus gesehen, einen sehr hübschen Anblick. Die Glücklichen, welche über ein Fuhrwerk oder Pferd disponieren können, tummeln sich, in Erwartung des großen Schauspiels, lustig auf der Rennbahn herum und geben selbst dem Beobachter einen sehr belustigenden Anblick. Prächtige, mit Wappen und Grafenkronen verzierte, mit vier stolzen Pferden bespannte Equipagen und dann Karren mit einem alten, lebensmüden Gaul davor, Reiter und Reitpferde jeder Art, alle möglichen Fuhrwerke, die Luxus und Lust zu fahren, es sei auf welche Weise es wolle, nur erfinden konnten, fahren und reiten untereinander herum im buntesten Gewühl. Alles patscht ohne Zweck und Ziel die Kreuz und Quer im Schlamme und nassen Sande lustig darauf los.

Während der Zeit wird alles ganz genau von den Kampfrichtern untersucht, damit kein Betrug irgendeiner Art beim Rennen vorgehe. Die Jockeis, welche schon geraume Zeit vorher sich durch strenge Diät auf diesen großen Tag bereiten mußten, werden sorgfältig gewogen; keiner darf schwerer sein als der andere, deshalb wird dem leichteren das fehlende Gewicht durch Blei in den Taschen ersetzt.

Die wettlustigen Zuschauer schließen indessen ihre Wetten. Ein Trommelschlag wirbelt durch die Luft, und alles eilt sich, an den Seiten zu rangieren; jedes strebt, einen guten Platz zum Sehen zu bekommen, viele Männer steigen aus den Kutschen hinaus oben auf die Imperiale, einige Frauenzimmer setzen sich auf den hohen Kutschersitz neben ihren Kutscher; alles ist in der gespanntesten Erwartung. Mit dem zweiten Trommelschlage laufen die Renner aus, man hält vor Begierde, sie zu sehen, den Atem an, man sieht sie fast nur einen Moment mit Blitzesschnelle vorüberrauschen und hernach, auf der entgegengesetzten Seite, ganz in der Ferne. Sie nahen wieder, rauschen zum zweiten Mal vorbei, sie nähern sich zum zweiten Mal dem Ziele, und nun reiten alle alten und jungen John Bulls [Fußnote: Spitzname für den Engländer, entnommen einer Satire "History of John Bull" von J. Arbuthnoth, 1712] auf die halsbrecherischste Weise, ohne auf irgend etwas zu achten, wie wütend, hinterdrein, um bei der Entscheidung gegenwärtig zu sein. Zweimal, ohne anzuhalten, durchlaufen die Pferde im Kreise die Bahn, und das, welches das zweite Mal zuerst am Ziele ist, hat gesiegt.

Der Weg, den die Renner so zurücklegen, beträgt, genau gemessen, vier englische Meilen, von denen man fünfe auf eine deutsche rechnet; die Zeit aber, die sie darauf zubringen, ist unglaublich kurz. Sowie das erste Rennen vorüber ist, fährt und reitet alles wieder auf dem Platze durcheinander wie zuvor, bis ein neuer Trommelschlag verkündet, daß andere Pferde zum Laufen bereit sind, und die Zuschauer wieder zur Ordnung verweist. Jeden Morgen während der Woche des Pferderennens werden drei solche Wettläufe gehalten. Nach dem dritten eilt alles sehr befriedigt nach Hause.

Es ist nicht erfreulich, die Pferde am Ziel anlangen zu sehen; ermattet, mit Schweiße bedeckt, atmen sie kaum noch, das Blut strömt aus ihren von den Sporen zerrissenen Seiten. Auch die Jockeis sinken fast hin vor Ermattung; das pfeilschnelle Reiten benimmt ihnen den Atem, sie müssen unaufhörlich mit der einen Hand vor dem Munde die Luft zu zerteilen suchen, um nur nicht zu ersticken.

Die übrige Zeit des Tages, welche Toilette und die Freunden der Tafel freilassen, wird in dieser Woche auf mannigfache Weise hingebracht. Anstalten genug gab es dazu. Wachsfiguren, Seiltänzer, unsichtbare Mädchen und ein sehr interessantes Panorama von Konstantinopel. Nächst dem wechseln abends Bälle, Konzerte und Assembleen in den, zu diesem Zwecke bestimmten, sehr schönen Sälen. Auch ein Vauxhall gibt es hier. Obgleich recht hübsch eingerichtet, hält es doch keinen Vergleich mit dem berühmten Vauxhall [Fußnote: Londoner Stadtteil mit Vergnügungspark] in London aus, das wohl immer das einzige seiner Art bleiben wird.

Das Theater wird stark besucht und das Publikum darin ist laut, ungestüm und souverän herrschend wie in London; das Haus ist nicht groß, aber sehr hübsch dekoriert, gut erleuchtet und zweckmäßig eingerichtet. Nur die Schauspieler zeichnen sich auf keine Weise aus; keiner unter ihnen erhebt sich über die Mittelmäßigkeit, und die Schauspielerinnen bleiben sogar noch weit unter ihr zurück.

In dem sehr hübschen Konzertsaale ward ein echt schottisches Konzert vor einem sehr brillanten Auditorium gegeben. Es war als ein

Vokalkonzert angekündigt und bestand nur aus drei Singstimmen, begleitet von einem Pianoforte. Die Sänger gaben den ganzen Abend nur leichte Romanzen, Lieder und dreistimmige Kanons, hier Glees genannt. Diese Art Musik ist in England, noch mehr in Schottland, sehr beliebt. Musik und Text waren ganz schottisch. Letzterer oft aus Ossian entlehnt, erstere durchaus sanft und klagend, durch Molltöne sich hinwindend. Manche uralte Melodie ertönte hier und wurde mit heißer Vaterlandsliebe aufgenommen. Das Ganze wäre für eine Stunde etwa recht angenehm gewesen; aber es hatte den Fehler aller Ergötzlichkeiten in Großbritannien, es währte zu lange. Das Auditorium war indessen sehr aufmerksam bis ans Ende; nur einige ältliche Herren, die sich wahrscheinlich bei Tische das Wohl der Nation zu sehr zu Herzen genommen hatten, verfielen in süßen Schlummer und schnarchten überlaut den Grundbaß zu dem etwas mageren Akkompagnement des Pianoforte. Die Singstimmen waren gut und sangen diese einfachen Melodien, wie dergleichen gesungen werden müssen, schmucklos, richtig und ausdrucksvoll.

Die lärmende Woche war nun vorüber, die Sehenswürdigkeiten wurden eingepackt, die Assembleesäle geschlossen, die Fremden reisten fort, die Einheimischen zogen zum Teil auf ihre Landhäuser, und alles kehrte zur gewohnten Ordnung und Stille zurück.

Wir blieben noch einige Zeit, um Edinburgh auch in der Ruhe zu sehen und zu genießen; dann kam auch der Tag unserer Abreise. Wie wir aus der Tür unserer Wohnung traten, hatten wir einen in England ganz ungewohnten Anblick: eine große Anzahl Bettler umlagerte unseren Wagen bis zur Haustür; wir mußten unseren Weg von den Söhnen und Töchtern des Elends erkaufen. Endlich rollten wir fort. Die Morgensonne rötete das alte Schloß, König Arthurs Sitz, und die Ruinen von Mariens Gefängnis. Nochmals blickten wir zurück auf das spiegelhelle Meer und eilten nun erwartungsvoll den Hochlanden zu.

Carron, Stirling

Rasch ging es vorwärts auf ebenem Wege, durch ein schön kultiviertes, nicht sehr bergiges Land. Bald erblickten wir von weitem viele große Gebäude, mit abenteuerlichen, hohen Schornsteinen. Dicke schwarze Rauchwolken stiegen aus diesen empor und wälzten sich verfinsternd über die blühende Gegend; hoch aufsprühende Flammen blitzten aus dem Dampfe gen Himmel.

Es waren die berühmten Eisengießereien von Carron, denen wir uns nahten, vielleicht die größten in aller Welt. Hier werden Kanonen, Mörser, große Kessel und alles mögliche Eisenwerk gegossen. Seit einigen Jahren wird Fremden der Eintritt in diese Kyklopenwohnung nicht mehr gestattet, auch uns ward er verweigert. Wir waren eben nicht unzufrieden darüber, denn auf Reisen sieht man manches, weil man einmal da ist, ohne Freude und Anteil, aus einer Art von Pflichtgefühl, und wäre zuweilen gern der Mühe überhoben. Das ganze hat hier, bei aller ungeheuren Größe, dennoch wenig Einladendes. Der Steinkohlendampf versetzte uns den Atem, betäubendes Getöse und Gehämmer erscholl aus dem Innern der Gebäude; ewige Dämmerung herrscht in diesen Rauchwolken, die weit und breit mit Asche und Ruß Bäume und Pflanzen bedecken und die Vegetation ins Gewand der Trauer hüllen.

Nicht weit von Carron sahen wir einen großen Kanal, der die beiden Ströme Clyde und Forth verbindet und für den inneren Handel von unbeschreiblichem Nutzen ist. Gegen Abend erreichten wir Stirling.

Diese ziemlich große, lebhafte Stadt wird schon zu den Hochlanden gerechnet. Jetzt war sie voller Soldaten, und Straßen und Häuser umso lebendiger. Ihre Lage am Fuße eines hohen Felsen ist sehr schön. Einige Straßen führen gerade den Fels hinauf, auf dessen höchstem Gipfel ein altes Schloß thront. Jetzt ist es zum Teil zu Kasernen, zum Teil zu Offizierswohnungen eingerichtet.

Von der Terrasse vor dem Schlosse genossen wir einer wunderschönen Aussicht. Ein breites, fruchtbares Tal lag vor uns in aller Pracht der höchsten Kultur, der üppigsten Vegetation, mit einzelnen Wohnungen, Dörfern, stattlichen Bäumen wie besät. In den mannigfaltigsten Krümmungen windet der Fluß Forth sich durch die lachende Gegend; bald geht er vorwärts, bald kehrt er auf lange Strecken zurück und schleicht dann wieder zögernd weiter, als sträube er sich, dies Paradies zu verlassen. Eine schöne, steinerne Brücke, dicht vor der zu unseren Füßen liegenden Stadt, macht die Landschaft noch malerischer. In der Ferne sieht man die Rauchwolken von Carron wie aus einem Vulkan emporsteigen. Schöne blaudämmernde Berge schließen von zwei Seiten die Perspektive, geradeaus ist sie unbegrenzt.

Stirling besitzt viele Fabriken, sehr schöne Teppiche aller Art werden hier gemacht; auch das vielfarbige, gewürfelte Wollenzeuch, worin die Bergschotten sich kleiden. Wir besahen eine dieser Fabriken und waren aufs neue gezwungen, den erfindungsreichen Geist zu bewundern, welcher in diesem Lande alle Arbeiten auf so mannigfaltige Weise vereinfacht und erleichtert. Als zuvor noch nie gesehen bemerkten wir hier eine Maschine, mit welcher ein Mädchen mehr als fünfzig Spulen Wolle zugleich abhaspelte. Die Spulen waren in einem großen Zirkel nebeneinander befestigt, und der Faden jeder dieser Spulen an die darüber stehende sehr große Haspel gebunden; das Mädchen setzte mittelst eines Rades die sehr einfache Maschine auf das zweckmäßigste und mit der größten Leichtigkeit in Bewegung.

Auch die Hunde werden hier zur Industrie gezwungen. Wir sahen einen sehr schönen großen Hund, welcher in einem Rade herumsteigen mußte, wie ein Eichhörnchen, um eine Mühle zur Reibung der Farben zu treiben. Diese Arbeit schien ihn aber nicht sonderlich zu amüsieren, er nahm seinen Augenblick wahr und entwischte mit unglaublicher Behendigkeit, gerade wie er uns seine Künste vormachen mußte. Jung und alt lief mit großem Geschrei hinter ihm her, aber er entkam glücklich seinen Verfolgern zu unserer großen Freude und zum großen Leidwesen seines Herrn.

In Edinburgh wird die Nationaltracht der Bergschotten weit weniger gesehen als hier in Stirling, wo dieses schon sehr häufig der Fall ist. Die Männer tragen enge, blaue Mützen, oben mit einer roten Quaste, bisweilen auch mit einer Feder geziert, mit einem Aufschlage von rot und weiß gewürfeltem Zeuch; eine ziemlich lange Jacke und darunter ein nicht ganz bis zu den Knien reichendes, sehr faltenreiches Röckchen oder Schurz von dem bekannten, bunt gewürfelten, schottischen wollenen Zeuche. Ein Gürtel, in welchem oft eine Art von Dolch steckt, befestigt diesen Schurz um die Hüften; auch hängt ein lederner, mit Troddeln gezierter Beutel daran, in welchem die Schotten Tabak und Geld verwahren. Ihre Fußbekleidung besteht in rot und weiß gewürfelten, unten mit einer starken ledernen Sohle versehenen Strümpfen, welche auch nur bis etwa über die Hälfte der Wade reichen; von da an bis über das Knie sind die Beine ganz bloß. Diese Fußbekleidung gibt den Schotten etwas sehr Fremdartiges; sie sehen damit aus wie die römischen Soldaten in der Oper, und die roten Streifen in den Strümpfen haben das Ansehen von übergeschnürten roten Bändern. Das Hauptstück ihrer Kleidung, wir möchten sagen, ihres Mobiliars, ist der Plaid, ein langes breites Stück von jenem gewürfelten schottischen Zeuche, wie ein sehr großer Shawl. Den Plaid tragen sie bei gutem Wetter wie ein Ordensband nachlässig von einer Schulter zur Hüfte vorn und hinten wieder herübergeworfen. Zuweilen wird er auf der Schulter quer mit einer großen silbernen Nadel befestigt. Diese Art Draperie sieht recht gut aus. Bei Regenwetter oder Kälte nehmen sie den Plaid über den Kopf und hüllen sich ganz hinein; nachts dient er ihnen auf Reisen statt Hütte und Bette, und auch in ihren Wohnungen schlafen sie gewöhnlich in dem Plaid gewickelt ohne weiteres auf der Erde oder wo sie Platz finden.

Die Tracht der Weiber hat nichts Ausgezeichnetes. Auch sie bedienen sich häufig jenes schottischen Zeuches, übrigens gehen sie sehr ärmlich, schmutzig sogar, mit nackten Füßen, oft in bloßen, kurz geschnittenen Haaren, ohne Haube oder Hut. Die Schottinnen stehen im Ganzen in Hinsicht auf Schönheit nicht hinter den Engländerinnen zurück. Sie übertreffen sie vielleicht; aber in Hinsicht der Kleidung ist bei der geringeren Klasse, bei den Dienstmädchen und den Dorfbewohnerinnen der Unterschied zwischen den Engländerinnen und Schottinnen sehr groß. Keine langen Kleider, keine hübschen Strohhüte mehr, die man in England überall sieht. Bloße Füße, schlechte, baumwollene Röcke, unförmige, bis an die Knie reichende weite Jacken, bisweilen unter der Brust mit einem Gürtel gehalten, öfter noch lose hängend, weiße Hauben, die tief ins Gesicht gehen und bis auf die Schultern herabhängen: dies ist das Kostüm der ärmeren Schottinnen in den Städten und mit weniger Abweichung auch auf dem Lande und in den Gebirgen.

Die Wohnungen, sowohl in den Dörfern, durch die wir jetzt kamen, als auch die einzeln zerstreut liegenden Hütten, sehen höchst ärmlich aus. Oft sind sie nur aus aufgetürmten Feldsteinen und Lehmerde wie zusammengeknetet und haben kaum das Ansehen menschlicher Behausungen. Wie diese anscheinend große Armut mit der großen Fruchtbarkeit und Kultur dieses Landstrichs sowohl als mit der Bildung der Einwohner zu vereinigen ist, ist uns unbegreiflich.

Perth

Von Stirling gingen wir eine Tagereise weiter nach Perth. Diese Stadt ist nicht klein, hat hübsche große Häuser und schöne breite Straßen voll lebendigen Gewühls. Alles sieht wohlhabend aus, denn auch hier blühen Handel und Fabrikwesen; besonders berühmt sind die großen Bleichereien von Perth.

Wie wir aus Stirling abfuhren, erfreuten wir uns noch an mancher schönen Aussicht dieser herrlichen Gegend. Allmählich verlor nun das Land an Reiz, doch blieb es noch immer sehr kultiviert und fruchtbar. In bläulichem Dufte breitete sich jetzt die Felsenkette der Hochlande düster vor uns aus; mühselig erklommen wir ein paar ziemlich hohe Berge, über welchen noch höhere drohten. Der Weg senkte sich wieder etwas, die Berge zogen sich zurück und begrenzten ein liebliches Tal, belebt von dem schönen Strome Tay, an dessen Ufern die Stadt Perth erbaut ist.

Wir machten von Perth aus eine kleine Ausflucht nach Scone Palace, dem ehemaligen Sitz der schottischen Könige, wo sich auch das Parlament versammelte; heutzutage eine Art Rattennest, eher einer alten Scheune als einem Palaste ähnlich.

Scone Palace gehört dem Lord Mansfield, als ein Geschenk König Jacobs des Zweiten an seine Familie. Der Besitzer wohnt hier immer noch von Zeit zu Zeit, obgleich das Haus so schlecht ist, daß mancher Krämer oder Makler schwerlich zu einem Sommeraufenthalt damit vorlieb nehmen würde. Ein neues Wohnhaus wird jetzt neben dem alten Gebäude erbaut, dieses aber mit aller Sorgfalt unverändert erhalten, die sein ehrwürdiges Alter und seine ehemalige hohe Bestimmung verdienen.

Man zeigte uns noch manches uralte Zimmer darin, manche verblichenen Reste ehemaliger königlicher Pracht. Das Bette, in welchem Maria Stuart während ihrer Gefangenschaft in jenem, jetzt in Trümmern liegenden Schlosse bei Edinburgh wohl oft vergebene Ruhe und Vergessen ihres Kummers suchte, wird hier wie ein Heiligtum aufbewahrt; auch eine Stickerei, die sie dort sehr mühsam und fleißig verfertigte. Mit Silber und Seide hat sie auf einem violett samtenen Vorhang eine Menge zerstreuter, mannigfaltiger Blumen gestickt; das Dessin ist steif, die Arbeit eine Art Kettenstich, sehr sauber und zierlich.

Eine lange, schmale, düstere Galerie diente dem schottischen Parlamente zum Versammlungsorte; wenn man sie sieht, wird es schwer, an ihre ehemalige große Bestimmung zu glauben, so unscheinbar ist sie. An der gewölbten, mit Holz bekleideten Decke bemerkt man Spuren von Malerei, die auch in ihrem glänzendsten Zustande sehr unbedeutend gewesen sein muß.

In einer alten, abgelegenen Kapelle im Garten, jetzt das Begräbnis der Familie Mansfield, wurden sonst die Könige von Schottland gekrönt.

Die Gegend zwischen Perth und Scone Palace ist sehr angenehm und reich. Auf dem Rückwege verweilten wir bei einer der großen Bleichereien, deren es hier viele gibt. Der Besitzer derselben war sehr willfährig, uns überall herumzuführen. Hier braucht's der Dampfmaschine nicht, um alle die verschiedenen Triebwerke in Bewegung zu setzen; das Wasser vertritt ihre Stelle auf eine weniger kostspielige Weise. Eine Baumwollspinnerei oben im Hause, das Stampfen der Leinwand und das Glätten derselben wird durch Wasser betrieben. Die letztere Behandlung des Leinenzeugs, besonders des Tischzeugs, schien uns merkwürdig. Die Waren erhalten hier einen Glanz, der alles Ähnliche, selbst den schönsten Atlas, weit übertrifft. Diesen bringt man dadurch hervor, daß das Stück Leinwand vermittelst eines Triebwerkes von einer großen hölzernen Walze auf die andere gerollt wird; diese zwei Walzen haben eine kleinere von Zinn zwischen sich, an welche sie so eng anschließen, daß die Leinwand nur mühsam beim Aufrollen sich dazwischen durchdrängen kann, und diese Reibung ist es, welche ihr den vorzüglichen Glanz gibt.

Wir waren entschlossen, von Perth aus eine Tour durch einen Teil der eigentlichen Hochlande zu machen. Die Wege in diesen sind, wenn auch nicht so gut wie im übrigen Königreiche, dennoch zum größten Teil fahrbar, seitdem man vor nicht langer Zeit die sogenannten Militärstraßen anlegte; aber Posten waren noch nicht eingerichtet, Pferde überhaupt selten; deshalb mieteten wir welche in Perth für die ganze Strecke Weges und reisten dem Gebirge zu.

Kenmore

Durch eine zuerst ziemlich flache, fruchtbare Gegend gelangten wir in ein Tal von erhabener Schönheit. Hohe, wilde Felsen umgeben es von beiden Seiten. So wie der Weg an ihrem Fuße immer in einer gewissen Höhe sich hinwindet, öffnen sich neue, entzückende Aussichten. Tief unten rauscht und wogt der ziemlich breite Strom Tay. Kleine Kornfelder und Baumgärtchen grünen und blühen an den Ufern, zwischen ihnen zerstreuen sich einzelne Hütten. In einem tieferen Winkel, heimlich zwischen die Felsen gedrängt, sahen wir ein Dörfchen; Scharen fröhlicher Kinder trieben darin ihr lautes Spiel, die Mütter spannen in den Türen, die Männer, in ihrer romantischen Tracht, waren in den Feldern und Gärten beschäftigt. Das ganze sah sehr fremd aus, und doch wieder so heimisch, so ruhig und zufrieden. Nachdem wir in einer Fähre über den Strom gesetzt waren, erreichten wir Dunkeld, und fanden gegen unsere Erwartung einen sehr guten Gasthof in diesem abgelegenen Winkel der Welt.

Immer noch am romantischen Ufer des Stroms Tay führte unser

61

Weg nach Kenmore, einem Dörfchen, arm und klein wie alles in diesem Lande. Wir fuhren über Berg und Tal, zuweilen dicht an Abgründen hin, die uns schaudern machten. Bald näherten wir uns ganz dem Gestade des Stroms; bald sahen wir ihn völlig aus dem Gesichte; aber immer führte uns der sich auf mannigfaltige Weise schlängelnde Weg wieder in seine Nähe. Ein unnennbar freudiges Gefühl von Ruhe und Frieden bemächtigte sich unser in dieser Stillen Abgeschiedenheit, wo klare, lebendige Wasser durch fruchtbare angebaute Täler rieseln und brausen, von hohen Bergen umfriedet. Diese starrten nicht, wie die von Derbyshire, rauh und nackt uns entgegen, schöne Waldungen bekleiden sie, fast bis zum höchsten Gipfel hinaus, und winken freundlich dem Wanderer in ihre erquickenden Schatten.

Der Anblick der armen Hütten, die wir einzeln in den Tälern, am Fuße der Felsen oder in der Nähe des Stroms zerstreut liegen sahen, würde uns schmerzhaft berührt haben, wenn die Bewohner mit ihrem kläglichen Lose weniger zufrieden geschienen hätten. Wir sahen große Armut, aber nicht eigentliches Elend. Jede Hütte hat ihr kleines Kartoffelfeld, das die Einwohner nährt, und einige Ziege und Schafe, von einer besonderen, sehr kleinen Rasse, fast wie die Heideschnucken auf der Lüneburger Heide, welche ihnen Milch, Käse und die notwendige Kleidung gewähren.

Die Häuser in den schottischen Hochlanden sind wohl die schlechtesten menschlichen Wohnungen im kultivierten Europa; so enge, daß man nicht begreift, wie eine Familie darin Platz findet, aus rohen Steinen, oft ohne allen Mörtel, nur zusammengetragen. Die Fugen sind mit Moos und Lehmerde verstopft, Türen aus Brettern schlecht zusammengeschlagen, ohne Schloß und Riegel (denn wer sollte hier Diebe fürchten?), Fenster, so klein, daß man sie kaum bemerkt, oft sogar ohne Glas. Die niedrigen Dächer von Schilf, Moos, Rasen, bisweilen auch aus Holz und Schiefer, haben oft statt des Schornsteins nur eine Öffnung, durch welche der Rauch abzieht. Das Innere dieser Hütten entspricht dem Äußeren. Menschen und Tiere hausen unter dem nämlichen Dache friedlich beisammen, nur durch einen schlechten bretternen Verschlag voneinander getrennt. In dem einzigen Zimmer des Hauses sieht man deutlich, bei dem fast gänzlichen Mangel allen Hausgeräts, wie wenig der Mensch zum Leben eigentlich braucht. Der Fußboden besteht aus festgetretenem Lehm; der große Feuerplatz, dicht auf der Erde, ohne alle Erhöhung dient zugleich zum Feuerherd und Kamin. Ein an einer Kette hängender Kessel über dem Feuer, einige hölzerne Schemel, ein groß zusammengezimmerter Tisch und in der Ecke ein Lager von Moos oder Stroh: das ist alles, was diese von aller Weichlichkeit entfernten Menschen zu ihrer Bequemlichkeit haben.

Das Ansehen der Männer ist wild, und ihre fremde Kleidung, die so sehr von jeder anderen europäischen abweicht, ist zum Teil schuld daran. Im Umgange verliert sich der Eindruck gänzlich, den ihr erster Anblick erregt. Ihr von Luft und harter Arbeit gebräuntes Gesicht ist ausdrucksvoll, seine Züge sind angenehm und regelmäßig. Stiller, an Trauer grenzender Ernst scheint der Grundton ihres Wesens; dennoch können sie sehr fröhlich sein. Sie sind gebildeter, als man vermuten möchte. Die Geschichte ihrer Väter und ihre Heldengesänge sind keinem fremd. Fast in jeder Hütte, in welcher wir einkehrten, sahen wir eine Bibel, ein Gebetbuch, auch wohl irgend eine alte Chronik, aus welchen der Hausvater sonntags die Seinen erbaut. Winters mögen die Wege den Besuch der Kirchen sehr erschweren, doch kann gewiß nur die Unmöglichkeit den frommen Bergschotten davon abhalten, obgleich die meisten einen sehr weiten Weg dahin zu machen haben.

"Wir beten und spinnen!" antwortete mir ein junges, schönes Mädchen auf die Frage: "Was tut ihr denn winters, wenn Kälte und Schnee euch in euren Hütten gefangen halten?"

In jedem Hause beinah hängt der Stammbaum der Familie, auf welchen sie oft mit Stolz blickten; gewöhnlich ist ein horizontal liegender geharnischter Ritter darauf abgebildet, der oft den Namen irgend eines alten schottischen, der Fabel halb verfallenen Königs führt. Aus seiner Brust sprießt der Baum, der sich in unzählige Äste verbreitet. Bekanntlich gibt's nur wenige, aber unendlich zahlreiche Familien in Schottland, deren Glieder alle einen Namen führen, sich in allen drei Königreichen, ja sogar in der ganzen Welt ausbreiten, aber doch durch ein heiliges Band sich vereinigt fühlen und dies gewissenhaft anerkennen, wo sie sich treffen, wenn sie sich treffen, wenn sie sich auch vorher nie sahen.

In Kenmore nahm uns abermals ein guter Gasthof auf, umringt von etwa zwanzig solcher Hütten, wie wir oben beschrieben. Sie machten das ganze Dorf aus. So klein sind alle Dörfer, die einzelnen Wohnungen liegen sehr zerstreut, oft meilenweit voneinander.

Killin

Eine sehr kleine Tagesreise von Kenmore liegt Killin. Von ersterem Orte an wurden die Felsen immer höher und wilder. Wir fuhren an ihrer Seite hin, fast immer im Angesichte des Stroms. Dieser ward nun zum See Loch Tay. Drohende, starre Felsen erhoben sich furchtbar über unserem Haupte, immer höher und höher übereinander, während wir den längs dem Ufer des Sees sich hinwindenden Weg verfolgten. Wolken in seltsamer Gestalt umlagerten die höchsten Gipfel der Berge und wogten im Winde, kamen und schwanden, alles um uns war feierlich, groß und einsam. Wir erstiegen, geführt von einem Einwohner des Tales, den Gipfel eines Berges. Unsere Führer nannten ihn uns Ben Lawers. [Fußnote: Johanna irrt hier; der höchste Berg Schottlands und damit auch Englands ist der 1343m hohe Ben Nevis. Selbst Ben More ist niedriger als der von Johanna erstiegene Ben Lawers.] Die Aussicht oben war eine der einsamsten der Welt, wir erblickten nur andere kahle, schauerliche Felsen und zwischen ihnen dunkle einsame Täler. Ben More, der höchste Berg in Schottland, drohte aus der Ferne, das Haupt in graue Nebel gehüllt. Herden von jenen kleinen Schafen, geführt von einem einsamen Knaben, belebten allein die feierliche Wüste.

Wir kehrten zurück zum Loch Tay und erreichten bald Killin, ein einsames, ziemlich ansehnliches Haus, umgeben von einigen, hart am Ufer des Sees erbauten Hütten. Die Flüsse Dochart und Lochay fallen hier in den See und bilden in sanften Krümmungen kleine Halbinseln. Das Tal, welches diesen einschließt, ist so grün, Bäume und Sträucher wachsen in so üppiger Fülle, wie wir es nimmer in diesem nördlichen Winkel der Welt erwarten konnten. Alles ist angebaut wie ein Garten, kleine wogende Kornfelder wechseln mit Kartoffelbeeten, und steinerne Einfassungen schützen die Felder gegen Beschädigung durch Tiere des Waldes und der überall weidenden Schafe. Hohe Felsen umgeben dies liebliche Plätzchen, als wollten sie es wie ein schönes Geheimnis den Augen der Welt verbergen. Lange hielt uns noch die herrliche Aussicht auf Fels und Tal am großen Erkerfenster im Gasthofe zu Killin fest. Sie ist als eine der schönsten in diesem Lande berühmt, wie unzählige Inschriften, in Prosa und in Versen, an diesem Fenster verkünden, und wahrlich, sie verdient diesen Ruhm.

Der See bildet gerade vor dem Hause eine kleine, wunderschöne Bucht, ein einsamer Kahn durchschnitt die silberne Fläche in mannigfaltigen Wendungen. Bäume und Sträuche spiegelten sich im klaren Wasser, die Felsen glühten ringsumher im Abendbrot, die Nebel, welche ewig ihre Gipfel umwogen, glänzten wie Purpur und Gold, und aus dem Kahn zu uns herüber tönten die klagenden Mollakkorde eines schottischen Volksliedes durch die feierliche Stille der sinkenden Nacht.

Während wir in stiller Freude an diesem Fenster verweilten, besorgten unsre treuherzig freundlichen Wirte alles auf's Beste, wessen wir bedurften. Bald dampfte eine köstliche Lachsforelle auf dem Tisch, die Beute jenes Fischers, dessen einfaches Lied wir eben belauscht hatten. Diese Bewohner der schottischen Seen sind von einer ganz eigenen Gattung; sie verdienten wohl, daß unsere modernen Gastronomen einzig um ihretwillen Wallfahrten nach Schottland anstellten, denn selbst die berühmten Forellen in der Schweiz werden an Vortrefflichkeit von ihnen übertroffen.

Nahe bei Killin, auf dem Wege nach Tyndrum, kamen wir am folgenden Morgen an einem Wasserfall vorbei. Von einer beträchtlichen Höhe eilt er dem stillen Loch Tay zu, wild einherbrausend und schäumend über abgerissene Felsentrümmer. Seit Jahrhunderten schon glänzen seine Tropfen gleich Tränen auf den grünbemoosten Steinen eines ganz nahen Heldengrabes der Vorzeit, und sein Rauschen ertönt wie der Nachhall der Bardenlieder, die einst hier, mit ihm wetteifernd, die Taten des Toten besangen und seinen Geist in die ewigen Hallen der Väter geleiteten.

Weiterhin wurden die Felsen immer schroffer und höher, öder und einsamer die ganze Gegend umher. Wilde Bergwasser rieselten von allen Bergen und stürzten hinab ins Tal, durch welches bald silberhell, bald wild tobend ein starker Bach sich wand. Nur selten erinnerte uns in dieser Wildnis ein kleines Kornfeld, eine niedrige Hütte, daß in dieser abgeschiedenen Einsamkeit noch Menschen leben.

Hier erscheint die Natur, wie Ossian [Fußnote: Sohn des Fingal, Hauptheld eines irischen Sagenkreises. Durch die Mystifikation des Schotten Macpherson ("Fingal" 1762), der seine eigenen Dichtungen als angebliche Übertragung alter gälischer Lieder des Ossian herausgab, gelangten diese Dichtungen zu großer und weitreichender dichtungs- und geistesgeschichtlicher Bedeutung und hinterließen auch in der deutschen Klassik und Romantik ihre Spuren.] sie malte, die Ströme, die Felsen, die uralten einzelnen Eichen. Der Wind heulte über die Heide, die Distel wiegt ihr Haupt im Sturme am Grabe der alten Krieger. Die vier grauen, bemoosten Steine erheben sich noch einsam am Hügel der Helden und verkünden stumm dem stillen Wanderer die Geschichte vergangener Jahrhunderte. Viele solcher alten Denkmale sahen wir, von den Urenkeln der Helden, deren Asche sie umschließen, mit Ehrfurcht geschont und bewahrt. König Fingal ruht, der Sage nach, in diesem Tale, im tiefen, dunklen Bette, und die Einwohner glauben, die geheiligte Stätte noch bezeichnen zu können. Ossians, seines Sohnes, Name und Lieder sind zwischen diesen Felsen noch nicht verhallt, und die Geister der Helden können noch immer von ihrem Wolkensitze der alten wohlbekannten Töne sich erfreuen.

Wir erreichten Tyndrum, einen fast ganz allein liegenden Gasthof, in einer schauerlich wilden Einöde, auf der höchsten bewohnten Höhe der schottischen Hochlande. Der Regen stürzte jetzt in Strömen herab. lange sahen wir zu, wie die schweren Wolken an den Bergen hinrollten, einzelne Streifen von Sonnenlicht bisweilen auf Momente die nackten Gipfel der Felsen verklärten und der Wind den Regen wild herumpeitschte. Gegen Abend klärte sich das Wetter auf, wir erfreuten uns des wunderbaren Spiels der Wolken, der Wirkung des schnell erscheinenden und wieder verschwindenden Sonnenlichts an den Bergen. Im flachen Lande kann man sich keinen Begriff von diesen magischen Erscheinungen machen. Die schweren Regenwolken schienen wie eine dunkle Decke auf den höchsten Gebirgen zu lasten, leichteres Gewölk zog sich wie ein heller Schleier um andere, tiefere Berge, verdeckte sie in diesem Momente ganz, rollte sich dann zusammen und verschwand im nächsten, oder zog pfeilschnell dahin in wunderbaren Gestalten, im ewigen Kampfe mit Sonnenlicht und Sturm, unendlich wechselnd mit Licht und Farbenspiel.

Dalmally

Der Weg von Tyndrum hierher war schlechter wie bisher, doch immer noch fahrbar, die Wildnis noch schauerlicher und öder. Nur das Rauschen der von den kahlen Felsen schäumenden herabstürzenden Bergströme tönte durch die leblose Stille der öden Heide. Hie und da klommen einige Schafe an den mit spärlichen Berggräsern und Heidekräutern bekleideten Felsen, einsam und traurig blickte dann und wann ein Hirtenknabe von den Höhen herab auf unseren Wagen, der ihm eine seltene Erscheinung sein mochte; jede andere Spur des Lebens war verschwunden. Viele halb versunkene alte Gräber zeigten, daß sonst ein mächtigeres Leben hier waltete. Am Himmel war geschäftige Bewegung, Nebel und Wolken und Sonne trieben immer noch ihr wunderbares Spiel.

Dalmally ist ein so kleines Dorf wie die anderen: es besteht aus einer handvoll armer Hütten und wieder aus einem für diese abgelegene Gegend sehr guten Gasthofe. Hier sahen wir die erste Kirche in den Hochlanden. Kaum konnten wir sie von den übrigen Hütten unterscheiden, so arm und klein ist sie. Der sie umgebende Gottesacker entdeckte sie uns zuerst. Nur wenige Grabhügel erhoben sich in dem kleinen Bezirke.

Man stirbt beinahe gar nicht in diesem Lande, diese einfachen Menschen erreichen ein hohes, glückliches Alter. Mit sechzig Jahren dünken sie sich noch gar nicht alt, sie gehen bis an das von der Natur ihnen vorgeschriebene Ziel, und nur mit dem letzten Tropfen Öl erlischt still und fast unbemerkt das Lebenslicht. Wir sahen in diesem Dorfe einen Mann von hundertdrei Jahren, seine Nachbarn gaben ihm sogar deren hundertelf und beschuldigten ihn, daß er sich jünger angebe, als er sei. In unseren kultivierten Ländern hätte man ihm deren höchstens sechzig zugetraut. Vor vierzehn Tagen hatte er eine Frau von vierzig Jahren geheiratet, an seinem Ehrentage ein Tänzchen gemacht und drei Lieder auf der Sackpfeife gespielt, denn er galt noch immer für einen der ersten Virtuosen auf diesem Lieblingsinstrument der Schotten.

In diesem Dorfe wurden wir auf das lebhafteste an Ossian erinnert. Ein Greis, in der Nationaltracht, saß auf einem Steine nahe am Kirchhofe; sein langer, schneeweißer Bart flog im Winde, sein Ansehen war wild, ein Paar dunkle Augen glühten unter einem hohen, kahlen Scheitel hervor; der Plaid hing phantastisch von den Schultern herab, wie ein Mantel; zwischen den Knien hielt er eine kleine Harfe, aus der er unzusammenhängende Akkorde wie mit Gewalt einzeln hervorriß. Mit starker, tiefer Stimme sang er dazu alte Volksgesänge; sein Gesang war eintönig, fast mehr Deklamation als Lied. Um ihn her war das ganze Dorf versammelt, unter ihnen auch der hundertjährige Greis; alles hörte feierlich aufmerksam zu. Unser Nähertreten störte weder den Sänger noch seine Zuhörer im geringsten, nur machten sie uns mit natürlicher Höflichkeit Raum in ihrem Kreise. Man sagte uns, der Greis sei ein Sänger, der mit seiner Harfe das Land durchziehe, ohne eigentliche Heimat, aber überall ein willkommener Gast, wie sonst die alten Barden. Leider konnten wir mit ihm nicht sprechen, denn er verstand nicht Englisch. Überhaupt trafen wir seit einigen Tagen selten jemanden, der Englisch sprach oder es auch nur verstand, außer in den Gasthöfen.

Inverary

Über steile, unwirtbare Berge ging es weiter. Plötzlich senkte sich der Weg; ein großer silberner See breitete sich vor unseren erstaunten Blicken aus; es war Loch Awe. Frische schöne Bäume, kleine Gärten vor den Hütten des Landmanns und Getreidefelder begrenzten seine Ufer.

Vierundzwanzig englische Meilen lang streckte er sich hin durch das grünende Tal, viele kleine Inseln erheben aus seinen Fluten die Felsenstirnen. Eine darunter zeichnet sich durch phantastisch geformte hervorragende Massen aus. Von fern glichen sie Überresten alten Gemäuers, selbst mehr in der Nähe konnten wir nicht entscheiden, ob es Felsen oder Ruinen wären. Kein Kahn war in der Nähe, uns hinüberzubringen; auch schienen die Ufer zum Landen zu schroff. Einige Einwohner, denen wir begegneten, verstanden unsere Sprache nicht. Unbefriedigt über diesen Punkt mußten wir weiter, aber der Anblick des Sees und seiner schönen Ufer erfreute uns umso lebhafter, als wir mehrere Tage lang die Natur in ihrer furchtbaren Größe angestaunt hatten. Im Gasthofe zu Inverary erfuhren wir später, daß jene Felsenblöcke wirkliche Überbleibsel eines uralten, zu den Besitzungen des Lord Breadalbane gehörenden Schlosses seien. Nur bei sehr hohem Wasserstande, wie jetzt, erscheint der Fels, den sie krönen, einer Insel gleich; sonst hängt mehr mit dem Ufer zusammen.

Zu bald mußten wir uns von dem herrlichen See wegwenden, um steilere Felsen als zuvor zu erklimmen; alles um uns ward wieder still, groß und schauerlich. Abermals senkte sich nun der Weg, frisches Laubgehölz nahm uns auf in seine freundlichen Schatten; bald sahen wir uns in einem schönen englischen Park, angestaunt von zahmen Rehen, die am Wege standen. Mitten drinnen ein gotisches Schloß mit vier runden Ecktürmen.

Wir befanden uns jetzt in einer wahrhaft paradiesischen Gegend. Vor uns lag das schöne große Schloß Inverary, der Sitz des Herzogs von Argyle, mitten in einem durch herrliche Bäume und Büsche verschönten fruchtbaren Tale. Lustpfade schlängeln sich nach verschiedenen Richtungen hindurch, alle lockend und lieblich. Im Hintergrunde erheben schöne waldbewachsene Felsen das stolze Haupt, seitwärts dem Schlosse winkt der eigentliche Garten voll blühender Rosenbüsche; die zahmen Rehe schleichen neugierig um das leichte Geländer, das ihn umgibt; auf der anderen Seite erhebt sich ein hoher, schroffer Felsen von wunderbar drohender Gestalt. Seine Spitze krönt ein Pavillon, zu welchem man ohne sehr große Beschwerden auf bequemen Pfaden steigt und dort eine Aussicht von unendlicher Schönheit genießt, die alles vereint, was die Natur Erhabenes und Freundliches darbietet. Kornfelder, Wiesen, Gebüsch füllen in der reizendsten Mannigfaltigkeit das übrige Tal.

Vom Schlosse an erstreckt sich eine schöne Wiese bis hinab an den Loch Fyne. Dieser ist eigentlich ein schmaler Meerbusen, der hier tief in das Land hineinläuft. Eine schöne Brücke wölbt sich dicht am Schlosse über ihn. Nahe und ferne Berge dehnen sich an beiden Ufern hin. Die Länge des Loch Fyne ist dem Auge unübersehbar, das ferne Meer, dem er angehört, begrenzt ihn; grün wie dieses spiegelt seine dunkle Fläche, kleine, weiße Wellen hüpfen wie im Tanz und schaukeln lustig die Fischerboote, kleine Schiffe und Barken, die darauf schwimmend der Szene neues frisches Leben geben.

Dem Schloß seitwärts über der Brücke liegt das Städtchen Inverary, mit dem kleinen Hafen voll Fahrzeugen mancher Art. Es hat ein sehr zierliches, nettes Ansehen mit seinen geraden Straßen und den weißen hübschen Häusern, unter denen der Gasthof sich stattlich erhebt. Alles sieht aus, als wäre es erst gestern fertig geworden. Und so ist's beinahe auch. Sonst lag die Stadt dem Schlosse gegenüber, aber der Herzog, dem sie an der Stelle die Aussicht zu verderben schien, ließ sie abtragen und an ihrem jetzigen Platze wieder aufbauen. So etwas kann man denn doch wohl nur in Großbritannien erleben.

Arrochar

Von Inverary bis Cairndow fuhren wir neun englische Meilen auf schönem ebenen Wege durch ein fruchtbares, angebautes Tal, fast immer längs dem Ufer des Loch Fyne. Wir hätten geglaubt, irre zu fahren, wenn das hier möglich wäre, wo nur eine fahrbare Straße durch das Gebirge führt: denn der Kastellan im Schloß von Inverary hatte uns den Weg, welchen wir jetzt nehmen mußten, als den fürchterlichsten im ganzen Lande beschrieben; dunklere Klüfte, steilere, öde Felsenberge sollten wir noch nicht gesehen haben, besonders sprach er viel von einem hohen Berge, er nannte ihn rest and be thankful, ruht und dankt.

Gleich hinter Cairndow merkten wir indessen gar wohl, daß wir uns auf dem rechten Wege befanden. Das Steigen begann, der See, das schöne Tal und alle Anmut der Gegend verschwanden unserem Blicke.

Mehrere Stunden hindurch ging es immer höher und höher, über nackte Felsen, durch dunkle enge Klüfte, zuweilen durch düstere Täler, dann wieder hoch auf Bergen. Nur feines grünes Moos deckt wie ein Teppich das Gestein, sonst keine Vegetation, kein Leben, Totenstille und öde Einsamkeit herrschten ringsumher. Kein laut ertönt in diese Wüste als das Brausen der Felsenbäche, die hin und wieder hinabstürzen; keine Spur menschlichen Daseins ist sichtbar, außer zuweilen eine jener armen Hütten, neben dem schäumenden Bache in eine Felsenecke gedrückt, einsam verloren. Diese traurigen Wohnungen machen die Einsamkeit noch auffallender. Im Winter müssen ihre Bewohner, ausgeschlossen von aller Möglichkeit, zu Menschen zu kommen, ein Leben führen wie auf einer wütenden Insel, und noch verlassener hier in diesem Lande, wo der Himmel auch im Sommer nicht freundlich lächelt. Dennoch verändern sie ihren Aufenthalt nie. Bei aller Öde trägt diese Gegend aber auch den Charakter unbeschreiblich erhabener Größe. Die mächtigen Felsen stehen ringsumher wie anbetende Riesen, in schauerlichem Schweigen; die rote Blüte des Heidekrauts bedeckt ihre kolossalen Konturen mit einem Purpurmantel, ohne sie zu verhüllen; ihre Häupter sind umwogen von ewigen Nebeln, die ihm Sonnenstrahl zur Glorie werden; ein leiser, feuchter Duft schwebt über Berg und Tal, mit magischem Schimmer alles harmonisch vereinend.

Endlich hatten wir den steilsten Gipfel des Weges erreicht; rest and be thankful lasen wir auf einen Stein gegraben und danebenn die Namen der Regimenter, welche unter der Leitung ihrer Obern diesen Weg bahnten.

Hier begegneten wir dem einzigen Wanderer auf dem ganzen Wege durch diese Wüste, einem jungen, raschen, in seinen Plaid gehüllten Hochländer. Er sprach ein wenig Englisch und half uns bereitwillig, eine nahe Anhöhe zu ersteigen, wo eine ausgebreitete Ansicht sich uns eröffnete.

Doch übersahen wir die imposanten Massen, die schwarzen zackigen Kronen unzähliger anderer, von aller Vegetation entblößter Berge; die Wasserfälle, die von ihrer Seite herabtanzen und sich in dunklen Tiefen verlieren, ohne daß wir ihr Brausen auf dieser Höhe vernehmen konnten. Zwischen diese Felsen eingeklemmt liegt auch das schauerliche Tal Glencoe [Fußnote: dieses Tag liegt am Ostende des Loch Linnhe und ist von Johannas Standpunkt aus nicht zu sehen. Am 13. Februar 1692 wurden viele Schotten vom Clan der Macdonalds durch englische Soldaten erschlagen, denen sie Gastfreundschaft gewährt hatten], dessen Einwohner zu Ende des fünfzehnten Jahrhunderts in einer Nacht unter dem meuchelmörderischen Schwerte der nach Rache dürstenden Engländer fielen, weil sie mit Treue dem Könige anhingen, den sie als den einzigen rechtmäßigen Erben der schottischen Krone anerkannten.

Wie Vogelnester erschienen von hier aus die wenigen kleinen Wohnungen am Fuße der Felsen oder am Eingange der schauerlichen, düsteren Täler, die so enge sind, daß sie, größeren Felsspalten gleich, wohl nur wenig Stunden des Tageslichts sich erfreuen. Hin und wieder sahen wir auch in der Ferne Herden jener kleinen Schafe kümmerlich die Spitzen der Heidekräuter benagen. Nur auf einem Punkte schimmerte uns dunkelblau ein Wasser und etwas Grün entgegen: es war Loch Long, an dessen Ufer Arrochar liegt, das Ziel unserer heutigen Reise. Nun ging es tief hinab, immerfort über öde Felsen, durch düstere Klüfte und enge Täler, bis zu den Ufern des Loch Long, der wie ein Strom sich durch ein Felsental windet.

Dieser See ist eigentlich ein hier tief in das Land sich erstreckender Arm des atlantischen Meeres. Steile Felsen steigen senkrecht aus seinen salzigen Fluten und streuen ewig dunkle Schatten über sie hin, während auch im Sonnenscheine die Bergwasser glänzen, die von hohen Gipfeln hinab von allen Seiten zueilen.

Arrochar, ein einzelner Gasthof, von wenigen Hütten umgeben, liegt hart am Ufer des Sees. In früheren Zeiten war dieses Haus der Sitz einer edlen Familie, und noch immer erkennt man in dessen Bauart die Spuren jener höheren Bestimmung.

Loch Lomond

Wenige Meilen von Arrochar gelangten wir durch Schluchten, welche sich zwischen hohen Bergen eng hinwinden, an die Ufer dieses schönsten und größten Sees in den Hochlanden. Ländliche Anmut und erhabene Größe wechseln in seinen Umgebungen. Bald scheinen die prächtigen, größtenteils waldbewachsenen Berge sich um ihn zu drängen, als wollten sie sich in seinen klaren Fluten spiegeln; dann treten sie wieder zurück, und Wiesen und Felder umgeben das glänzende Gewässer.

Zuerst empfing uns ein frischer, grüner Wald am Ufer; unter hohen Laubgewölben fuhren wir hin und freuten uns des Silberglanzes im See und der mannigfaltigen Reflexe. Ein hoher Berg, einer der höchsten, ü-

71

ber die wir bis jetzt gekommen waren, stellte sich uns in den Weg; wir erreichten seinen Gipfel, der Weg senkte sich, und vor uns, unabsehbar breit, in aller seiner hohen Pracht, lag der ganze, herrliche See da, besät mit kleinen und größeren grünenden Inseln, zwischen denen Fischerboote hindurchruderten. Millionen weiße, sich kräuselnde Wellchen belebten die silberne Fläche, aus der auf der anderen Seite der mächtige Ben Lomond senkrecht emporsteigt, bis zu den Wolken, die sein Haupt verhüllen.

Die ganze Gegend ist von so wunderbarer Schönheit, daß jeder Versuch, sie zu beschreiben, vollkommen zwecklos wäre; aber nie werden wir den Tag vergessen, den wir an diesen Ufern verlebten.

Unsere Herberge in dem hart am See erbauten Dörfchen Luss, leider dem letzten Orte in den Hochlanden, durch den wir kamen, war indessen gar nicht erfreulich. Eine Gesellschaft betrunkener Bergschotten hatte sich in einem der unteren Zimmer einquartiert und tanzte zu einer verstimmten Violine und einem Dudelsack, ganz unter sich, ohne Frauenzimmer, auf's lustigste herum. Die Mädchen hatten nicht bleiben wollen, das hinderte aber die Männer nicht, dennoch ihre Nationaltänze aufzuführen und sich vortrefflich dabei zu divertieren. Das pferdemäßige Stampfen, das Freudengekreisch bei irgend einem wohlgelungenen Sprunge würde uns in's Freie getrieben haben, wenn uns die himmlische Gegend nicht herausgelockt hätte. Nur für die Nacht war uns bange, und nicht ohne Grund. Unser Wirt war ebenfalls betrunken und dabei so gesellig, daß wir ihn alle Augenblicke aus dem Zimmer komplimentieren mußten. Seine Tochter, ein sehr hübsches Mädchen, erschien uns dabei recht interessant; sie gab sich alle Mühe, den Vater zur Ruhe zu bringen, und doch mit so zarter Schonung, immer strebend, das kindliche Verhältnis nicht zu verletzen, und wieder wie beschämt, daß wir, die Fremden, die so weit herkamen, ihre Berge zu sehen, ihn in solchem Zustande treffen und dadurch an Bequemlichkeit leiden mußten.

Glasgow

Hinter Luss ward die Gegend allmählich flacher, der Weg besser; alles kündigte uns an, daß wir das Land der Poesie verlassen und zurückkehrten zum platten Lande mit seinem Alltagsleben. In Dumbarton schieden wir von unserem Fuhrmanne und seinen vier treuen Rossen, die uns über so manchen hohen Berg, durch so manches friedliche Tal geführt hatten. Wir nahmen Abschied von den Hochlanden, aber die

Erinnerung davon blieb uns. Sie reiht sich an so manche andere schöne Erinnerung aus der Schweiz und aus vaterländischen Gebirgen, von denen diese, die wir jetzt verließen, sich indessen so merkwürdig als merklich unterscheiden.

Die Gegend von Dumbarton ward als schön gerühmt; unsere Phantasie war nur von der nächsten Vergangenheit noch zu sehr erfüllt, als daß wir sie genau beachten konnten. Die Lage des Städtchens schien uns indessen sehr freundlich. Ein hoch darüber emporragender Fels, dessen steilen Gipfel ein festes Schloß krönt, nimmt sich malerisch aus mitten in der wasserreichen Ebene, deren Horizont die dunklen Gebirge umgrenzen, welche wir eben verlassen hatten. Mit Postpferden langten wir gegen Abend in Glasgow an.

Die Stadt ist ziemlich groß; schöne breite Straßen und Plätze, sehr hübsche, von Quadersteinen erbaute Häuser erinnerten uns an Edinburgh. Auch hier fanden wir wie dort in allen Häusern breite steinerne Treppen, mit eisernen Geländern versehen; ein Luxus, auf welchen die Einwohner sehr stolz sind und ihn bei jeder Gelegenheit als großen Vorzug vor London preisen. Dort, meinen sie, könne man in einem oberen Stockwerke keine Nacht ruhig schlafen, weil man, wenn Feuer im Hause auskäme, in der entsetzlichsten Gefahr wäre, elendiglich umzukommen.

Gleich bei unserem Eintritte in den Gasthof erhielten wir eine lustige Probe der hiesigen Industrie. Ein Gentleman ließ uns auf das dringendste um die Erlaubnis bitten, uns in unserem Zimmer besuchen zu dürfen. Da wir endlich nachgaben, erschien ein sehr höflicher Herr mit ein paar dicken Büchern unter dem Arme und erbot sich, als Sprachmeister uns Englisch zu lehren; er hatte vernommen, daß wir beim Aussteigen aus dem Wagen ein paar Worte Französisch untereinander sprachen, und hielt uns folglich für eine ausgewanderte französische Familie, der er seine Hilfe notwendig anbieten müsse.

Glasgow ist weit lebhafter als Edinburgh, denn Handel und Wandel sind hier zu Hause; übrigens aber konnte uns niemand, soviel wir uns auch erkundigen mochten, irgend ein merkwürdiges Gebäude oder sonst einen Gegenstand angeben, welcher für ein nicht kaufmännisches Gemüt näherer Betrachtung würdig gewesen wäre. Wir ruhten also, im eigentlichsten Sinne des Worts, die wenigen Tage, die wir hier zubrachten; denn die Fabriken, die man uns zu zeigen sich erbot, wären doch nur Wiederholungen des schon Gesehenen gewesen. Dazu regnete es unbarmherzig die ganze Zeit über, wir sahen es mit Vergnügen regnen und dankten dem Himmel, daß er diese Sintflut nicht in den Hochlanden über unsere Häupter herabströmen ließ.

Unter den Einwohnern Glasgows war uns wohl: gastfrei, anständig, zwanglos im Umgange, gebildet, vereinigten sie die guten Eigenschaften, die wir schon an ihren Landsleuten rühmten, mit der Wohlhabenheit und allem vernünftigen Luxus, welchen der hier blühende Handel nur gewähren kann.

Die Fälle des Stromes Clyde

Durch eine der reizendsten Gegenden Schottlands reisten wir weiter nach Lanark, um die berühmten Wasserfälle des Clyde zu sehen. Am Abhange hoher, zum Teil mit Wald bekleideter Felsen wand unser Weg sich hin; wir blickten hinab auf ein fruchtbar angebautes Tal, durchschlängelt vom schönen Strome Clyde; Gehölze, Äcker, Landsitze, Dörfer wechselten höchst anmutig.

An einer Stelle, wo dichtes Gehölz uns den Anblick des laut brausenden Stromes verbarg, stiegen wir aus und gingen einen sehr steilen und schlüpfrigen Flußpfad hinab bis an das Ufer des Stroms. Ganz in Schaum verwandelt stürzt er hier laut brausend von einer beträchtlichen Höhe hinab, über große Felsstücke, und windet sich dann zürnend und schäumend weiter durch das liebliche Tal. Die hohen, malerischen Felsen, bekränzt mit schönem Gesträuche und hohen Bäumen, von welchen wieder leichtere Efeukränze hinflattern in der vom donnernden Fall ewig bewegten Luft, die große Wassermasse, die hier herunterstürzt, der Kontrast des Schaumes, weißer als Schnee, mit dem dunklen, im ewigen Tau stets frischen Grün, die Millionen Tropfen, die wie Diamanten im Abendstrahle blitzten, alles entzückte uns und hielt uns lange fest. Wasserfälle soll man aber nicht malen, weder mit dem Pinsel noch mit der Feder; die Wahrheit dieser Bemerkung fühlt man am lebhaftesten, wenn man den Versuch wagt.

Ziemlich spät langten wie in Lanark an. Den folgenden Morgen setzten wir unsere Reise fort nach Douglasmill, zu den beiden anderen größeren Fällen des Stroms.

Die Gegend zwischen Lanark und Douglasmill gehört zu den schönsten im unteren Schottland. Eine Meile ging es über Berg und Tal durch frisches, dichtes Gehölz hin; nun erstiegen wir mühsam einen ziemlich hohen Berg, höhere Felsen drohten über ihm gen Himmel. Als wir oben waren, erschreckte uns die fürchterlich schönste Ansicht, die wir jemals sahen: jeder Blick hinab war schwindelerregend, und doch war's unmöglich, nicht immer hinzusehen. Hart am Rande eines tiefen steilen Abgrunds fuhr unser Wagen, keine Handbreit Raum zwischen uns und dem schrecklichsten Untergange. Ein Fehltritt der Pferde, der kleinste Unfall am Wagen wäre unvermeidlicher Tod gewesen; es war unmöglich, den Wagen halten zu lassen, unmöglich an der Felsenwand, an welcher wir hinfuhren, auszusteigen; dennoch vergaßen wir alle Gefahr bei dem Anblicke des wunderschönen Tales, das uns viele Klafter tief im Glanze der Morgensonne entgegenschimmerte, durchströmt vom Clyde, der zögernd zwischen den blühenden Gärten und fruchtbaren Feldern sich fortwand.

Eine kleine Stadt liegt mitten im Tale, nicht weit davon drei oder vier große ansehnliche Gebäude mit schönen Gärten. Es sind Baumwollspinnereien, deren Maschinen hier wie in Perth vom Wasser getrieben werden. Wir sahen die Räder behend sich drehen, die kleinen Fälle, welche durch diese veranlaßt werden, blitzten wie flüssiges Silber; aber wir hörten nicht ihr Geräusch, es war zu tief unter uns.

Jetzt senkte sich der Weg den Berg hinunter; dichtes Gehölz empfing uns wieder in seine Schatten, laut hörten wir den Strom donnern, und bald hielten wir vor einem Garten stille. Wir traten hinein, erstiegen einen kleinen Hügel, und vor uns stürzte der Strom, weit wasserreicher und majestätischer als gestern, über wilde hohe Felsen; noch einige Schritte weiter hinauf, und wir sahen ihn abermals über noch höhere Felsen, in noch tiefere Abgründe gewaltig herabbrausen. Er fällt von einer so steilen Höhe, daß er einen Bogen bildet; wer es wagen will auf dem schlüpfrigen Boden, kann zwischen dem Felsen und der großen Wassermasse hingehen. Unten in dieser kristallenen Grotte ist man wie im Nixenreiche; es muß ein betäubendes Gefühl sein, dazustehen und dieses ungeheure Toben und Wogen über seinem Haupte, vor seinen Augen zu haben, ja von allen Seiten davon umgeben zu sein; aber selten nur wagt jemand sich hinab, der bloße Anblick des Wagestücks schreckt zurück.

Als wir den Garten verließen, fuhren wir an einem schönen Landhause vorbei, zu welchem er zu gehören scheint; wir wünschten dem Besitzer desselben Sinn für sein Glück. Nichts hinderte uns, des Gesehenen im Nachgenuß uns zu erfreuen, denn öde und traurig war die Gegend bis Douglasmill, einem kleinen, elenden Neste; ebenso bis Elvanfoot, einem noch elenderen Winkel, und immer so weiter, bis wir gegen Abend in dem artigen Städtchen Moffat ankamen. Hier fanden wir eine freundliche Wirtin in einem sehr guten Gasthofe und ruhten aus von den Freuden und Leiden des vergangenen Tages.

Moffat ist ein kleiner, von den Schotten häufig besuchter Badeort; die hiesigen Heilquellen werden für sehr wirksam gehalten, nur konnten wir nicht erfahren, für welche Gattung von Übeln sie eigentlich gebraucht werden. Für die Langeweile wohl nicht, wie so manche andere Bäder. Die Lage des Ortes ist angenehm, und das Städtchen selbst sieht sehr freundlich aus; aber wir bemerkten keine Anstalten zu den hergebrachten Badelustbarkeiten, weder zu Assembleen, noch zu Bällen, noch zu Schauspielen, und schlossen daraus, daß wohl nur Kranke herkommen, denn für körperlich Gesunde scheint nicht gesorgt zu sein.

Über Lockerbie kamen wir den folgenden Tag nach Gretna Green, einem kleinen Dorfe, dem letzten auf der schottischen Grenze. Unbedeutend, wie es aussieht, ist es dennoch ein Ort von großer Wichtigkeit. Hunderte bereuen es lebenslang, sich einmal unbesonnen hingewagt zu haben. Gretna Green ist der Schrecken aller Eltern, Vormünder, Onkel und Tanten in England, die reiche oder schöne Mädchen zu hüten haben; der Trost und die Hoffnung aller Misses, die in Pensionen sich Kopf und Herz mit Romanlektüre anfüllen, der Hafen, nach welchem alle Glücksritter zusteuern, die besonders aus Irland mit leerem Beutel und vakanten Herzen nach Bristol, Bath, auch wohl nach London kommen, um mit Hilfe des kleinen blinden Gottes und seines oft noch blinderen Bruders endlich ein solides Glück zu machen.

In Gretna Green wohnt nämlich der alte berühmte Hufschmied, der die unauflöslichsten Ketten schmiedet. Er ist dort Friedensrichter, und dies Amt macht ihn zu einer sehr wichtigen Person. Denn in Schottland braucht es zu einer ganz legalen Trauung keines Aufgebots, keiner Einwilligung der Eltern, keines Priesters. Das liebende Paar geht zum ersten besten Friedensrichter, versichert, es sei frei und ledig, auch nicht in verbotenem Grade verwandt, und wird von ihm ohne weitere Umstände getraut. Diese Trauung ist so gültig und vor allen britischen Tribunalen so unauflöslich, al wäre sie von dem ersten Bischof im Lande vollzogen. Wer also in England, wo andere Gesetze gelten, ein von irgend einem widerwärtigen Argus bewachtes Liebchen hat, der nimmt die erste Gelegenheit wahr, packt es in eine Chaise, mit vier raschen Pferden bespannt, und galoppiert damit fort, nach Gretna Green, dem nächsten schottischen Grenzorte, wo oben erwähnter Hufschmied Tag und Nacht bereit ist, sein Amt um ein Billiges zu verwalten.

Im Gasthofe, wo wir abstiegen, wollte die Wirtin nicht gern von diesen Dingen sprechen, kaum, daß sie uns das Haus des Hufschmieds von weitem zeigte; gern hätte sie alles abgeleugnet, aber Mauern und Fenstern sprachen von diesem Geheimnisse in ihrem Hause. Alles ist mit Inschriften und Namenszügen glücklicher Paare angefüllt, die ihrem wonnevollen Herzen Luft machten und leblosen Gegenständen ihre süßen, freudigen Gefühle anvertrauten.

Dem Hufschmiede war gar nicht Rede abzugewinnen; er sah wohl, bei uns war nichts zu verdienen; von anderen Einwohnern aber hörten wir, daß Gretna Green ein gar gut besuchter Ort ist, und oft mehrere Paare in einem Tag anlangen.

Auffallend war uns, die erste Tagesreise hinter Gretna Green auf englischem Boden, daß man uns nirgends anhielt, um Wegegeld zu fordern; alle Schlagbäume flogen gleich auf, und die Zöllner kamen sehr gefällig in die Gasthöfe, wo wir Pferde wechselten, das Geld zu holen. Alles scheint in dieser Gegend stillschweigend vereinigt, den Flüchtlingen [Fußnote: England hatte nach der Revolution in Frankreich viele Flüchtlinge aufgenommen] hilfreiche Hand zu leisten.

ENGLAND

Die Lakes

Über Carlisle, ein hübsches, lebhaftes Städtchen, das erste wieder auf englischem Boden, kamen wir nach Wigton, um von dort aus die Landseen von Cumberland und Westmorland, eine der gepriesensten Gegenden Englands, zu besuchen. Seit ungefähr zwanzig Jahren ist es in London Mode geworden, hierher zu wallfahrten, um sich von der schönsten Natur entzücken zu lassen. Die Londoner nennen diese Gegenden die englischen Hochlande, so wie man in Deutschland die Gegend bei Schandau die sächsische Schweiz nennt, und auch ungefähr mit dem nämlichen Rechte.

Von Wigton aus kamen wir durch eine rauhe, öde Gegend, bis ganz nahe vor Keswick. Hier öffnet sich ein angenehmes, bebautes, fruchtbares Tal; ein kleiner See, Bassenthwaitewater, gibt ihm Reiz und Leben. Die Gegend ist bergig, aber die Felsen haben weder die schönen Formen noch die imposante Größe der schottischen.

Keswick ist ein kleines, freundliches Städtchen mit sehr angenehmen Umgebungen, die wir unstreitig sehr reizend gefunden hätten, wären wir nicht eben aus Schottland gekommen. Aber diese kahlen Felsenhügel verschwinden gegen jene gigantisch übereinandergetürmten Kolosse; diese Seen ziehen sich zu Fischteichen zusammen, wenn man an Loch Lomond dabei denkt. Man sollte solche Vergleichungen nicht machen; sie wurden uns indessen sowohl von den Einwohnern als durch die Benennung der englischen Hochlande gleichsam aufgedrungen.

Hinter Keswick wird die Gegend romantisch schöner, die Felsen werden höher; nur vermißten wir die Wälder, die in Schottland die niedrigeren Berge mit ihrem wechselnden Grün bekränzen. Zuerst kamen wir wieder an einen See, der, unregelmäßig, bald breiter, bald schmäler, sich durch das Tal windend, fast einem Strome gleicht. Er heißt Derwentwater, und gern begrüßten wir die freundlich Nymphe hier wieder, die Matlocks Felsen bespült. Einige hübsche Landsitze liegen sehr angenehm an den Ufern des Sees; Berge, Bäume, Felder, umgeben ihn in reizender Mannigfaltigkeit. Ein enges, rings von Felsen eingeschlossenes Tal empfing uns, als wir den See verließen, durchrauscht von einem lebendigen Flüßchen, welches sich gegen die Mitte des Tales in einen kleinen schmalen See verwandelt, der Thirlmere Lake heißt. Einige Brücken geben dem Ganzen ein recht pittoreskes Ansehen. Wir wurden hier lebhaft an den Plauischen Grund bei Dresden erinnert; es war, als sähen wir ein Miniaturgemälde jener berühmten Gegenden.

Nahe bei Ambleside öffnen sich weit ausgebreitete Aussichten, die durch den Kontrast mit dem engen Tale, durch welches wir vorher uns wanden, umso reizender erscheinen. Freundlich und lachend lag hier die Welt vor uns in mannigfaltiger Schönheit, verschiedene kleinere Seen blitzten uns aus der Ferne entgegen, umgeben von aller Anmut einer reichen Vegetation und hoher Kultur. Ambleside liegt hoch; von allen Seiten bieten sich schöne Aussichten auf die benachbarte Land-schaft dar; aber die schönste derselben erwartete uns jenseits des freundlichen Städtchens.

Ein großer spiegelheller See trat allmählich zwischen Bergen und Waldungen hervor. Zehn kleine Inseln von mannigfaltiger Gestalt scheinen darauf zu schwimmen, alle mit freundlichem Grün bekleidet, mit Gebüsch und Bäumen gekrönt. Auf der größten dieser Inseln erhebt sich die elegante Villa eines reichen Gutsbesitzers, umgeben von freundlichen Gärten. Sie heißt Curwens Insel, nach dem Namen ihres Eigentümers. Zierliche, zu jener Villa gehörige Gondeln wiegen sich auf den klaren Wellen, alles atmet Freude und Lust.

Die Ufer des Sees sind von unbeschreiblicher, mannigfaltiger Schönheit: rauhe, zackige Felsen, grüne bebaute, zum Teil waldige Hü-gel, prächtige, einzeln stehende Bäume, Wiesen, Kornfelder, Dörfer, einzelne ländliche Wohnungen liegen umher in lieblichem Gemisch. Die Berge von Keswick schießen die bläulich dämmernde Ferne. In Low Wood stiegen wir ab. Es ist dies ein sehr guter, einzelner Gasthof, hart am Ufer des Sees, an einer der schönsten Stellen erbaut. Der See heißt Windermere; er enthält mehrere Stunden im Umfange und ist der größ-te in England.

Lancaster

Nachdem wir den See Windermere, die Krone dieser berühmten Gegend, gesehen hatten, hielten wir es für überflüssig, auch die übrigen kleineren Seen der Reihe nach zu besuchen und setzten daher unseren Weg weiter fort nach Lancaster. Das Land umher ist angebaut wie ein

79

Garten, die Stadt selbst ist weder groß, noch lebhaft, noch hübsch. Viele Quäkerfamilien [Fußnote: eine um die Mitte des 17. Jahrhunderts vom G. Fox gegründete Religionsgemeinschaft. Zu Beginn Verfolgungen ausgesetzt, gaben auch ihren Anhängern 1689 die Toleranzakte Wilhelm III. Religionsfreiheit. Heute vor allem in den USA (Pennsylvania) noch verbreitet] bewohnen sie. Diese guten Leute stellen sich jetzt im Äußeren mehr den Kindern der Welt gleich. Selten nur hört man noch das alte treuherzige "Du" aus ihrem Munde; auch von der feierlichen Steifheit ihrer Bewegungen und Kleidung haben sie vieles nachgelassen; dennoch bleibt immer genug, um sie vor anderen auszuzeichnen.

Die Mädchen und Frauen von Lancashire sind unter den Namen der Hexen von Lancaster, Lancaster Witches, als die schönsten in ganz England berühmt, und wir trafen fast bei jedem Schritt in der Stadt Lancaster auf Beweise, daß sie dieses Ruhms vollkommen würdig sind. Reizenderes gibt es nicht als die hiesigen Quäkermädchen in ihrer anspruchslosen, bescheidenen Tracht. Die dunklen Farben, in welche sie sich gewöhnlich kleiden, die Schürze und das große Halstuch vom allerfeinsten Musselin, das schwarzseidene Hütchen, alles ohne die mindeste Verzierung, geben den frischen, blühenden Gesichtern eine unendliche Lieblichkeit. Es ist etwas Klösterliches in ihrer Erscheinung; aber da sie frisch und frei in Gottes Luft umherwandeln, so erregen sie nicht das beängstigende Mitleid wie die Nonne; auch ist ihre einfache, reinliche Kleidung dem Auge weit angenehmer, als jene gotische entstellende Verhüllung.

Wir reisten über das sehr hübsche, freundliche Fabrikstädtchen Preston nach Liverpool. Gleich hinter Preston glaubten wir uns wie durch einen Zauberschlag aus England nach Holland versetzt. Das Land so flach als möglich, unabsehbare Wiesen, von Kanälen durchkreuzt, Gräben voll Wasser an beiden Seiten der mit Steinen gepflasterten Landstraßen, alles genau wie in Holland, nur das nette, geschniegelte Ansehen der holländischen Landhäuser fehlte. In England wird kein Haus von außen gemalt oder abgeputzt; in wenigen Jahren bekommen daher die Backsteine, aus welchen die meisten erbaut sind, ein altes, rauchiges Ansehen, welches dem nicht daran gewöhnten Auge mißfällt. Nichts ist dagegen hübscher und

freundlicher als die ländlichen Wohnungen in Holland; das Holzwerk wird dort regelmäßig alle Jahre mit Ölfarbe angestrichen, die Ziegelsteine werden rot gefärbt, die Fugen derselben weiß gemacht; alles sieht daher immer neu aus und gibt dem Ganzen ein unbeschreiblich fröhliches und wohlhabendes Aussehen.

Liverpool

Diese Stadt, nächst London die größte und bedeutendste in England, steht dennoch, sowohl in Hinsicht der Schönheit als des Umfangs, weit hinter Edinburgh zurück. Aber Handel und Betriebsamkeit haben über Liverpool ihr Füllhorn ausgeschüttet, und Reichtum und Luxus glänzen dem beobachtenden Fremden überall entgegen.

Die reichen Kaufleute wenden ihren Überfluß auf eine sehr zweckmäßige Weise an, indem sie die an sich nicht schöne Stadt mit vielen neuen, prächtigen Gebäuden verzieren. Vier neue palastähnliche Kaffeehäuser, Newshouses, Neuigkeitshäuser hier genannt, sind seit kurzem durch Subskription erbaut; ein schönes Theater, ein Konzertsaal, ein großer Gasthof, viele mildtätige Anstalten, welche der Menschheit Ehre machen, verdanken den reichen Einwohnern ebenfalls ihr Dasein. Das prächtigste und kostbarste Werk ihrer vereinten Kräfte sind aber die Docks.

In diesen künstlichen Häfen liegen die Schiffe sicher und bequem, fast mitten in der Stadt zusammen, werden sogar da erbaut, ausgebessert, ausund eingeladen, und überdies sind die Ladungen vor Dieben sichergestellt. Solche Docks kosten ungeheure Kräfte, um sie zustande zu bringen, sind aber auch für den Handel vom größten Nutzen.

Die Promenade längs ihren Ufern fanden wir nicht angenehm: das Gewühl, das Schreien, das Drängen und Stoßen ist betäubend, der Seegeruch unangenehm, aber der Anblick der offenen See über die Docks hinaus entschädigte uns; den am Ufer des Meeres Geborenen geht es damit wie den Bergbewohnern mit ihren Bergen. Wir sehnen uns, wenn wir es vermissen, und sein Wiedersehen erfreut wie das eines alten Freundes. Das Meer verschönert jede Gegend, ja die traurigste Sandsteppe erhält dadurch einen unbeschreiblichen Reiz. Das Brausen der Wellen tönt wie bekannte Stimmen aus unserem Jugendlande herüber, und wir horchen gern mit stiller Wehmut zu.

Wir haben schon bemerkt, daß Liverpool keine eigentlich schöne Stadt sei; auch die Umgebungen derselben zeichnen sich nicht vor anderen aus. Doch müssen wir die schönen Wohnungen verschiedener reicher Kaufleute erwähnen, die ganz nahe vor der Stadt, etwas abgesondert von dieser, auf einer mäßigen Anhöhe erbaut sind. Höchst ele-

81

gant eingerichtet, vereinigen sie alle Vorteile des Land- und Stadtlebens auf die angenehmste Weise. Nur wird dieser Vorzug ihnen wohl nicht mehr lange bleiben, da sich die Stadt täglich vergrößert und man schon jetzt berechnen kann, daß im Verlauf von einigen Jahren jene Häuser mitten in ihr und in ihrem Gewühl liegen werden.

Der gesellschaftliche Ton ist in Liverpool vielleicht ein klein wenig leichter als in London; doch fehlt es hier wie dort an dem allgemeinen Interesse im Gespräch, welches die Fremden bald einheimisch macht. Sind die gewöhnlichen Redensarten, welche in diesem Lande immer von der allgemein angenommen Etikette herbeigeführt werden, abgetan, hat man über Wetter und Wohlbefinden sich ausgesprochen, so ist man in der Regel übel daran, wenn man von Handel und Politik nichts weiß oder nichts wissen will.

Die Männer dieser Stadt sind fast alle auf dem festen Lande gewesen, sie kennen fremde Sitten und Gebräuche; dies macht sie wenigstens toleranter gegen Ausländer. Die Frauen aber sind echte Engländerinnen im vollen Sinne des Worts, und im allgemeinen fehlt ihnen die höhere Bildung, die denn doch in einer großen Stadt wie London leichter zu erlangen ist als in einer Provinzstadt. Dafür haben sie sich tausend Bedürfnisse und Zierereien angeschafft, die ihren Reichtum und ihren guten Ton zugleich an den Tag legen sollen, dem daran nicht Gewöhnten aber höchst lästig und peinlich werden.

Die Liverpooler besitzen in hohem Grade die Tugend der Gastfreiheit, die dem Engländer in Städten sonst weder eigen ist noch seiner Einrichtung nach sein kann; daß aber die Langeweile an ihren wohlbesetzten Tischen auch hier gewöhnlich präsidiert, kann nicht geleugnet werden, wenigstens ist dies der Fall, bis die Damen aufbrechen und den Männern bei Wein und Politik freien Spielraum lassen.

In Liverpool, wie in ganz Lancashire, leben viele Quäker-Familien; doch sind sie hier sehr ausgeartet und schämen sich ihrer alten einfachen Sitte. Der neumodische Ton steht ihnen wunderlich; besonders benehmen sich die jungen Herren, welche Elegants sein wollen, ungemein link. Sie, deren Väter selbst vor dem Könige nicht den Hut abnahmen, grüßen jetzt, zum Beispiel auf der Promenade, fast jedermann, um zu zeigen, wie vorurteilsfrei sie sind; ungefähr wie elegante Juden, die, um ihre vorurteilsfreie Bildung an den Tag zu legen, sich an öffentlichen Orten mit Schinkenessen Indigestionen zuziehen. In einigen Läden fanden wir noch Quäkerinnen in der einfachen, sauberen Kleidung, die ihre Religion ihnen vorschreibt. Das "Du" klang in ihrem Munde so höflich und bescheiden, daß unser "Ihr" uns in dem Augenblicke recht lächerlich schien. Es handelt sich sehr gut mit ihnen; ihre Waren sind immer von vorzüglicher Güte, sie überteuern niemand, und kein Feilschen und Abdingen findet statt, das sie nur beleidigen würde.

Das Theater ist nicht groß, aber sehr elegant und bequem eingerichtet. Man hört überall im ganzen Hause vollkommen gut; die Erleuchtung ist vortrefflich, und die Dekorationen lassen nichts zu wünschen übrig. Wir besuchten hier die Vorstellungen einiger neuerer Schauspiele, welche wir schon in London gesehen hatten, und waren im Ganzen damit zufrieden, wenigstens mit den Schauspielern. Die Schauspielerinnen freilich scheinen sich einander das Wort gegeben zu haben, nicht über die beschränkteste Mittelmäßigkeit hinauszugehen.

Die Zuschauer waren weit weniger lärmend als in London; unter ihnen bemerkten wir im Parterre die beiden betrunkensten Menschen, die uns je vorgekommen sind. Beide, ganz elegant gekleidet, saßen leichenblaß, starr und steif nebeneinander, wie Tote, mit stieren, offenen Augen. Der eine fiel wie ein Stein vom Sitze herunter, der andere blieb, ohne es zu bemerken, steif sitzen. Einige Zuschauer im Parterre trugen sie hinaus, aber mit so zarter Schonung, mit so viel Teilnahme, daß man deutlich sah, jeder dachte im stillen: "Heute dir, morgen mir!"

Wir haben schon oben der vielen menschenfreundlichen Anstalten erwähnt, die hier der Wohltätigkeit und dem Reichtume der Einwohner ihr Dasein verdanken. Eine davon, für Blinde, besuchten wir mit Freude und Rührung. Der Fonds dieser Einrichtung ist noch nicht hinreichend, um ein Haus zu erbauen, welches geräumig genug wäre, daß all diese Unglücklichen darin wohnen können. Deshalb sind sie in der Stadt in Privathäusern eingemietet, aber sie versammeln sich alle Tage in dem für sie eingerichteten Gebäude, Asylum genannt; dort speisen sie zusammen, erhalten Unterricht in der Musik, in den Handarbeiten, die sie bei ihrem traurigen Zustande verrichten können, und bringen übrigens den Tag nach Gefallen miteinander zu. In zwei Zimmern stehen gute Pianoforten zu ihrem Gebrauch, im dritten eine Orgel. Als wir in letzteres traten, saß ein junger Blinder an der Orgel und akkompagnierte drei jungen Mädchen, seinen Unglücksgefährtinnen. Sie sangen dreistimmig eine rührende Klage, gemildert durch stille Ergebung und Hoffnung auf den Tag, der einst ihre lange Nacht erhellen wird. Ihre Stimmen waren angenehm und rein, sie bemerkten unseren Eintritt nicht und sangen ungestört fort; gerührt standen wir am Eingange des Zimmers still und hüteten uns wohl, sie zu unterbrechen.

83

Im Ganzen sind diese Blinden wie fast alle ihre Unglücksgenossen immer heiter und froh und gesprächig. In einem unteren Zimmer fanden wir eine Menge spinnender Weiber und Mädchen, Räder und Zungen schnurrten lustig um die Wette. In einem anderen Zimmer, wo sich Männer und Jünglinge mit Korbflechten beschäftigten, ging es nicht weniger munter her. Wir bewunderten die Feinheit und zierliche Form der Körbchen, sie flochten sogar Muster von grünen und roten Weiden hinein und wußten diese von den weißen durchs bloße Gefühl auf das genaueste zu unterscheiden.

Die Blinden machen auch sonst noch allerhand nützliche Arbeiten, welche unten im Hause in einem Laden zum Vorteile der Anstalt verkauft werden; sie weben, machen Seile, ja es gibt sogar Schuhmacher unter ihnen. Diese Anstalt gehört wohl zu den zweckmäßigsten und wohltätigsten ihrer Art. Entfernt von allen Scharlatanerien, strebt sie nur den Unglücklichen wirkliche Hilfe zu leisten, sie soweit möglich zu nützlichen Mitgliedern der Gesellschaft zu machen und ihren einsamen dunklen Pfad zu erheitern durch Arbeit und Musik. Hier werden sie nicht mit tausend Kleinigkeiten gequält wie in anderen ähnlichen Anstalten, wo man das, was der Menschheit das Ehrwürdigste sein wollte, das Unglück, zum Zeitvertreib einer müßig gaffenden schauspiellustigen Menge herabwürdigt.

Am Tage, ehe wir Liverpool verließen, erscholl plötzlich von allen Türmen ein betäubendes Glockengeläute, welches eine ganze Stunde ununterbrochen fortwährte; die Glocken erklangen lustig bald die Oktave hinauf, bald herunter, bald Terzen, bald Quinten, die ganze Skala durch, nach Gusto der Künstler. Jeder von diesen Herren bimmelte nach Belieben der Nachbarschaft die Ohren voll, ohne sich an seine Kollegen zu kehren. Wir glaubten, es sei die Nachricht einer gewonnen Schlacht angekommen, oder der Geburtstag eines Mitglieds der königlichen Familie würde gefeiert oder wenigstens eine große, vornehme Hochzeit in der Stadt; denn auch an bloß häuslichen Freudentagen darf jeder Engländer mit allen Glocken läuten lassen, wenn er dafür bezahlen will. Aber nichts von alledem, sondern eine alte, vor mehr als hundert Jahren verstorbene Jungfer war die Ursache alles dieses Lärms. Diese hat in ihrem Testamente sämtlichen Liverpoolschen Künstlern eine gebratenen Hammelkeule mit Gurkensalat und dem dazugehörigen Porter für jeden Donnerstagabend das ganze Jahr hindurch auf ewige Zeiten vermacht. Sie verzehren dieses Gastmahl in Gesellschaft, müssen aber vorher mit ihren Glocken einen furchtbaren Lärm machen, der die Nachbarn der Kirchen in Verzweiflung bringt; alles zum Gedächtnis des

Namens der Erblasserin, und es fragt sich, ob diese Erfindung, eine Art von Unsterblichkeit zu erhalten, nicht so gut und besser ist als manche andere.

Die Gegend hinter Liverpool fanden wir ebenso holländisch als die, durch welche wir hereinkamen. Das Land so flach als möglich, aber höchst kultiviert, durchschnitten von schiffbaren Kanälen. Über Warrington, ein sehr freundliches Städtchen, berühmt durch Glasfabriken aller Art, kamen wir zum zweiten Male nach Manchester, von dort auf sehr unebenem Wege nach Disley. Die englischen Landstraßen werden mit Recht im Durchschnitt als höchst vortrefflich gepriesen. Aber in der Nähe großer Fabrikstädte, wo schwerbeladene Wagen und Karren den ganzen Tag darauf hin und her rollen, sind sie es weit weniger und müssen den Chausseen um Dresden, im Dessauischen, im Österreichischen und anderen in Deutschland den Vorrang einräumen.

Eine Unannehmlichkeit für fremde Reisende in England besteht darin, daß es sehr schwer wird, früh auszureisen. Bei aller Vortrefflichkeit der Gasthöfe ist es dennoch unmöglich, vor sieben Uhr morgens das Frühstück zu erhalten: der Wirt und seine ersten Bedienten schlafen bis spät in den Tag hinein; nur der Stiefelwichser ist zu jeder Stunde bereit, aber seine Macht erstreckt sich nicht weiter als höchstens zur Herbeischaffung der Pferde. Diese Beschwerde fühlt indessen nur der Fremde, namentlich der Deutsche: denn die Engländer sind in der Regel gewohnt, erst einige Stunden nach dem Aufstehen zu frühstücken und reisen immer eine oder ein paar Stationen, ehe sie ihren Tee mit geröstetem Butterbrote verlangen. In Disley, wo wir dem englischen Gebrauch gezwungen folgen wollten, fanden wir das Haus in so großer Unordnung und Unsauberkeit, daß es uns unmöglich war, den Wagen zu verlassen.

Unsere Reise fiel gerade in die Zeit der allgemeinen Bewaffnung der Nation gegen die gefürchtete Landung der berüchtigten Bateaux plats. Alt und jung spielte Soldaten; Comptoires, Werkstätten, Läden standen die Hälfte der Woche leer; jeder junge Mann suchte durch schöne Uniformen und Exerzieren bei heiterem Wetter im Angesichte der Damen seinen Mut an den Tag zu legen; bei Regenwetter gingen sie freilich wie die päpstlichen Soldaten mit Regenschirmen zur Parade.

Nach dem Exerzieren wurden in Gasthöfen bei großen gemeinschaftlichen Gastmählern die durch diese patriotische Anstrengung erschöpften Kräfte hinter der Flasche wieder ersetzt und die Nacht alsdann mit Tanz und Spiel vollends hingebracht. Diese Lebensweise galt damals durch ganz England, und die Chefs der darüber leerstehenden Comptoires und Fabriken wollten ob der großen Vaterlandsliebe der jungen Helden schier verzweifeln. In Disley war eben diese Nacht solch ein patriotisches Fest gefeiert worden. Alles trug noch Spuren davon, welche, ziemlich abschreckend, dem Eintretenden auf alle Weise entgegenkamen. Hinter Disley war die Gegend zuerst recht freundlich, ganz englisch; alles grün, über und über. Dann gerieten wir wieder zwischen unfruchtbare hohe Felsen. Dürftig mit Heidekraut bewachsen, boten sie uns alles Unangenehme einer Gebirgsreise, ohne uns durch erhabenen Schönheit dafür zu entschädigen. Kurz vor Middleton kamen wir durch eine enge, zwischen Felsen von schönerer Form sich hinwindende Schlucht; dann ging es weiter über noch höhere und freudenlosere Berge bis Sheffield.

Dies ist eine große, aber nicht freundliche Manufakturstadt. Kohlendampf, üble Luft, unbeschreiblicher Schmutz wie in einer Schmiede überall. Die Straßen hallen wider von wildem, wüstem Geschrei und Gehämmer, alles hat ein grobes, unangenehmes Handwerksansehen. Es werden in Sheffield sehr viele und sehr schöne Stahl- und plattierte Waren verfertigt. Unseres Bleibens konnte aber dort nicht lange sein; nichts zog uns an, wir eilten fort und freuten uns in dem nicht weit entfernten Landsitze des Lord Fitzwilliam, Wentworth House, wieder einmal frische Luft zu schöpfen.

Wentworth House und Rotherham

Es ward uns erlaubt, durch den Park von Wentworth zu fahren. Obgleich groß und angenehm, zeichnet er sich dennoch übrigens nicht aus; ebensowenig die Gärten und Anlagen.

Das Merkwürdigste hier sind die prächtigen Ställe; sie gleichen wahrlich mehr einem Palaste als der Wohnung von Pferden. Sie umschließen einen großen viereckigen Hof von allen Seiten. Der eine Flügel des mit architektonischer Pracht verzierten Gebäudes ist zur Reitbahn eingerichtet; in den drei anderen sahen wir eine Menge der schönsten Pferde, unter ihnen viele Jagdpferde, meistens von arabischer Herkunft; auch verschiedene berühmte Renner, welche bei manchem Wettrennen unsterbliche Lorbeeren errungen hatten. Die Luft war in diesem Pferdestalle weit reiner als in der Stadt Sheffield. Die Pferde stehen alle auf steinernem, zum Abzuge der Feuchtigkeit hin und wieder durchbohrten Platten. Dies verhinderte allen unangenehmen Geruch. Über dem

Stande der vornehmsten Pferde, der Jagdpferde und der Renner, war ihr Name, der Name ihrer werten Eltern und bisweilen ein noch längerer Stammbaum zierlich geschrieben zu lesen. Einige Stuten hatten ziemlich große Spiegel vor sich, um zu bezwecken, daß ihre Nachkömmlinge ihnen an Schönheit gleich würden.

In einem abgesonderten Teile des Hofes lief ein sehr hübsches persisches Pferdchen umher. Man sagte uns, es wäre über zwanzig Jahre alt. Zahm wie ein Hund und auch nicht viel größer, kam das zierliche Tier auf jeden Ruf freundlich und schmeichelnd herbeigesprungen.

Müde und angegriffen vom Anschauen und Bewundern setzten wir unseren Weg fort nach Rotherham, wo uns Merkwürdigkeiten anderer Art erwarteten.

Hier waren wir wieder in Vulkans Wohnung, doch ging es uns diesmal nicht wie in Carron; wir wurden eingelassen und freundlich empfangen.

Diese Eisengießerei, an Größe und Bedeutung die nächste jener nach Carron, gehört Herrn Walker. Obgleich auch hier Fremde ohne besondere Empfehlung nicht eingelassen werden, und wir keine an Herrn Walker hatten, so genügte ihm doch schon ein Blick auf einige offene Adreßbriefe, die wir von London aus für andere Orte in England mitgebracht hatten, und er gab Befehl, uns überall herumzuführen. Eine ungeheure Menge Blech wird hier geschmiedet, gereinigt, geschnitten, verzinnt und dann in Kisten gepackt in alle Welt versendet, wo es unter tausenderlei Formen wichtige und angenehme Dienste leistet. Das zu verarbeitende Eisen kommt alles aus Rußland, teils roh, teils in langen Stangen.

Die Eisengießerei war uns besonders interessant. Einen schauderhaft schönen Anblick geben die hochsprühenden Flammen und Funken, die roten zischenden Feuerströme, welche sich mit glühendem Schein langsam hinwälzen, bis sie sich in die Form wie ein Grab versenken, um dort auf immer zu erstarren. Ihn vermehren noch die schwarzen, kolossalen Männer, welche sich auf mannigfaltige Weise darum her beschäftigen. In Rotherham ward die große eiserne Brücke gegossen, die wir bei Sunderland bewunderten, und eine zweite, noch größere, ward hier vor kurzem nach Jamaika versendet. Das Eisen wird hier in unendlich verschiedene Gestalten gezwungen, von den kolossalen Brücken an bis herab zum demütigen Plätteisen. Man verfertigt hier auch viel schönes Gitterwerk, in geschmackvollen, meistens der Antike nachgebildeten

Mustern, und braucht es sehr häufig zur Verzierung der Balkone, Fenster, Gartenpforten, Torwege und Treppen. Es sieht sehr reich und elegant aus. Durch die Erfindung, dergleichen Dinge zu gießen, statt sie zu hämmern, ist ihr Gebrauch ungemein verbreitet worden. Geschlagenes Eisen ist zwar weit dauerhafter als gegossenes, aber dieses kostet auch nur halb so viel als jenes, und da es denn doch Eisen ist, so bleibt es seiner Natur nach noch immer dauerhaft genug.

Das Glück wollte uns so wohl, daß wir eine vierundzwanzigpfündige Kanone gießen sehen konnten. Aus zwei Öfen floß brausend das flüssige Metall in zwei mit Sand und Erde eingedämmte Kanäle, die sich bald in einem einzigen vereinten, aus dem es gewaltsam in die tief eingegrabene Form stürzte. Dantes Hölle und der feurige Phlegethon [Fußnote: Unterweltstrom aus der griechischen Mythologie] waren bei diesem Anblick die nächstverwandten Ideen. Drei Tage braucht es, ehe die Kanone erkaltet ist, dann zerbricht man die Form und bringt sie so heraus.

Wir sahen auch eine Kanone bohren; denn sie werden alle massiv gegossen. Aus dieser Operation pflegte man sonst ein Geheimnis zu machen, doch ward sie uns ohne viele Widerrede gezeigt, sobald wir den Wunsch äußerten, sie zu sehen. Die dazu nötige Maschine wird vom Wasser getrieben. Eine lange, eiserne Stange, genauso dick als die Mündung der Kanonen weit werden soll, steht in horizontaler Stellung fest. Ein platter Stahl, ungefähr einen halben Zoll stark, mit scharfen Ecken, in Form einer Zunge, befindet sich am Ende der übrigens ganz runden Stange. Die Kanone, mit undenkbarer Gewalt vom Wasser getrieben, wird gezwungen, sich um diese Stange wie eine Axt zu drehen und zu winden; die Zunge schneidet das Metall aus der Öffnung, und die Stange poliert von innen ganz glatt und eben. Es ist unmöglich, die Kraft ohne Staunen anzusehen, die hartes Metall wie weiches Holz bearbeitet. Wie wenig vermag der Mensch mit seiner Stärke allein, und wie viel Erstaunenswertes bringt er hervor mit Hilfe der Elemente, die er zur Dienstbarkeit zwingt, die sich aber auch an dem ohnmächtigen Herrscher oft furchtbar rächen, wenn sie die Fesseln zerbrechen, die er schlau ersann, und in wilder Freiheit einhertoben, um in Momenten ganze Geschlechter zu vernichten.

Nottingham

Über das artige Städtchen Mansfield reisten wir nach Notthing-
ham, einer schönen, ansehnlichen Fabrikstadt, in welcher besonders viele und große Strumpfwebereien sich befinden. Von dort gingen wir
nach Derby, durch eine sehr reizende Gegend, dicht besät mit Parks
und freundlichen, zum Teil schönen Landhäusern, zwischen welchen
einige stolze Schlösser der Großen sich stattlich erheben. Unser Postillon
fiel vom Pferde, die Pferde nahmen reißaus; doch auf diesen schönen
und lebhaften Straßen hat solch ein Vorfall wenig zu sagen, obgleich er
fast in allen englischen Romanen als ein großes Motiv paradieren muß.
Unsere flüchtigen Pferde wurden bald angehalten, und wir kamen,
zwar ein wenig erschrocken, doch wohlbehalten in Derby an. Hier waren die Pferderennen, auf die wir uns gefreut hatten, eben vorbei; auf
unserer vorigen Durchreise war das Merkwürdigste, was Derby darbietet, schon bewundert; deshalb setzten wir unseren Stab bald weiter und
zogen gegen Warwick.

Von Warwick kamen wir nach Stratford-on-Avon. Der Ort ist klein,
arm und unbedeutend, aber ein heiliger Schimmer umgibt ihn: denn
hier erblickte Shakespeare [Fußnote: das Grab ist heute bekannt und
befindet sich im Chor der Holy Trinity Church. Das Fachwerk des Ge-
burtshauses stammt tatsächlich aus der Zeit Shakespeares] zuerst den
Tag, hierher kehrte er zurück am Ende seiner großen Bahn, und seine
Gebeine liegen hier begraben. Niemand weiß recht die Stätte, aber in
der Westminster Abtei, dort wo die Könige ruhen, strahlt das Denkmal,
welches die Nation ihm errichtete, deren Stolz er ist.

Wir ließen uns zu der Hütte fahren, in welcher sein Vater, ein
wohlhabender Handschuhmacher, auch Wollkämmer, einst wohnte, wo
der große Geist, seiner selbst nicht bewußt, in der engen Eingeschränkt-
heit ängstlich und beklommen sich fühlte, bis ins sechzehnte Jahr, in
stetem Kampfe mit der ihn einengenden Außenwelt, an den Banden riß,
die ihn einzwängten, und endlich, nach mancher wilden, ungezügelten
Äußerung, zu welcher Jugendmut und ungeleitete Kraft ihn hinzogen,
dem engen Leben wie dem kleinlichen Zwange entfloh und frei seinem
Genius folgte.

Die armen Lehnwände des Hauses können sohl schwerlich schon
vor weit mehr als zweihundert Jahren gestanden haben, obgleich Strat-
fords Einwohner es allgemein behaupten. In der Brandmauer am Feu-
erherde aber ist ein alter hölzerner Lehnstuhl in einer Art von Nische

eingemauert; der Herd selbst sieht sehr alt aus, eine große steinerne Platte liegt davor; hier hat gewiß Shakespeares Vater gesessen, eifernd über die wilden Jugendstreiche des Sohnes, der ihm bei aller Blutsverwandtschaft dennoch ein Fremder war und ewig sein mußte.

In einem oberen Zimmer zeigte man uns noch ein großes altes Bettgestell, in welchem Shakespeares Mutter ihn zur Welt brachte; auch sein Stammbaum hängt hier. Das Haus wird jetzt von einem Fleischer bewohnt, der sehr arm zu sein scheint. Doch sorgsam wacht er über diese heilige Stätte: denn sie bringt ihm durch die Besuche der Fremden bei seiner Dürftigkeit eine sehr willkommene Hilfe.

Tewkesbury und Cheltenham

In dem kleinen freundlichen Landstädtchen Tewkesbury vernahmen wir, daß dort in einigen Tagen ein großes Pferderennen gehalten werden sollte. Unter den Wölfen lernt man heulen, sagt das Sprichwort, unter den Engländern wird man am Ende selbst eine Art John Bull. Wir beschlossen also die Zeit bis dahin in dem benachbarten Bade Cheltenham zuzubringen, dann an dem zu jenen Feste bestimmten Tage nach Tewkesbury zurückzukehren, und reisten nach Cheltenham ab.

Dieser berühmte Brunnenort ist ein hübsches Städtchen, in einem angenehmen, von Hügeln umgebenen, breiten Tale. Alles darin sieht neu aus. Die Stadt ist größtenteils während der letzten vergangenen fünfzig Jahre erbaut, denn so lange ungefähr ist es, daß die dortige Quelle bekannt und berühmt ward. Cheltenham besteht aus einer einzigen, wenigstens eine englische Meile langen Straße, an welche sich kleine Nebenstraßen und einzelne Gebäude anschließen. In dieser Hauptstraße mit den schönsten Gebäuden, den glänzendsten Läden, Leihbibliotheken und Kaffeehäusern wogt die schöne Welt den Morgen über langsam und, wie es uns schien, auch langweilig auf und ab. Die Damen schleichen gähnend zu zweien und dreien aus einem Laden in den anderen, während die Herren mit Reiten, Trinken und Zeitungslesen die edle Zeit auf ihre Weise hinzubringen suchen.

Der Geist geselliger Freude ist hier so wenig als sonst in England heimisch; man treibt alles ernstlich, und so wird auch das Vergnügen zur Arbeit. Wenn der Morgen überstanden ist, so helfen Bälle, Assembleen, Konzerte und Theater, wie es eben die Reihe trifft, die übrigen Stunden hinzubringen; für alles dies ist gesorgt, wenn auch nach etwas verjüngtem Maßstabe. Während der Saison präsidiert hier einer der Zeremonienmeister aus Bath, weil er den Sommer über dort müßige Zeit hat. Von dieser und anderen Einrichtungen der englischen Bäder sowie auch von der allen gemeinsamen Lebensweise behalten wir uns vor ausführlicher zu sprechen, wenn wir zur Beschreibung von Bath, dieser Königin aller englischen Badeorte, kommen.

Die Promenade, welche zu dem Brunnen von Cheltenham führt, wird für eine der schönsten in England gehalten; wahrscheinlich erwirbt ihr in diesem Lande die große Seltenheit gerader, von hohen Bäumen eingefaßter Alleen diesen Ruhm, denn hohe, schattige Ulmen umgeben hier von beiden Seiten eine breite, schnurgerade, etwa neunhundert Fuß lange Allee. In ihrer Mitte befindet sich der Brunnen in einem etwas schwerfälligen Tempel eingeschlossen, daneben ein hübscher Saal zum Gebrauch der Brunnengäste bei schlechtem Wetter, und in diesem ein Buch zu Subskriptionen für die Erhaltung der Promenade, des Saals usw. Jeder wohlerzogene Brunnengast unterzeichnet sich darinnen mit Namen und Stand; im Unterlassungsfall wird er für einen Nobody angesehen und keine Notiz von ihm genommen, wie billig. Am Ende der Promenade befindet sich noch eine gewöhnliche englische Gartenanlage; ein artiges, ebenfalls zur Belustigung der Badegäste bestimmtes Gebäude schließt hier die Allee, und am anderen Ende derselben bildet der ziemlich spitzige Kirchturm das Point de vue.

Es ist ein hübscher Anblick, wenn man morgens zwischen acht und zehn Uhr, der gewöhnlichen Brunnenzeit, die Badegesellschaft unter den ehrwürdigen Bäumen langsam auf und ab wandeln sieht. Der eigene Reiz, welcher die Engländerinnen in ihrer Morgenkleidung umgibt, ist bekannt, und hier, in diesem grünen Dämmerlichte, zeigen sich die weiß gekleideten, nymphenhaften Gestalten der meisten auf's Vorteilhafteste. Zwar hält diese Allee mit der von Pyrmont keinen Vergleich aus, die Engländer sind indes stolz darauf und meinen, sie sei die schönste in der Welt. Während man hier des Trinkens halber auf und ab spaziert, welches sehr charakteristisch die Morgenparade genannt wird, musiziert eine Bande Spielleute rasch darauf los, so gut es gehen will, und läßt laut ihr God save the King und Rule Britannia erschallen.

Eine wunderliche Einrichtung ist's, daß man nicht anders als über den Kirchhof zur Promenade gelangen kann; dieser ist zwar ganz artig, mit hübschen Linden, aber daneben auch mit vielen Leichensteinen besetzt und mag wohl bei manchem zur Quelle wallfahrtenden Kranken Ideen erwecken, die deren Heilkräfte schwächen könnten.

Das Wasser von Cheltenham wird hauptsächlich gegen Hautschäden, Skorbut und ähnliche Übel gebraucht. König Georg der Dritte brachte durch einige Besuche diese Quelle zuerst in Mode, doch bekam ihm dieses sehr übel. Er wollte hier von einem unangenehmen, aber eingewurzelten, vielleicht angeborenen Hautübel genesen; es gelang ihm, der Ausschlag verging, aber der gute Georg geriet darüber in den traurigen Gemütszustand, in welchen er bis an seinen Tod verblieb.[Fußnote: Georg III. regierender Monarch aus dem Hause Hannover zur Zeit von Johannas Englandaufenthalt (1738-1820). Er litt seit 1788 wiederholt unter Anfällen von Geistesgestörtheit, lebte seit 1801 in einem eigenartigen Dämmerzustand, der nach einem völligen Zusammenbruch 1811 die Regentschaft des Prinzen von Wales erforderlich machte.]

Endlich brach der festliche Morgen an, der uns nach Tewkesbury rief; ganz Cheltenham wanderte mit uns zugleich aus, eine lange bunte Reihe zu Wagen und zu Roß.

Dort war alles in geschäftiger Bewegung, alles hatte den Sonntagsrock angezogen, hübsche Mädchen in weißen Kleidern und gelben Nankingschuhen liegen überall munter und fröhlich umher. Eine Bande Seiltänzer und zwei herumziehende Schauspielertruppen hatten hier für den Abend Thaliens und Terpsichorens Tempel aufgeschlagen, dazu war noch für die Nacht Ball und Assemblee. Man denke, was dies alles im Städtchen Tewkesbury für Lärm machen mußte, und wie die jungen, dieser Herrlichkeit ungewohnten Herzen schon beim bloßen Herrlichkeit ungewohnten Herzen schon beim bloßen Gedanken daran rascher schlugen. Und noch dazu alle die glänzenden Herren und Damen aus Cheltenham, die Equipagen, schönen Pferde, Bedienten und der übrige Troß, es war zum Entzücken! Glücklich, wer wie wir beizeiten für Wohnung und Mittagessen gesorgt hatte: denn ohne diese Vorsorge war in dem Gewühle schwerlich ein Unterkommen zu finden.

Um zwölf Uhr zog alles, Mann und Roß und Wagen, hinaus zum Rennplatze. Eine große schöne Wiese ist dazu eingerichtet, in einem halben Kreise zieht sich die Stadt darum her, und ferne blaue Berge schließen rings die Aussicht. Das an sich schon recht hübsche Lokal, belebt von mehreren tausend fröhlichen Menschen jedes Standes, gewährte ein sehr interessantes Schauspiel. Die Seiltänzer hatten die mit unzähligen Fähnchen recht bunt verzierten Gerüste, auf welchen sie den Abend ihre Künste zeigen wollten, mitten auf dem Platze errichtet; dieses, die türkische Musik, welche ertönte, um die Neugierde des Publikums zu erregen, und ihre leichte phantastische Tänzertracht, in der sie teils mitten unter der Menge umherliefen, teils auf ihren Gerüsten sich gruppierten, machten das bunte Ganze noch bunter und lebendiger.

Auch die beiden rivalisierenden Schauspielertruppen strebten bemerkt zu werden und einander den Rang abzugewinnen. Unermüdet teilten sie an alle Welt ihre Zettel aus, in die Kutschen flogen diese Ankündigungen zu Dutzenden, und wenn einer eine Handvoll davon zu einem Schlage hingeworfen hatte, so eilte gleich sein Nebenbuhler durch den anderen Schlag ebenfalls das Lob seiner Gesellschaft zu verbreiten. Alles war Leben und Lust, nur die Wettenden schienen, mit Ernst und Eifer in ihren Zügen, das fröhliche Treiben der übrigen verächtlich anzublicken.

Endlich tönte die Trommel, die Pferde liefen vortrefflich, es waren einige berühmte Renner darunter. Das Ganze gefiel uns weit besser als in Edinburgh und behagte uns in der Tat so gut, daß wir, wie der größte Teil der übrigen Gesellschaft, nach Tische wieder zum zweiten Rennen fuhren.

Aber nun war der Reiz der Neuheit vorbei, und ums uns nicht am Ende eines fröhlichen Tages zu langweilen, ließen wir Ball und Assembleen, Kunstreiter, Othello und Konsorten im Stiche und warteten sogar die Entscheidung des großen Streits nicht ab: ob Jenny Spinster eine Viertelminute eher als Edgar am Ziele gewesen sei, oder ob beide zugleich angekommen wären. Wir wünschten den guten Einwohnern von Tewkesbury, die Shakespeare in einem seiner Meisterwerke als vortrefflich Senffabrikanten verewigt hat, viel Vergnügen für den heutigen Abend und den morgigen Tag, an welchem gleiche Freuden sie erwarteten, bewunderten noch die schöne gotische Kirche, eine der größten und schönsten im Reiche, und fuhren fröhlichen Muts nach Gloucester.

Diese Stadt schien uns beim Durchfahren ziemlich bedeutend, mit hübschen Häusern und breiten Straßen. Übrigens enthielt sie, so viel wir erfahren konnten, nichts, was unsere nähere Aufmerksamkeit auf sich zog.

Bristol

Die Reise von Gloucester nach Bristol ist eine der angenehmsten und der Charakter der Gegend völlig von dem des übrigen England verschieden. Sie ist mannigfaltiger, südlicher. Grün ist nicht mehr so ganz die prädominierende Farbe, obgleich die Vegetation sich auch hier in höchster Pracht darstellt. Schönere, größere Bäume als irgendwo, in gedrängten Gruppen, viele große Pflanzungen von Obstbäumen, mit Mauern statt der gewöhnlichen Hecken eingefaßt, zeichnen sie vor allen anderen in Großbritannien aus. Hier glüht der Goldpepping [Fußnote: Goldreinette, Apfelsorte], der Stolz Englands, zwischen dem hellgrünen Laube und seufzt im Herbst unter der Presse, um später als Cider [Fußnote: Apfelwein, Most] die Herzen des Mittelstandes, der die teuren französischen und portugiesischen Weine nicht bezahlen kann, zu erfreuen. Hier reift die Birne auf hohen stattlichen Bäumen und liefert den Perry [Fußnote: Birnenwein, Most], der oft unter der Maske sprudelnden Champagners von den Weinhändlern teuer verkauft wird.

Der schöne Strom Avon belebt die herrliche Gegend, kleinere Schiffe schweben auf seiner silbernen Fläche. Nahe bei Bristol wird er tief genug, um selbst große Schiffe von vierzig bis fünfzig Kanonen zu tragen; acht englische Meilen weiter hin, in einer der reizendsten Gegenden, fällt er in den Severn See, eigentlich einen Meerbusen, der hier tief ins Land geht. Bristols Umgebungen sind unstreitig die schönsten in England; denn alles ist hier vereint: das Meer, der schiffbare Strom und Berg und Tal, Feld und Wald in höchstem Reichtume, den weiser Fleiß und ein vortrefflicher Boden nur gewähren können.

Die Stadt schien uns größer als Edinburgh. Straßen und Plätze sind breit, wohlgepflastert, voll regen Lebens, umgeben mit schönen Privathäusern sowohl als öffentlichen Gebäuden und Kirchen, unter denen die Kathedrale und die von St. Mary Redcliffe als ehrwürdige gotische Gebäude sich auszeichnen. Das Theater ist groß, bequem und elegant, so auch das in der Vorderseite mit korinthischen Säulen verzierte Gebäude, in welchem unter der Aufsicht eines Zeremonienmeisters die Assembleen und Bälle während der hiesigen Badezeit statt haben.

Man vergleicht Bristol mit Rom; denn wie jene Königin der Städte thront es ebenfalls auf sieben Hügeln, und einige davon gewähren von ihren Gipfeln eine sehr schöne Aussicht in das Land ringsumher. Die Straßen, die hinaufführen, sind aber größtenteils sehr steil. Außer dem schiffbaren Avon strömt auch noch ein kleinerer Fluß, der Frome, durch die Stadt; hübsche steinerne Brücken führen über beide Gewässer. Der Quai am Hafen ist prächtig, ein Meisterwerk seiner Art; aber schaudernd wandten wir uns von seinem Anblick; denn hier war der Ort, von welchem aus die unmenschlichste Gewinnsucht Schiffe zum Sklavenhandel ausrüstete, der Bristols Einwohner bereicherte. Blut und Seufzer von Millionen Menschen kleben an diesen Steinen. Indem wir dieses bedachten, wurde es uns unmöglich, heiteren Mutes die schönen Docks zu bewundern, welche hier, wie in Liverpool, Schiffe aus allen Gegenden der Welt sicher und bequem beherbergen.

Eine der schönsten Partien um Bristol gewährt King's Weston, der Landsitz des Lord Clifford. Die Fassade des Hauses ist groß und stattlich, wenn auch etwas schwerfällig und mit Verzierungen überladen; wir mochten uns aber mit näherer Betrachtung desselben nicht aufhalten; sogar die schönen Anlagen durchliefen wir nur flüchtig, so mächtig zieht hier die einfache Natur ringsumher von der ab, welche die Kunst zu schmücken versuchte. King's Weston liegt auf einer beträchtlichen Anhöhe. Blickt man von oben herab, so bietet sich von einer Seite dem Auge ein reizendes Tal dar, ausgestattet mit allem dem Reichtum, aller der Kultur, welche England zu einem der schönsten Länder Europas machen, und liebliche Hügel, mit aller Pracht der üppigsten Vegetation geschmückt, scheiden diesen reizenden Punkt der Erde von der übrigen Welt. Von der anderen Seite der Anhöhe von King's Weston sieht man den hier mächtigen Avon sich majestätisch hinwinden durch ein jenem Tale ähnlichen Paradies. Schiffe aus allen Gegenden der Welt, umtanzt von Gondeln und kleinen Schifferbarken, schweben auf seiner silberblinkenden Fläche. Lange verfolgt hier der Blick den Lauf des Flusses, sieht ihn immer mächtiger, immer breiter werden, sieht, wie die Felsen zu den Seiten immer pittoreskere, immer romantischere Formen annehmen, wie, ganz in blauer Ferne, das Meer zuletzt die Aussicht und zugleich den Lauf des schönen Stroms begrenzt, indem es ihn in seinen Schoß aufnimmt und auf ewig mit sich vereinigt. Lange waren wir in diesem bezaubernden Schauspiel verloren; endlich nahmen wir unseren Weg durch den mit ehrwürdigen Bäumen besetzten Park des Lord Clifford zu einem noch höheren Hügel, Penpole Point genannt. Noch einmal genossen wir hier dieselbe Aussicht, nur von einem anderen Standpunkt aus gesehen und noch reicher, noch ausgebreiteter, noch entzückender. Ein sehr angenehmer Weg führt von da nach Clifton. Man nennt Clifton ein Dorf, aber es ist ein Dorf, wir möchten sagen, aus Palästen bestehend. Es liegt zerstreut, teils im Tale, teils auf der sonnigen Seite eines Hügels. Die schönen großen Häuser stehen bald in der in England so beliebten Form des halben Mondes, teils in langen Reihen auf Terrassen, teils einzeln, oder bilden auch breite Straßen und schöne, regelmäßige Plätze. Alles dieses ist durch Gärten, Felder, steile, wilde Felsen und sanfte Anhöhen auf das Reizendste vermannigfaltigt.

Einige dieser Gebäude werden für immer oder auch nur den Sommer hindurch von reichen, angesehen Familien bewohnt; der größere Teil derselben ist zum Gebrauche der Badegäste eingerichtet, deren jährlich eine große Anzahl herkommt, in der Hoffnung, Heil und Rettung in der lauwarmen Quelle zu finden, welche nicht weit entfernt von Clifton fließt. Leider oft vergebens; denn diese Quelle wird gewöhnlich als letztes Mittel gegen das traurigste aller Übel, die unser kurzes Leben bedrohen, gegen Schwindsucht und Auszehrung, angewandt.

Nirgends häufiger als in England wüten diese Krankheiten, die fast immer die jüngsten und liebenswürdigsten Opfer sich erwählten, und sie verschönen und verklären, indem sie sie zerstören. So blüht die vom Wurm gestochene Rose oft um so früher und schöner auf. Es ist ein herzzerreißender Anblick, die jungen, ätherischen Gestalten atemlos, halb schon Bewohner einer anderen Welt, in diesen elysischen Gegenden über den grünen Rasen hinwanken zu sehen und dann einen Blick auf den nahen Kirchhof, die Ruhestätte ihrer Vorgängerinnen, zu werfen, auf dessen Leichensteinen die Zahlen von zwanzig und fünfundzwanzig Jahren in einer langen traurigen Reihe fast ununterbrochen zu lesen sind.

Hotwells

Ein sehr steiler Weg führt den Berg hinab nach Hotwells, wo die Quelle fließt und ebenfalls viele schöne Wohnungen für Badegäste erbaut sind. Nahe am Ufer des Avon rauscht sie mächtig hervor, aus einem der Felsen, die in majestätischen Reihen sich von beiden Seiten längs dem Bette des Stroms hinziehen. Ein hübsches Gebäude ist über der Quelle erbaut. Zuerst tritt man in einen Vorsaal, der den Trinkenden zum Ausruhen und zur Konversation dient; hinter diesem liegt das Brunnenzimmer. Ein artiges Mädchen personifiziert hier die Hebe und schenkt das gar nicht übel schmeckende, wie Champagner petillierende, lauwarme Wasser. Wenn es zuerst geschöpft wird, sieht es etwas trübe und weißlich aus, wird aber ganz klar, sowie es sich abkühlt.

Eine Menge artiger Kleinigkeiten, auch zum Teil seltene Konchylien, Steine und Mineralien aus den benachbarten Gebirgen, stehen hier zum Verkaufe, unter ihnen die bekannten Bristoler Steine, welche in den Ritzen und Spalten der den Avon umschließenden Felsen gefunden werden und sowohl an Glanz als Härte den wirklichen Diamanten sehr ähnlich sind.

Die Aussicht aus dem Fenster des Brunnensaals ist beschränkt, a-
ber von ernster Schönheit; wild und hoch streckend die dunkelroten
Marmorfelsen von St. Vincent ihr majestätisches Haupt hinauf in die
blaue Luft. Der Avon drängt sich brausend durch das ihn einengende
Felsenbette; ihm gegenüber, ebenso fruchtbar, in ebenso wilden Formen, starren andere, ganz ähnliche Gebirge; es ist, als hätte der dunkle
Strom hier, um seinen Weg zu bahnen, den Fels gespalten oder ein Erdbeben, mächtig seine Grundfeste erschütternd, ihn zersplittert. Verfolgt
man mit den Augen den Strom, der sich wohl anderthalb englische Meilen weit zwischen diesen Kolossen hinwinden muß, so erblickt man am
fernen Horizont die schönen blauen Gebirge von Wales, welche die
nicht ausgebreitete, aber höchst romantische Aussicht schließen.

Hinter dem Brunnenhause dient eine schöne, mit Bäumen besetzte
Terrasse am Ufer des Avon zur Promenade. Tausend Schiffe kommen
dort und gehen; kein Brunnenort hat wohl eine ähnliche Promenade
aufzuweisen. Bei kaltem, regnerischem Wetter gehen die Gäste unter
einer in Form eines halben Mondes erbauten Kolonnade auf und ab,
welche auf einer Seite von einer Reihe eleganter Läden begrenzt wird.

In Hinsicht der schönen Gebäude erscheint Hotwells wie eine Fort-
setzung von Clifton; wie dort stehen sie hier einzeln und in schönen
Reihen und Straßen vereinigt. Dazu kommen noch die mannigfaltigen
Aussichten auf See und Fluß, Berg und Tal; es ist unmöglich, mit der
Feder auszudrücken, wie überschwänglich reich sich hier die Natur
bewies. Aber auch für andere Vergnügungen ist gesorgt. In zwei schönen, zur Aufnahme der Gesellschaft eingerichteten Gebäuden werden
jeden Montag und Donnerstag Déjeuners dansants auf Subskription gegeben. Dienstags ist regelmäßig Ball, an den übrigen Tagen füllen Assembleen und Promenaden die müßige Zeit aus.

Wie in den übrigen größeren Bädern präsidiert auch in Hotwells
ein Zeremonienmeister; seine Gesetze hängen in den Sälen an der Wand
angeschlagen und werden pünktlich gehalten. Sie sind in Hinsicht auf
Kleidung etwas weniger streng als in Bath; in der übrigen Etikette, besonders des Ranges, sind beide einander gleich. Die ganze Einrichtung
von Hotwells gleicht der von Bath bis auf wenige Kleinigkeiten; wir
verweisen deshalb den freundlichen Leser auf den zunächst folgenden
Abschnitt.

Außer den allen Bädern gemeinen Vergnügungen, welche regelmäßige Promenaden, Assembleen, Bälle, Lesebibliotheken und dergleichen gewähren, erfreuen sich die glücklichen Bristoler Brunnengäste

noch viel mannigfaltiger Freuden, wenn sie die herrliche Gegend ringsumher durchstreifen; denn außer King's Weston gibt es noch in ganz mäßiger Entfernung viele Orte, die wohl eines mehrmals wiederholten Besuchs wert wären.

Leider waltete über uns das gewöhnliche Schicksal der Reisenden, wir konnten nicht alles Sehenswerte aufsuchen; aber wer Wochen, vielleicht Monate lang hier verweilt, muß sich manchen hohen Genuß verschaffen können, und unter diesen ist es wohl keiner der geringsten, auf dem silbernen Strome hinzuschiffen. Bisweilen unternimmt die Gesellschaft solche Exkursionen, wo die wilden Felsen dann widerhallen von Musik, welche die Boote begleitet.

Bath

Der Weg von Bristol nach Bath ist nur vierzehn englische Meilen lang. Im unaufhörlichen Wechsel der reizendsten Aussichten fährt man, wie in einem Garten, auf den schönsten, ebenen Wegen, durch ein Land von mannigfaltiger hoher Schönheit.

Die Jahreszeit war die günstigste, um alles dies zu genießen, aber nicht um das eigentümliche Leben kennenzulernen, welches diese Stadt von den meisten anderen unterscheidet. Früher hatten wir im Winter Gelegenheit dazu, und was wir während unseres ersten und zweiten Aufenthalts in Bath bemerkten, finde vereint hier seinen Platz, um unseren Lesern eine zusammengestellte, vollständigere Ansicht dieses merkwürdigen Orts zu geben. Vorher aber noch etwas im allgemeinen von dem Leben der Engländer in Badeorten, weil es uns zur Verständlichkeit des Ganzen unentbehrlich dünkt.

Etikette ist in England überall an der Tagesordnung. Dem Briten geht es mit ihr wie den Frauen mit ihrer Schnürbrust, wenn sie sich von Jugend auf daran gewöhnt haben. Sie fühlen sich unbehaglich, wenn der gewohnte Zwang aufhört, und wissen ohne ihn nicht zu leben. Schon mit dem häuslichen Leben ist dieser Zwang auf das engste verwebt; in die heiligsten Bande, die Mann und Weib, Eltern und Kinder miteinander verbinden, ist er unzertrennlich verflochten; wie sollte er in den Bädern fehlen, wo der Brite, ganz wegen seiner Natur, unter Unbekannten lebt und sich mit ihnen nach einem etwas von dem Gewöhnlichen verschiedenen Takte, in etwas anders vorgezeichneten Kreisen dreht, dies ist's allein, wodurch das Badeleben vom Alltagsleben sich einigermaßen unterscheidet. Damit aber ja niemand von dem ihm ungewohnten Takt abweiche, die ihm neuen Kreise aus Unbeholfenheit und Unwissenheit verletze, so ist in jedem Brunnenorte ein eigener Zeremonienmeister angestellt; in Bath gibt es deren sogar zwei. Dieser Zeremonienmeister sorgt für alles, er macht gleichsam den Wirt und kommt jedem höflich entgegen. Bei den Bällen und überall hält er auf strenge Beobachtung der von der ganzen Gesellschaft für gültig anerkannten Gesetze, in allem, was die Ordnung der dem Vergnügen gewidmeten Stunden, der Kleidung, des Ranges und tausend anderer Zufälligkeiten betrifft. Diese Gesetze sind in den Assemblee- und Ballsälen angeschlagen, damit er sich gleich darauf berufen könne. Tanzlustige Herren und Damen melden sich bei ihm, wenn sie nicht vorher so klug waren, für sich selbst zu sorgen, und er verschafft ihnen Mittänzer, Partners, für den ganzen Ballabend. Jede Ursache zum Streit sucht er zu entfernen, jeden schon entstandenen zu schlichten. Unermüdet muß er für Anstand und Sitte wachen.

Man sieht aus allem diesem, es ist nicht leicht, dort Zeremonienmeister zu sein. Männer, die sich und ihr Vermögen im großen Strudel der Welt verloren, nun allein dastehen und aus dem allgemeinen Schiffbruche nur furchtlose Dreistigkeit, eine imponierende Gestalt, Weltton und einige vornehme Bekanntschaften gerettet haben, eignen sich am besten zu solchen Stellen und erhalten sie nach dem Tode oder der freiwilligen Resignation ihres Vorgängers durch die Stimmenmehrheit der anwesenden Brunnengäste. Das Leben, das sie führen, ist sehr ermüdend, ihr Lohn dafür Achtung im Äußeren, der Ertrag einiger Bälle, die jede Badezeit zu ihrem Benefiz gegeben werden, und von jedem Badegaste ein anständiges Geschenk. Daß sie überall freien Zutritt haben, versteht sich von selbst. Eine goldene Medaille, welche sie an einem Bande um den Hals oder im Knopfloch tragen, dient zur Bezeichnung ihres Amtes.

Eine entfernte Ähnlichkeit mit den englischen Zeremonienmeistern haben die Brunnenärzte in einigen der kleinen deutschen Bäder, wo sie auf Promenaden und an den öffentlichen Tischen Gesunde und Kranke umflattern, alles anordnen, alles wissen, überall sind und nirgends. Die eigentlichen Brunnenärzte fehlen in England gänzlich; man hält sich an die von Hause mitgebrachte Vorschrift seines eigenen Arztes, und nur in ungewöhnlichen Fällen zieht man einen aus dem Orte oder der Nachbarschaft zu Rate.

Auch öffentliche Spiele gibt es dort nicht, sie werden nicht geduldet, und man hat nicht wie in Deutschland schon vom frühen Morgen den empörenden Anblick dieser auf Raub ausgehenden Hyänen und ihrer sinnlosen Beute zu ertragen.

Hat man sich gleich nach der Ankunft im Badeorte häuslich und komfortabel eingerichtet, welches in England sehr leicht und schnell abgetan ist, hat man Karten an die Badegäste geschickt, die man schon kennt oder deren Bekanntschaft man zu machen wünscht, so bleibt nun weiter nichts übrig, als sich überall zu abonnieren, um überall Eintritt zu haben. Zuerst in die Assemblee-Säle, dann zu den an festgesetzten Tagen statthabenden Bällen, dann zu den Konzerten, die in den größeren Bädern auch regelmäßig gegeben werden; vor allen Dingen aber zu den verschiedenen Leihbibliotheken, die man in jedem Badeorte in ziemlicher Anzahl findet. Diese sind der Herzenstrost, die letzte Zuflucht aller, welche mit dem allgemeinen Feinde, der Zeit, sonst nicht fertig zu werden wissen.

Ist früh das Wasser getrunken, welches gewöhnlich während der Promenade in einem der Brunnensäle geschieht, hat man gebadet, en famille gefrühstückt (öffentliche Frühstücke sind selten), was fängt man dann mit dem langen Vormittage an, bis die zweite Toilette vor Tische beginnt? Reiten, fahren, gehen kann man nicht immer; die wenigen Visiten, die Revue der Putzläden sind bald abgetan. Welche eine Seligkeit, dann einen Zufluchtsort zu haben wie diese Leihbibliotheken! Man trifft dort immer Gesellschaft; mit Bekannten wechselt man ein paar Redensarten, die Unbekannten starrt man an und wird von ihnen wieder angestarrt. Und nun noch die Menge Romane, die Zeitungen, Journale, Broschüren, auf's eleganteste ausgestellt, die man entweder dort durchblättert oder mit nach Hause nimmt. Dies ist noch nicht genug. Außer den geistigen Schätzen findet man in diesen Läden noch deren von irdischerem Glanze. Eine Sammlung aller der zahlreichen Kleinigkeiten aus köstlichen Metallen und Steinen, die der Modewelt unentbehrlich dünken, und alles, was zum Schreiben und Zeichnen dient, vom simplen Bogen Papier an bis zum kostbarsten Schreibzeug oder Portefeuille. Von diesen immer zum Anschauen und zum Verkaufe fertig stehenden Herrlichkeiten wird sehr oft eines oder das andere lotteriemäßig verspielt und gewährt so diesen Anstalten ein neues Interesse.

Zu Mittag speist man etwas früher als in London, weil die Abendvergnügungen schon um sieben Uhr anfangen. Jede Familie besorgt für sich zu Hause ihre Ökonomie selbst oder läßt sie außer dem Hause besorgen. Einzelne Herren machen sich ihre Partie im Gasthofe. Hin und wieder gibt's auch Häuser, wo die Gesellschaft, die im Hause wohnt, sich zugleich in die Kost verdingt und gemeinschaftlich speist; doch entschließen sich nur wenige zu dieser Lebensweise, und sie ist nichts weniger als modisch, oder, wie die Briten sagen, stylish. Öffentliche Tische lieben die Engländer nicht; nur in kleinen Bädern, wo die Gesellschaft, an Zahl, Vermögen und Vergnügungen beschränkter, mehr zusammenhalten muß, trifft man sie. Damen nehmen immer ungern teil daran.

Nach Tische wird in den größeren Bädern die dritte Toilette gemacht. In der Regel hat jeder Abend der Woche seine feste Bestimmung. Abendessen sind nicht gebräuchlich; um Mitternacht geht alles zur Ruhe, einige privilegierte Nachtschwärmer vielleicht ausgenommen.

Das Badeleben in England ist weit bestimmter als in Deutschland: man weiß jeden Tag genau, wie man ihn hinbringen kann, und des zwecklosen Umhertreibens gibt es dort nicht so viel als in Pyrmont oder Karlsbad. Nur der Sonntag ist ein fürchterlicher Tag. Spiel, Tanz, Musik, alles ist hoch verpönt alle Läden, alle Leihbibliotheken sind geschlossen; da bleibt denn kein Trost als die Abendpromenade im Salon bei einer Tasse Tee. Die Gesellschaft ist im Durchschnitt sehr einförmig, die Ausländer, die merkwürdigen Menschen fremder Nationen, die unseren Bädern oft ein so hohes Interesse geben, fehlen ganz. Einige wenige Ausnahmen abgerechnet, sieht man nur Landeseinwohner. Ein Irländer oder Schotte heißt sogar schon ein Fremder.

In England muß nun einmal alles im Leben dem gewöhnlichen Laufe der Natur entgegenstreben. Der Sommer ward zum Winter, der Winter zum Sommer umgeschaffen, den Abend machte man zum Mittag, die Nacht zum Tage, und um diese allgemeine Veränderung aller Zeiten recht vollkommen zu haben, beliebte man auch die Badezeit von Bath in den Winter zu versetzen. Vom November bis zum Mai wimmelt es dort von Badegästen, die sich im Kreise stets wiederkehrender Lustbarkeiten bis zum Schwindel umherdrehen. Im Sommer ist's leer, die recht bresthaften Kranken schleichen dann still, traurig und einsam zur heilenden Quelle. Man sieht sie auf den Terrassen und Promenaden an Krücken und auf Podagristenwägelchen die belebenden Strahlen der Sonne aufsuchen.

Im Winter herrscht Leben und Freude da, wo im Sommer einsame Seufzer traurig verhallen. Viele führt das Vergnügen, einige auch wohl eine leise Andeutung von Gicht und Podagra nach Bath; der größte Teil der Badegäste aber besteht aus einer eigenen Gattung von Kranken.

Wer ein wenig zu schnell und lustig in die Welt hineinlebte und jetzt in ein paar etwas sparsamer verlebten Jahren seinen zerrütteten Finanzen aufzuhelfen denkt, wer bei beschränkten Mitteln den Freuden der großen Welt nicht zu entsagen versteht, der flüchtet hierher, wo er sie alle findet; freilich in etwas verjüngtem Maßstabe wie in London gehalten, aber dafür auch unendlich wohlfeiler. Zwar ist es auch hier sehr teuer leben, aber doch immer viel weniger als in London, wenn man in dieser Riesenstadt ein Haus machen muß. Schon in dem Umstande, daß die bergige Lage von Bath Pferde und Wagen entbehrlich, ja ganz überflüssig macht, liegt ein sehr bedeutender Ersparnis. Nach einigen in Bath verlebten Wintern ist man gewöhnlich wieder zu Kräften gekommen und kann sich von neuem auf einer größeren Laufbahn versuchen.

Da die Gesellschaft hier größtenteils aus Mitgliedern der müßigen und eleganten Welt besteht, so ist der Ton derselben so verfeinert und vornehm frivol als möglich. An Glücksrittern fehlt es dabei nicht; diese tragen aber zur Erheiterung des Ganzen bei, wo sie erscheinen. Väter und Vormünder reicher Erbinnen, welche diese bisweilen hierher führen, um sie zu ihrer Erscheinung auf einem größeren Theater vorzubereiten, müssen sich freilich in acht nehmen. Von Bath aus ward schon manche Reise zum kunstreichen Schmied von Gretna Green vorbereitet oder gar angetreten.

Bath liegt in einem lachenden Tale, rund umschlossen von beträchtlichen Anhöhen, die sich nur öffnen, um dem schönen Strom eben den Durchweg zu gewähren. Langsam und majestätisch windet er sich, bis zu dem zwölf englische Meilen entfernten Bristol schiffbar, durch Tal und Stadt, erhebt die Schönheit der Gegend und gewährt durch die leichte Kommunikation mit jenem großen Seehafen beträchtliche Vorteile. Von wunderbar einziger Schönheit ist der Anblick der Stadt. Bald ward das Tal zu eng, und sie erhob sich auf die nächsten Anhöhen, höher und immer höher türmte sie Paläste über Paläste, wetteifernd untereinander an Schönheit und allem Schmucke der neueren Architektur. Im sonderbaren Kontraste mit diesen leichten, luftigen Schöpfungen liegt unten im Tale am Ufer des Avon die alte Kathedrale [Fußnote: Abbey Church. Die heutige Kirche ist die dritte an dieser Stelle und im Stil der dekadenten Gotik im 16. Jh. erbaut.] zu welcher König Osric schon im Jahre 676 den Grund gelegt haben soll. Ernst steht sie da, in alter Majestät; ihre gotischen Türme streben wie aus eigener Kraft seit Jahrhunderten ins Blaue des Himmels hinaus, während die bunte neue Welt um sie her die Hügel erklettert und sich groß dünkt.

Die Häuser sind alle von schönen Quadersteinen erbaut, die man ganz in der Nähe in Menge bricht. Alles sieht neu aus, als wäre es gestern erst fertig geworden. Squares, einzelne Reihen Häuser, mehrere Circus, halbe Monde, aus eleganten Häusern bestehend, die unter einem fortlaufenden Dache, ganz symmetrisch verziert, das Ansehen eines einzigen Prachtgebäudes haben, stehen zerstreut, wo Laune der Erbauer oder Zufall sie hinsetzte, oft in sehr beträchtlicher Höhe.

Regelmäßig zu einem Ganzen verbunden ist dies alles nun gar nicht,, aber doch unbeschreiblich hübsch anzusehen; ausgezeichnet schön der große Platz, Queen's Square genannt, mit seinen prächtigen, vielleicht ein wenig mit Zierart überladenen Häusern, aus deren Fenstern man sich einer schönen Aussicht erfreut. In der Mitte dieses Platzes umschließen eiserne Geländer einen artigen Garten, dessen sich die Bewohner der umliegenden Häuser zum Spazieren bedienen können; schade, daß ein kleinlicher Obelisk ihn entstellt.

Von Queen's Square geht es sehr steil in die Höhe durch Gay Street zum Royal Circus, einem großen runden Platze. Die ihn umgebenden Häuser sind mit dorischen, jonischen, korinthischen und allen möglichen Säulen aller möglichen Ordnungen verziert oder verunziert. Hinter ihm, noch viel höher, liegt der Royal Crescent; er besteht aus dreißig sehr schönen Häusern, die das Ansehen eines einzigen haben. Sie bilden einen halben Kreis, einfach, im edelsten Stil erbaut, mit einer einzigen Reihe jonischer Säulen. Vor ihnen hin breitet sich ein herrlicher Wiesenteppich und läuft hinab gegen die Ufer des Avon. Eine dieser ähnliche Reihe Häuser, Marlboroughsgebäude genannt, liegt ganz in der Nähe. Der höchste bewohnte Platz in Bath ist der Landsdown Crescent, ebenfalls eine schöne, im halben Monde sich hinstreckende Reihe Häuser. Sie liegen, gleichsam die Krone der schönen Stadt, in schwindelnder Höhe.

Noch mehrere oder gar alle diesen ähnliche Plätze und Straßen zu nennen, würde ermüdend werden, und vielleicht reicht das hier Gesagte schon hin, um dem Leser eine Idee von dem zu geben, was diese Stadt vor allen anderen so sehr auszeichnet. Es ist wahr, ihre so sehr bergige Lage hat viel Unbequemes, aber das herrliche Pflaster, die große Reinlichkeit der Straßen und nachts die wunderschöne Erleuchtung mildern diese Unbequemlichkeit gar sehr, und die Polizei wacht auf die musterhafteste Weise über alles, was zur Bequemlichkeit und Ruhe der Brunnengäste beizutragen vermag.

Am Fahren in der Stadt ist hier fast gar nicht zu denken. Mehrere der schönsten Straßen, Bond Street zum Beispiel, sind ganz mit großen Quadersteinen gepflastert und gar nicht für Equipagen eingerichtet. Zu den Assembleesälen, zu beiden Promenaden, die Nord- und Südparade genannt, kann man durchaus nicht zu Wagen gelangen. Doch befürchte man deshalb nicht, sich zu sehr zu ermüden: eine Anzahl von Portechaisen [Fußnote: Tragstühle] steht überall bereit; auf den ersten Wink setzen diese sich in Bewegung und transportieren im schnellsten Hundetrott ihre Last bis auf den höchsten Gipfel der Berge. Sie stehen unter strenger Aufsicht der Polizei, wie die Fiaker in London, sind alle numeriert und einer ziemlich mäßigen Taxe unterworfen, die sie nicht überschreiten dürfen.

Die ganze Stadt ist ein ungeheures Hotel garni. Alle die schönen Gebäude werden ganz oder teilweise an Badegäste vermietet. Der festgesetzte Preis eines möblierten Zimmers während der Badezeit beträgt eine halbe Guinee die Woche; ein Bedientenzimmer kostet die Hälfte. Unangenehm ist es, daß man immer die ganze Reihe Zimmer mieten und oft deren sieben oder acht bezahlen muß, während man kaum die Hälfte davon braucht. Es gibt zwar Häuser, welche zugleich ihre Gäste in die Kost nehmen, und in diesen ist man gefälliger und vermietet einzelne Zimmer; aber freilich muß man auch dort weniger Ansprüche auf Eleganz und Bequemlichkeit machen. Was man außer der Wohnung noch nötig hat, ist ebenfalls zu vermieten: Möbel aller Art, Betten, Porzellan, Küchengeschirr, Hausgeräte und Gemälde,

Gläser und Kronleuchter, Tisch- und Bettwäsche, alles wie man es verlangt, auf das Prächtigste oder zierlich einfach. In der Zeit von zwei Stunden kann ein großes Haus mit allem Nötigen und Überflüssigen versehen werden. Überall findet man die einladensten Bekanntmachungen angeschlagen, überall, nach Londoner Sitte, alle Erfindungen des Luxus und der Bequemlichkeitsliebe hinter großen Glasfenstern in schönen Läden zum Verkauf und zur Miete auf das Zierlichste ausgestellt.

Das Wasser ist sehr heiß. Drei Stunden muß es stehen, ehe man sich hineinwagen darf. Es wird auch getrunken, doch mehr darin gebadet. Der heißen Quellen gibt es drei; man geht wie in Karlsbad beim Trinken von der schwächsten zur stärkeren allmählich über. Die Ärzte empfehlen dabei die größte Vorsicht. Das Wasser ist klar und schmeckt nicht unangenehm; Nervenübel, Lähmungen, Podagra und Gicht sind die Krankheiten, gegen welche es hauptsächlich angewandt wird. Die Zeit des Trinkens ist morgens zwischen sechs und zehn Uhr, und dann wieder einige Gläser gegen Mittag. Gewöhnlich trinkt man in dem zur Quelle gehörigen Brunnensaale.

In der ersten Hälfte des vorigen Jahrhunderts herrschte in Bath der ekelhafte Brauch, in großen gemeinschaftlichen Bädern in Gesellschaft ohne Unterschied des Geschlechts zu baden. Die Damen verzierten bei dieser Gelegenheit ihre aus dem Wasser hervorragenden Köpfe auf das Modernste und Vorteilhafteste; Zuschauer standen auf der das Bad umgebenden Galerie und machten mit den unten Badenden Konversation, um ihnen die Zeit zu vertreiben. Diese großen Bäder existieren noch, vier an der Zahl, aber nur die geringeren Klassen machen auf die oben beschriebene Weise Gebrauch davon. Das erste dieser Bäder, das Königsbad genannt, liegt dicht hinter dem großen Brunnensaale; eine Reihe dorischer Säulen umgibt es; es ist fünfundsechzig Fuß lang und vierzig breit, das Wasser hier zwischen einhundert und einhundertdrei Grad Fahrenheit heiß. Neben diesem Bade liegt der Königin Bad, es enthält nur fünfundzwanzig Fuß im Geviert und ist etwas weniger warm. Das Kreuzbad führt diesen Namen von einem Kreuze, welches ehemals hier stand, und hat einen eigenen kleinen Brunnensaal. Mit dieser Quelle, als der schwächsten, fängt man gewöhnlich an zu trinken. Das heiße Bad hat einhundertsiebzehn Grad Wärme. Privatbäder, Dampfbäder und ähnliche Anstalten sind damit in dem nämlichen Gebäude vereint. Diese Quelle, als die stärkste, wird selten getrunken, der dazugehörige Brunnensaal ist dumpf und düster.

Die erste Entdeckung der heißen Quellen von Bath verliert sich ins grauste Altertum. Die alten Briten kannten sie schon und bauten hier eine Stadt, die sie Caer yun ennaint twymyn, die Stadt der heißen Bäder, nannten. Später gaben ihr die Römer verschiedene andere Namen: Thermae sudatae, Aquae calidae, die Angelsachsen nannten sie Akemannus Ceaster, die Stadt der Gebrechlichen. Im Sommer möchte sie noch so heißen; wenn aber jetzt einer jener alten Herren, die sie so nannten, im Winter aus der Ewigkeit plötzlich in einen ihrer Ballsäle versetzt würde, er gäbe ihr gewiß dann einen schöneren Namen.

Salisbury und Stonehenge

Wir fuhren nun über eine unabsehbare Ebene. Armseliges Heidekraut sproß kümmerlich hier und da, nirgends ein Gegenstand, auf dem das Auge nur Momente haften könnte; die Lüneburger Heide ist ein Paradies dagegen.

105

Es war die berüchtigte Ebene von Salisbury, auf der wir uns jetzt befanden, ein ungeheurer Kirchhof, besät mit uralten Gräbern längst entschlafener Helden, deren Namen im Strome der Zeit untergingen. Wogen gleich, kaum noch sichtbar, erheben sich diese großen, abgerundeten Hügel nur wenig über die graue, düstere Fläche, und bloß an einigen entdeckt man die Spur eines sie einst umgebenden Grabens. Der blaue Himmel wölbt sich lautlos darüber hin, kein Vogel singt in dieser Einöde, denn nirgends steht ein Strauch, auf dem er sich niederlassen könnte.

Wir rollten schnell vorwärts und merkten doch kaum, daß wir weiterkamen. Kein Gegenstand bezeichnete unseren Weg; die Stelle, die wir verließen, glich ganz genau der, auf welcher wir am nächsten Momente anlangten. Da sahen wir es am Horizonte aufsteigen wie Geistergestalten; grau, formlos, allem, was wir bis jetzt erblickt hatten, unvergleichbar, stand es da in einem Zauberkreise; wir kamen näher und näher, noch immer wußten wir nicht, was wir sahen; jetzt hielt unser Wagen, und wir standen vor Stonhenge [Fußnote: das bedeutendste Denkmal aus dem Megalithikum Europas. Ursprung und Bedeutung konnten bis heute nicht eindeutig bestimmt werden; sicher ist nur, daß die Steine, man schätzt die Anlage auf 4000 Jahre, in Verbindung zur Sonnenbeobachtung und Zeitmessung standen.], dem ältesten Monumente der Vorzeit in England, vielleicht in ganz Europa.

Unförmige, riesengroße Steine, sichtbar von Menschenhänden aufgestellt, erheben sich in ungeheuren Massen auf einer mäßigen, nur ganz allmählich emporsteigenden Anhöhe. Hohen Säulen gleich, stehen sie in einem der großen tempelähnlichen Kreise, immer zwei und zwei näher aneinander, welche dann ein großer, ähnlicher Stein, wie ein Querbalken oder Gesims auf ihrer Spitze ruhend, miteinander verbindet. Einige der Säulen sowohl als der Querbalken sind umgesunken, dennoch bleibt die vollkommen runde Form des Ganzen deutlich. An den umgefallenen Steinen nimmt man noch wahr, wie sie befestigt waren; denn an jeder der Säulen ist oben eine Art Spitze oder Knopf ausgehauen, freilich sehr roh und in ungeheuren Verhältnissen, und die quer darauf liegenden Steine haben zwei runde Vertiefungen an beiden Enden, welche genau auf jene Knöpfe passen. So bildete und verband sie die rohe, arme Kunst jener Zeiten fest und dauerhaft genug, um Jahrtausenden zu trotzen. Auch die Säulen tragen Spuren des Meißels, sie sind viereckig, aber, ohne alle Idee einer Verzierung, ganz roh behauen, an Höhe und Stärke einander nicht gleich, aber alle von erstaunenswürdiger Größe und Schwere.

Schon vor tausend Jahren standen sie wie jetzt, und jede Spur ihrer ersten Bestimmung, ihres Entstehens, war schon damals verschwunden. Jetzt hält man dies wunderbare Gebäude für die Überreste eines alten Druidentempels. Hier ward das Feuer angebetet und die wohltätige Sonne. Man hat beim Nachgraben unter diesen Steinen Spuren verbrannter Opfer gefunden, vielleicht bluteten sogar hier Menschen unter dem Opferstahle ihrer verblendeten Brüder.

Mitten in dem großen Kreise dieses alten Tempels entdeckte man Überbleibsel einer kleineren Abteilung, von niedrigeren Steinen gebildet; einige derselben stehen noch; in ihrer Mitte liegt ein großer, platter Stein, wahrscheinlich der Altar, und diese Abteilung war das nur von Priestern betretene innere Heiligtum. Dieser Altarstein ist von einem der ungeheuren herabgestürzten Quersteine des äußeren Kreises in drei Stücke zerschmettert. Seitwärts, außer dem Kreise, liegt ein zweiter, dem Altarsteine ähnlicher Stein von ungeheurer Größe.

Ungefähr dreißig Schritte vom großen Kreise stehen noch ein paar der säulenartigen Steine aufgestellt, aber auch wohl dreißig Schritte voneinander entfernt. Vielleicht bildeten sie hier einen noch größeren Kreis, der jenen engeren einschloß, eine Art Vorhalle des heiligen Tempels; denn gewiß ist das gigantische Werk, das wir anstaunten, nur ein kleiner Überrest von dem, was es Ungeheures war in seiner Vollendung.

Wie diese gewaltigen Felsenmassen hergebracht wurden, welche fast übermenschlichen Kräfte sie aufrichteten, ist undenkbar; doch fast ebenso unbegreiflich, wie sie zerstört wurden. Vielleicht stürzte ein Erdbeben sie um, es öffnete sich die Erde und begrub zum Teil wieder in ihrem Schoße die ihr entrissenen Felsstücke, welche sonst den ganzen Kreis bilden halfen und jetzt verschwunden sind, ohne daß es doch glaublich scheint, man habe sie zu anderem Gebrauche fortgeführt. Welch ungeheure Kraft wäre auch erforderlich gewesen zum Transport dieser Riesenmassen!

Was das Wunderbare noch mehr erhöht, die Steine bestehen aus einer Art Granit, wie er mehr als dreißig englische Meilen in der Runde nicht anzutreffen ist. Wie war es möglich, sie durch unwegsame Wälder, über Sumpf und Moor, Berg und Tal herzubringen? Wahrlich, wenn man sie sieht, man fühlt sich sehr geneigt, der Tradition des Volks Glauben beizumessen, welche sie für das Werk einer früheren Riesenwelt hält, der mächtige Geister zu Hilfe kamen. Der Eindruck, den der Anblick des Ganzen macht, läßt sich nicht beschreiben. Ein stilles Grauen ergriff uns in dieser öden Wildnis beim Anschauen eines Werks, dessen Urheber wir uns nicht deutlich zu denken vermochten und das vor uns stand wie die Erscheinung aus einer anderen Welt. Wir hatten Zeit, uns diesem Eindrucke zu überlassen; denn öde und traurig ging unser Weg über die große Ebene hin, die sich immer gleich blieb, bis wir spät abends die alte Stadt Winchester erreichten. Von Winchester aus hatten wir sehr böse Wege; denn durch unsere Kreuzund Querzüge waren wir von der großen, gebahnten Straße abgekommen und mußten sie nun durch fast unfahrbare Land- und Nebenwege wieder zu erreichen suchen. Oft stiegen wir aus und gingen die steilen Hügel, über welche unser Wagen mühsam hinrasselte, zu Fuß hinab; reiche, weit ausgebreitete Aussichten entschädigten uns zuweilen für unsere Mühe.

Endlich erreichten wir das Städtchen Chichester. Wir fanden den ganzen Ort in einer Art von freudigem Tumult, als sollte es ein Pferderennen geben. Alle Fenster waren mit geputzten Frauen und Mädchen besetzt, die Straße voller Leute, Erwartung auf allen Gesichtern. Das Regiment des damaligen Prinzen von Wales, welches hier in Garnison liegt, paradierte im festlichen Schmucke, in zwei langen Reihen aufmarschiert, dem Gasthofe gegenüber. In letzterem hatte niemand Zeit; Herr und Frau und Aufwärter liefen mit den Köpfen gegeneinander. Nichts Kleines konnte all diesen Aufruhr veranlassen. Mrs. Fitzherbert [Fußnote: seit 1785 heimliche Gattin des Prinzen von Wales, des nachmaligen Georgs IV. Nach dem königlichen Ehegesetz von 1772 jedoch illegal, da der König die Erlaubnis nicht gegeben hatte. Die Verbindung überdauerte auch die Eheschließung des Prinzen mit Caroline von Braunschweig (1795) und ging erst zur Zeit Johannas in die Brüche.], die Freundin des Prinzen von Wales, war es; sie wurde auf ihrem Wege nach Brighton in Chichester erwartet. Nach zwei Stunden erschien sie, ließ, ohne auszusteigen oder sich umzusehen, die Pferde wechseln und rollte davon. Die große Begebenheit war vorüber, die Soldaten marschierten ab, und alles beruhigte sich nach und nach. Wir gingen ebenfalls weiter nach Arundel.

Der Herzog von Norfolk besitzt dort ein altes Schloß; es wurde eben durch ein neues Hauptgebäude und einen daran stoßenden Flügel ergänzt und vergrößert; alles war voll Lärm, Staub und Unordnung, wie es gewöhnlich beim Bauen ist. Der Anblick des alten Schlosses wäre überall ehrwürdig und imposant, nur hier, auf einem nicht sehr geräumigen Hofplatze, neben dem neuen, ganz modernen Gebäuden, verliert es unendlich. Einige mit Efeu bewachsene alte Mauern bewiesen, daß das Schloß von Arundel weit größer und beträchtlicher gewesen sein müsse als jetzt. Der noch übrige Teil des Gebäudes mit runden Türmen und einem schönen Portal steht wie verwundert da neben der neuen, dicht dabei entstehenden Schöpfung. Schwerlich wird eines durch das andere gewinnen; isoliert, unterm Schutze alter Bäume, wären diese heiligen Überreste vergangener Größe zu dem Schönsten zu rechnen, was England in dieser Art aufzuweisen hat, so reich es auch an Denkmälern der Vorzeit ist.

Wir waren diesen Tag bestimmt, in den Gasthöfen alles in Bewegung und Unruhe zu finden. In dem zu Arundel hielten die Volontärs, von denen wir schon früher sprachen, im Saale neben dem uns angewiesenen Zimmer ein großes Bankett. Das Gebäude bebte vom Jubel der Helden bei jedem ausgebrachten Toast; im Nebenzimmer machten die Oboisten des Regiments eine Musik, welche Tote hätte erwecken können; die Aufwärter hatten alle Hände voll Bouteillen und Korkzieher; die Pfropfen knallten, Waldhörner und Trompeten schmetterten, die Janitscharentrommel drohte die Grundfesten des Hauses zu erschüttern, zu alledem der Jubelruf der vom Geiste ergriffenen Freiwilligen und die Anstalten, die wir zu einem Ball machen sahen. Das war zu viel, es trieb uns hinaus. Ganz gegen die Sitte des Landes reisten wir mit sinkender Nacht ab. Hart am Ufer des Meeres fuhren wir hin; ein sanfter Wind kräuselte kaum dessen vom Monde versilberte Fläche, die Wellen spielten und flüsterten und blinkten geheimnisvoll und leise; so kamen wir glücklich nach Brighton.

Brighton

Dieser Ort, noch vor zwanzig Jahren ein kleines, unbedeutendes Fischernest, ist ein sprechender Beweis der Wunder, welche die Mode zu wirken vermag. In seiner neuen Gestalt hat er sogar den schwerfälligen Namen Brighthelmstone verloren und heißt viel eleganter und kürzer Brighton.

Während der Sommermonate war Brighton der Lieblingsaufenthalt des damaligen Prinzen von Wales, späterhin des jetzt schon bei seinen Vätern ruhenden Königs, Georgs des Vierten [Fußnote: geb. 1762, 1811 Regent, nominell König von 1820-50. Johanna brachte hier in seinem Todesjahr für die Herausgabe der "Sämtlichen Werke" ihre Reiseberichte auf den letzten Stand.]. Es liegt nur vierundfünfzig englische Meilen von London entfernt. Dies ist kaum eine kleine Tagesreise in diesem Lande, und wahrscheinlich bestimmte die Nähe der Hauptstadt den

109

englischen Thronerben, sich gerade das noch vor kurzem ganz unbedeutende Fischerstädtchen zu erwählen.

In Brighton bewirkten seine Gegenwart oder Entfernung jedesmal eine wahre Ebbe und Flut unter den übrigen Brunnengästen. War er abwesend, so wurde alles öde und leer, mit ihm kehrten Lust und Leben zurück. Wie sehnsüchtig die Londoner elegante junge Welt nach Brighton blickte, ist unbeschreiblich und erscheint dem, der dem Zauberstabe der Mode nie unterworfen war, beim Anblicke des Orts sogar unglaublich. Die Lage desselben, hart an der See, ist so wenig einladend, daß dessen eifrigste Verehrer, um ihre Vorliebe nur einigermaßen zu motivieren, gezwungen waren, die Luft als ungemein gesund anzupreisen und zu behaupten, die Leute im Orte würden ungewöhnlich alt. Und in der Tat ist das Klima hier sehr gemäßigt. Ein Amphitheater von leider ganz kahlen Bergen schützt die Stadt gegen Nord- und Ostwinde. Sie liegt, trocken und gesund, auf einer mäßigen Anhöhe; Seelüfte mildern die zu große Hitze im Sommer.

Die Stadt ist klein. Stattliche Häuser aus der neuesten und unscheinbare Hütten aus der kaum verflossenen Zeit stehen wunderlich untereinander gemischt und geben ihr ein buntscheckiges, nicht angenehmes Äußere. Man baut hier von Kieseln, die mit Mörtel verbunden sind; nur die Einfassungen der Fenster und Türen bestehen aus Ziegeln. Man rühmt die Dauer solcher Mauern sehr, sie sehen aber schlecht aus, besonders da es in England gar nicht gebräuchlich ist, den Häuser von außen einen Tünch zu geben.

Ganze Reihen geräumiger, bequemer Häuser für Fremde, alle unter einem Dache fortlaufend, haben das Ansehen eines einzigen Palastes. Von dieser Art sind ein Crescent oder halber Mond, mit einer hübschen Aussicht auf das Meer, verschiedene Terrassen und sogenannte Paraden zum Spazierengehen, von einer Seite mit schönen Häusern besetzt, während man von der anderen ebenfalls der Aussicht auf das Meer sich erfreut, alles nach dem Muster von Bath, nur in kleinerem Maßstabe.

Die Promenaden sind von der Natur wenig begünstigt. Nackte Berge umgeben von zwei Seiten die Stadt; gegen Westen erstrecken sich große Kornfluren; das Meer begrenzt alles dieses. Es ist hier zu flach, als daß große Schiffe in der Nähe vorbeisegeln könnten; daher gewährt es einen ziemlich einförmigen Anblick, den nur Fischerboote etwas beleben.

Die Hauptpromenade, der Steine, ehemals eine zwischen den Ber-

gen sich hinziehende hübsche Wiese, ist jetzt fast ganz mit neuen Gebäuden bedeckt, denn die Terrassen, Paraden und einzelnen Fischer-
häuser sind fast alle auf dem Steine angelegt.

Die Wohnung des Prinzen, der Marine Pavillon [Fußnote: Royal
Pavillon], liegt ebenfalls am Steine, ein hübsches, mit einer Kolonnade
verziertes Gebäude; da es nicht von bedeutender Größe ist, erscheint es
etwas niedrig. Die innere Einrichtung desselben soll sehr prächtig gewesen sein, aber niemand Fremdes wurde hineingelassen. Der Prinz
versuchte Gärten anzulegen, doch kommen Bäume und Sträucher hier
auf keine Weise fort. Eine große pechschwarze Negerfigur mitten im
Hofe, welche einen Sonnenzeiger trägt, nimmt sich wunderlich aus und
spricht nicht sehr gut für den guten Geschmack der übrigen Verzierungen.

Ein ebenfalls am Steine gelegenes Gebäude enthält die Bäder. Man
findet dort deren kalte und warme, Schwitzbäder, Schauerbäder, kurz
alles, was je erfunden ward, um die Übel, die unser armes Leben bedrohen, fortzuspülen. Zu allen diesen Bädern wird Seewasser genommen.
Bademaschinen, wie in anderen Seebädern, um damit sicher und unge-
sehen in der freien See zu baden, gibt es in Brighton nicht, vermutlich
weil der Strand es nicht erlaubt; aber man badet doch bisweilen im Frei-
en. Zwei ganz voneinander abgesonderte Plätze, einer für Herren, der
andere für die Damen, sind dazu angewiesen, aber das freie Baden hat
hier, wie leicht zu erachten, manches Unbequeme: bei Nordostwinden,
wo dann die See stark anschwillt, ist es sogar nicht ohne Gefahr.

Der Steine vereinigt so ziemlich alles, woraus das Leben in Brighton besteht; sehr unangenehm aber ist es, daß auch die Fischer sich in
diesen glänzenden Kreis drängen, und gerade in der Gegend, wo man
am häufigsten spaziert, ihre Netze zum Trocknen ausbreiten und die
Luft verderben. Die zweite, jedoch weniger besuchte Promenade ist ein
Garten. Ihn umgeben schattige Bäume, die hier als eine Seltenheit verehrt werden, obgleich man sie an anderen Orten kaum bemerken würde. Er enthält auch einen hübschen Salon mit einem Orchester.

Die Versammlungssäle befinden sich in zwei Tavernen oder Gasthöfen, der Kastelltaverne und der alten Schiffstaverne. In ersterer wird
gespielt; man findet noch ein Kaffeehaus, ein Billard und dergleichen
darin; in der zweiten ist dieselbe Einrichtung, doch können hier auch
noch Fremde wohnen. Wir fanden indessen die Aufnahme in derselben
weit weniger gut, als man es in England gewohnt ist. Die Säle beider
Häuser bestehen wie die in Bath aus einem Tanzsaale und einigen Ne-

benzimmern zum Spiele, Tee und Unterhaltung. Sie sind alle artig und zweckmäßig verziert.

Bei unserer Abreise von Brighton blieben wir zwei Tage in dem auf halbem Wege gelegenen Städtchen Reigate, weil wir jemanden vorausschickten, der unsere Wohnung in London zu unserem Empfange einrichten lassen sollte. Wir freuten uns, nach langem Herumstreifen einmal Halt zu machen und Atem zu schöpfen, ehe wir auf's neue in den ewig kreisenden Strudel der großen Hauptstadt gerieten. Aber in diesem kleinen Orte war wenig an Ruhe und Stille zu denken: Postchaisen, Equipagen, öffentliche Fuhrwerke aller Art rollten unablässig an unserer Wohnung vorüber. Es war, als ob alle Frauenzimmer aus London emigrieren wollten, denn aus ihnen bestand bei weitem die Mehrzahl der Vorüberreisenden.

Die Landkutschen füllten von innen und außen Weiber und Mädchen, und stattliche Ladies in eleganten Postchaisen guckten kaum mit der Nase über Berge von Putzschachteln hinweg, welche die Zurüstungen zu künftigen Triumphen enthielten. Man trieb und jagte, um nur keinen Auenblick zu verlieren; eifriger ward nie nach Loreto gepilgert als hier nach Brighton, wohin alles zog.

RÜCKKUNFT NACH LONDON

Wir setzten unsere Reise weiter nach London [Fußnote: zur Zeit Johannas zählte die Stadt etwa 900 000 Einwohner] fort, wo wir glücklich anlangten und uns in den gewohnten Umgebungen wieder etwas einheimischer fühlten als auf der eben beendeten, nur durch wenige Ruhepunkte unterbrochenen Reise.

Schwer ist's, in dieser ungeheuren Stadt sich ganz zu Hause zu finden. Zwar lebt es sich zwischen den vertrauten vier Wänden hier wie überall heimisch; doch kaum setzt man den Fuß auf die Straße, so ist man in einer unbekannten Welt, in der Fremde, und hätte man auch ein Menschenleben in London zugebracht. Das rastlose Treiben einer Million Menschen, auf einem verhältnismäßig immer kleinen Punkte, reißt unaufhaltsam alles mit sich fort, indem es zugleich alles trennt. Da wir uns indessen eine geraume Zeit in diesem großen Strudel mit herumwirbeln ließen, so gelang es uns wenigstens manches aufzufassen aus dem unendlichen Treiben und manches ganz Individuelle zu bemerken.

London

Von welcher Seite man auch diese Stadt betreten mag, immer glaubt man schon lange in ihrer Mitte zu sein, ehe man noch ihre Grenzen erreichte. Keine der größten Städte Europas, nicht Wien, nicht Berlin, selbst nicht Paris kündigt sich aus der Ferne so imposant an. Häuser reihen sich an Häuser, durch fast unbemerkbare Zwischenräume in verschiedene Flecken, Städtchen und Dörfer abgeteilt, alle scheinen zu einem Ganzen vereint, alle vergrößern ins Ungeheure die Stadt, welche ohnehin in ihrem Bezirke, bei verhältnismäßiger Breite, anderthalb deutsche Meilen lang ist. Zu ihr führen von allen Seiten schöne breite Heerstraßen, welche, auch außer den Städten und Flecken, mehrere Stunden weit von London mit Laternen besetzt sind. Ein ewiges Gewühl von Wagen und Reitern verkündigt dem Fremden schon von ferne, daß er dem Wohnorte von fast einer Million Menschen sich nähere.

Von Shooter's Hill [Fußnote: Arthur Schopenhauer notierte zu diesem Aussichtspunkt: "Mittwoch, 25. May. (Die Familie hatte am Vortage die Insel betreten.) Wir fuhren diesen Morgen von Canterbury ab, frühstückten in Rochester, und aßen in Schooting-Hill zu Mittag. Man hat von hier eine prächtige Aussicht auf London und die umliegende Gegend, die wir aber eines starken Nebels wegen nicht sehen konnten. Nachmittag kamen wir in London an.], einer sechsundzwanzig englische Meilen von London entfernten Anhöhe, erblickten wir zum ersten Male die ungeheure Hauptstadt, lang sich hindehnend an den Ufern der königlichen, mit Schiffen bedeckten Themse. Hoch in die Lüfte sahen wir St. Pauls wunderbaren Dom sich erheben, weiter zurück den schönen gotischen Doppelturm der Westminster Abtei, daneben noch die Türme von weit über hundert anderen Kirchen. Es war ein schöner, heiterer Tag; aber der aus so vielen Kaminen aufsteigende Steinkohlendampf ließ uns die Gegenstände wie durch einen Flor erblicken.

Schnell rollten wir hin auf dem prächtigen Wege und glaubten, wie alle Fremden, schon lange am Ziele zu sein, ehe wir es erreichten. Endlich sahen wir die Themse vor uns. Die schöne Blackfriars Brücke führte uns hinüber, und nun erst waren wir in London. Beträubt von dem Gewühle rund um uns her, erreichten wir das nicht weit von der Brücke entlegene York Hotel, wo wir für's erste abstiegen, um späterhin mit Bequemlichkeit eine stillere Wohnung in einem Privathause zu wählen. Fast alle Fremden, welche längere Zeit in London zu verweilen gedenken, tun dies.

Der Aufenthalt in den Londoner Gasthöfen ist unglaublich teuer, die Zahl derer, in welchen Fremde nicht nur essen und trinken, sonder auch wohnen können, ist verhältnismäßig klein zu nennen, und selbst von diesen sind nur sehr wenige so bequem eingerichtet, als man es bei einem Aufenthalt von mehreren Wochen oder gar Monaten verlangen muß, eben weil dieser Fall den Gastwirten nur selten vorkommt.

Hingegen findet man mit leichter Mühe in allen Straßen vollkommen gute, gleich zu beziehende Wohnungen, mit Küche und Keller und allen sonstigen Erfordernissen versehen; größer und kleiner, elegant und einfach möbliert, wie man es wünscht, sogar ganze Häuser mit Stallung und allem Zubehör. Man braucht nur durch die Straßen des Quartiers zu gehen, in welchem man zu wohnen wünscht, überall erblickt man angeschlagene Zettel an den Häusern, welche Wohnungen zur Miete ausbieten, so daß bloß die Wahl unter so vielen den Fremden in Verlegenheit setzen kann. Die Eigner dieser Wohnungen sind Leute aus dem Mittelstande, angesehene Landhändler oder Handwerker, Witwen von beschränktem Einkommen. Alle beeifern sich auf das zuvorkommendste, dem Fremden jede mögliche Bequemlichkeit zu verschaffen. Gewöhnlich übernimmt es auch die Haushälterin oder die Frau vom Hause, für Reinlichkeit der Zimmer und für die Küche zu sorgen, so daß man sich wie zu Hause am eigenen Herd ganz heimisch in seinen vier Pfählen befindet.

London in aller seiner Größe, seiner Pracht und seiner Individualität ganz zu schildern, ist ein Unternehmen, dem wir uns nicht gewachsen fühlen; auch wäre es nach so vielen, zum Teil trefflichen Vorgängern ein sehr überflüssiges. Nur das, was wir während unseres Aufenthaltes einzeln sahen und aufzeichneten, können wir dem Leser hier geben, kleinere Züge zu dem großen Gemälde liefern, welches andere vor uns schufen. Der Gegenstand ist bedeutend genug, um auch in sonst weniger beachteten Details interessant zu erscheinen.

Ein Gang durch die Straßen in London

[Fußnote: Johanna bewundert hier noch den Lichterglanz der Stadt vor der Einführung der Gasbeleuchtung um 1807.]

Man erzählt von einem der unzähligen kleinen vormaligen Souveräne des weiland Heiligen Römischen Reichs: er habe, da er spät abends in London seinen Einzug hielt, gemeint, die Stadt sei ihm zu Ehren illuminiert. Wäre er bei Tage durch die volkreichsten Straßen der City, etwa durch Ludgate Hill oder den Strang gekommen, er hätte ebenso leicht meinen können, ein allgemeiner gefährlicher Aufruhr setze die Einwohner alle in Bewegung.

Niemand, der es nicht mit seinen Augen sah, kann sich einen Begriff machen von dem ewigen Rollen der Fuhrwerke aller Art in der Mitte des Weges, von dem Wogen und Treiben der Fußgänger auf den an beiden Seiten der Straßen hinlaufenden, etwas erhöhten Trottoirs. Nicht die Leipziger Ostermesse, nicht Wien, selbst nicht Paris können hier zum Vergleiche dienen. Dennoch geht es sich nirgends besser zu Fuß als in London, sobald man sich in die Art und Weise der Eingeborenen zu finden gelernt hat. Dies gewährt den Fremden, besonders den reisenden Damen, einen großen Vorteil, um alles zu sehen und zu bemerken. Wenn man wie in anderen großen Städten immer in seinem Wagen festgebannt bleiben muß und keinen Schritt gehen kann, lernt man den Ort kaum zur Hälfte kennen; auf den schönen Quadersteinen der Londoner Trottoirs aber kommt man vortrefflich fort, selbst wenn das Wetter auch nicht ganz günstig wäre. In den Hauptstraßen sind diese breit genug, um sechs, acht und mehr Personen bequem nebeneinander hinwandeln zu lassen; in den engen winkeligen Gassen der eigentlichen

City ist's freilich nicht so bequem, weil die Fußpfade dort auch schmäler sein müssen. Fremde kommen indessen wenig in jenes, einem Ameisenhaufen ähnlichen Stadtviertel, wo Handel und Wandel so ganz im eigentlichen Ernst ihr Wesen treiben und Mode und Luxus noch wenig Eingang fanden.

Die prächtigen Läden, die Ausstellungen aller Art trifft man größtenteils in den breiten Straßen, welche gleichsam das Mittel halten zwischen der arbeitsamen City und dem vornehmeren, nur genießenden Teile der Stadt. Die Gewohnheit der Engländer, immer zur rechten Hand dem Entgegenkommenden auszuweichen, erleichtert das Gehen sehr und verhindert fast alles Stoßen und Drängen. Den Damen und überhaupt den Respektspersonen läßt man immer die Seite nach den Häusern zu, sie mag zur rechten oder linken Hand stehen. Anfangs kommt es der Fremden wunderlich vor, wenn der sie führende Londoner, so oft man eine Straße durchkreuzt hat, ihren Arm losläßt und hinter ihr weg auf die andere Seite tritt; doch gar bald wird man von dem Nutzen dieser Nationalhöflichkeit überzeugt. Auf dem Mittelwege, wo Hunderte von Wagen sich ewig von allen Richtungen her durcheinander drängen, ist freilich die Ordnung nicht so leicht zu erhalten als auf den Fußpfaden. So breit die Fahrwege auch im Durchschnitt sind, so entsteht dennoch oft eine Stockung, die mehrere Minuten dauert und durch die Mannigfaltigkeit der Wagen, der Pferde, der Beweglichkeit des Ganzen einen recht interessanten Anblick gewährt; nur muß man dem Lärmen gelassen aus dem Fenster zusehen können.

Elfhundert Mietwagen stehen den ganzen Tag auf den dazu angewiesenen Plätzen bereit, und dennoch ist's oft unmöglich, einen zu finden, wenn man ihn eben braucht. Die Italiener selbst fürchten vielleicht den Regen nicht so sehr als die Londoner; naß werden ist ihnen eine schreckliche Idee; sobald nur ein paar Tropfen vom Himmel fallen, eilt alles, was keinen Regenschirm führt, sich in einer Kutsche zu bergen. Im Hui sind dann alle Wagen verschwunden, und man findet selbst jene große Anzahl noch bei weitem nicht zulänglich.

Die Fiaker sehen im Durchschnitt recht anständig aus und würden in Deutschland noch immer als stattliche Equipagen paradieren; nur das Stroh, womit der Fußboden belegt ist, macht sie unangenehm. Die Pferde sind in unbegreiflich gutem Zustande, wenn man bedenkt, daß sie täglich über zwölf Stunden auf dem Pflaster bleiben. Auch werden sie möglichst gut verpflegt; sowie sie einen ruhigen Augenblick haben, bindet ihnen der sorgsame Kutscher einen langen, schmalen, genau um den Kopf passenden Beutel voll Hafer um, aus welchem sie sich gütlich tun. Die Polizei hält strenge Aufsicht über die Fiaker; alle sind numeriert. Wehe dem Kutscher, der sich beigehen ließe, die festgesetzten, sehr billigen Preise zu überschreiten, oder sonst auf irgend eine Weise sich gegen die ihm vorgeschriebenen Gesetze aufzulehnen; jeder vorübergehende, der Sache kundige Engländer wird dann sein Richter und hält streng auf die einmal festgesetzte Ordnung. Zu jeder Stunde der Nacht kann man sich einem Fiaker sicher anvertrauen, wäre man auch ganz allein, und trüge man auch noch so viel Geld oder Juwelen bei sich; wenn nur jemand aus dem Hause, wo man einsteigt, die Nummer des Wagens so bemerkt, daß es der Kutscher gewahr wird.

Von der Pracht der Läden und Magazine ist schon vielleicht zum Überfluß viel geschrieben. Wahr ist's, nichts setzt den Fremden mehr in Erstaunen als der Reichtum und die Eleganz derselben. Die kostbaren glänzenden Ausstellungen der Silberarbeiten, die schönen Drapierungen, in welchen die Kaufleute, welche mit Musselinen und anderen Zeuchen handelt, ihre Waren hinter großen Spiegelfenstern dem Publikum zeigen, der feenhafte Schimmer der Glasmagazine, alles blendet und reizt.

Aber auch viel geringere Gegenstände werden auf eine dem Auge gefällige Weise zum Verkaufe ausgestellt. Die Kerzengießer zum Beispiel wissen ihre Lichter recht zierlich hinter den Fenstern aufzuputzen. Die Apotheker, hier Chymisten genannt, verzieren ihre Läden mit großen gläsernen Vasen, angefüllt mit Spiritus oder Wassern in allen möglichen schönen und glänzenden Farben; dazwischen prangen große künstliche Blumensträuße. Abends, wenn hinter allen diesen farbigen Gläsern Lampen brennen, schimmern diese Läden wie Aladins Zaubergrotte.

Nichts Lockenderes kann man sehen, als einen der vielen großen Obstläden, in welchen die Früchte aller Jahreszeiten und Zonen, von der königlichen Ananas bis zum kleinen sibirischen Staudenapfel, in zierlichen Körben, mit Blumen und Orangerien geschmückt, prangen. Die Kuchenläden, in welchen es Ton ist, morgens einzusprechen und einige kleine Törtchen, heiß von der Pfanne weg, zum Frühstück einzunehmen, präsentieren sich auch recht hübsch. Alles, was Kuchenbäcker und Konditoren nur erfanden, steht, lockend angerichtet, auf schneeweiß behangenen Tischen, dazwischen Blumen, Gelees, Eis, Liköre, Dragées von allen Farben und Arten in zierlichen Kristallvasen. Bald fesseln uns wieder die Kupferstichläden, in welchen täglich neue Gegenstände dargeboten werden, oft wahre Kunstwerke, öfter Erguß satirischer Laune oder Porträts berühmter Menschen, auch wohl Tiere, wie es kommt. Immer umlagert ein Kreis Neugieriger diese Fenster. Fast ist's unmöglich, vorbeizugehen, ohne wenigstens einige Augenblicke von der Schaulust festgehalten zu werden. Die Magazine der Buchhändler gewähren ebenfalls täglich neuen Genuß. Bald sind es Neuigkeiten, bald schöne Prachtausgaben älterer Schriftsteller, bald kostbare Kupferwerke, sogenannte Stationers, die mit allen möglichen, zum Schreiben und Zeichnen brauchbaren Dingen handeln, zeigen täglich tausend neue Dinge, uns Deutschen fast unbekannte Papparbeiten, Verzierungen, Kupferstiche, Vergoldungen und dergleichen; wieder andere haben in ihren Läden Brieftaschen, nichts als Brieftaschen, von der riesenmäßigsten Mappe an bis zum winzig kleinen, zierlichen Necessaire. Dazwischen flimmern Magazine, wo die herrlichsten Stahlarbeiten im Sonnenglanze das Auge blenden. Die Miniaturmaler stellen ihre oft sehr schönen Arbeiten dem Publikum vor's Auge; gewöhnlich sind's sehr ähnliche Porträts bekannter Personen, Schauspieler und Redner, um die Lust zu erwecken, auch sein eigenen wertes Ich so täuschen vervielfacht zu sehen. Schon der Anblick der vielen Inschriften unterhält, welche an den Häusern mit vollkommen schön gezogenen goldenen Buchstaben glänzen. Welche Mengen Bedürfnisse, die der genügsame Deutsche kaum kennt! Besonders fällt es auf, daß die königliche Familie so viele Kaufleute und Handwerker beschäftigt. Aber jeder derselben, bei dem einmal zufällig für ein Mitglied des königlichen Hauses gekauft wird, jeder Schuster oder Schneider, der einmal so glücklich war, für einen Prinzen einen Stich zu tun, hat das Recht, sich auf der Inschrift seines Hauses dessen zu rühmen und die Gunst des Augenblicks für dauerns auszugeben. So prangt denn auch der Name eines mit allerhand Arkanen Handelnden auf der Inschrift seines Hauses am Strand mit dem prächtigen Titel: Bugdestroyer to Her Majesty, the Queen, Wanzentilger Ihrer Majestät der Königin. Gewiß ein Titel, der noch auf keiner Hofliste gefunden ward!

Wunderbar abstechend ist der Kontrast, wenn man aus dem Gewühl der City in den anderen Teil der Stadt tritt. Hier deutet alles auf bequemes, ruhiges Genießen; kein rauschender Erwerb, kein Gedränge der arbeitenden Menge. Alles hat Zeit, alles scheint einzig bedacht, diese auf das angenehmste hinzubringen.

Die Magazine und Läden bieten dar, was nur der raffinierteste Luxus verlangt, weit teurer als in der City, aber auch schöner, moderner, eleganter. Der Schuhmacher in der City verkauft zum Beispiel seine

Waren im Laden, hübsch aufgeputzt, und nimmt in seiner an denselben stoßenden, reinlich möblierten Stube das Maß, wenn's verlangt wird; in Bond Street aber wird man in ein elegantes, mit Diwan, köstlichen Lampen und seidenen Gardinen geschmücktes Boudoir zu diesem Zweck geführt, und schwerlich würde der Artist einen Fuß berühren, der nicht aus einer Equipage gestiegen wäre. Dafür kostet aber auch sein Kunstwerk zwei Guineen. Nach diesem Maßstabe geht alles.

Nichts ist schöner als die großen Plätze in diesem Teile von London; zwar umgeben sie keine Paläste, denn deren gibt's ohnehin hier wenige, aber schöne große Häuser, alles solid und prächtig. Dazu die hübschen Boskette in der Mitte der Plätze, zu welchen jeder Bewohner der umliegenden Häuser für eine Guinee einen Schlüssel haben kann.

Glänzende Equipagen rollen, Mohren, bunte Livreen, geputzte Herren und Damen beleben die Trottoirs, ohne Gedränge, ohne Lärm Der Fremde aber, dem es darum zu tun ist, das englische Volk kennen zu lernen, kehrt bald gern zurück aus diesem vornehmen Quartiere, wo es wie überall in der großen Welt zugeht, und sucht das neue, sonst nirgends gesehene Leben der eigentlichen Stadt London auf.

Bettler

Vom eigentlichen Bettler wird man in Londons Straßen wenig gewahr, dennoch wissen die Armen auf mannigfaltige Weise die Wohltätigkeit anzuregen. So sahen wir oft zwei Matrosen: einem fehlte ein Bein, dem anderen ein Arm; aufeinander gestützt schwankten sie durch die Straßen, indem sie mit lauter Stimme nach einer wilden, klagenden Melodie eine Art Ballade sangen, welche die Geschichte ihrer Leiden enthielt. Mitleidig weilte John Bull bei ihrem Klageliede und belohnte es gern mit einigen Pence.

An den Kreuzwegen, wo man, um in eine andere Straße zu gelangen, die Trottoirs verlassen und über den Fahrweg gehen muß, stehen immer Leute, die geschäftig einen reinlichen Fußpfad kehren, der freilich alle Augenblicke durch darüber rollende Wagen wieder zerstört wird. Bescheiden wagen sie wohl zuweilen die Frage: ob man nicht einige einzelne Pfennige führe? Und auch ohne diese gibt man ihnen gern.

An wenigen betretenen Plätzen, besonders im ruhigen Teile der Stadt, sieht man oft Männer, die mit Kreide auf den breiten Quadersteinen der Trottoirs wunderschöne kolossale Buchstaben malen, Namen, Sentenzen, Sprüche aus der Bibel. Der Vorübergehende steht still, bewundert ihre Kunst und belohnt sie unaufgefordert mit einer kleinen Gabe. Unbegreiflich war es uns immer, wie Leute, die eine so schöne Hand schreiben, so tief in Armut versinken können. Auf dem festen Lande müßte jeder dieser Bettler als Schreibmeister oder Schreiber seine reichliche Existenz finden, denn es ist unmöglich, etwas Vollkommeneres in seiner Art zu sehen als diese Schrift. Besonders merkwürdig aber erschien uns eine Bettlerin, der wir täglich in den volkreichsten Straßen der City begegneten. Man hielt sie allgemein für eine durch verschuldete oder unverschuldete Unglücksfälle so tief gesunkene Schwester der berühmten Schauspielerin Siddons, wenigstens trug sie eine unverkennbare Ähnlichkeit mit dieser in ihren Zügen. Dieselbe hohe, edle Gestalt, derselbe Adel in Blick und Miene, nur älter, blaß und wie versteinert durch lange Gewohnheit des Unglücks. Niemand beschuldigte Mme. Siddons der Härte gegen ihre unglückliche Schwester, denn alle, welche diese Frau für solche ausgaben, fügten hinzu: sie nähme nichts von ihr an und wolle nun einmal bloß von fremdem Mitleid ihr Leben fristen. Oft begegnete uns diese wunderbare Erscheinung. Sie trug immer einen schwarzseidenen Hut, der nicht so tief in's Gesicht ging, daß man nicht dessen Züge hätte bemerken können; ein grünwollenes Kleid, eine schneeweiße große Schürze und ein ebensolches Halstuch. Schweigend, mit stolzem Ernst wandelte sie, gestützt auf zwei Krücken, langsam und ungehindert durch die Menge. Jedermann wich ihr mit einer Art Ehrfurcht aus und ehrte in ihr die Heiligkeit eines großen, ungekannten Unglücks. Sie forderte nicht, sie bat nicht, aber reichliche Gaben wurden ihr dennoch von allen Seiten geboten, jeder fühlte sich gezwungen, getrieben, ihr zu geben. Es war, als müsse man ihr danken, daß sie die gebotenen Gabe nur nahm. Sie dankte nicht; mit dem Anstande einer Königin nahm sie das Dargebotenen und wandelte stumm weiter wie ein Geist. Die bildende Kunst hat sich diese auffallende, große Gestalt, diesen weiblichen Belisar, möchten wir sagen, oft zum Vorbild gewählt. In allen Kupferstichmagazinen, bei allen Ausstellungen der Maler fand man ihr sprechend ähnliches Bild, denn diese Züge drückten sich leicht der Phantasie ein.

Wohnungen in London

Eigentlich wohnt man im Durchschnitt nicht sonderlich in London. Da der Eigentümer eines Hauses sich hier großer Vorzüge im bürgerlichen Leben zu erfreuen hat, so strebt jeder, eines zu besitzen. Daraus entsteht dann, daß London fast aus lauter kleinen Häusern zusammengesetzt ist. Wer auch kein eigenes Haus hat, will doch für sich allein wohnen; dies verengt den Platz ungemein. In Paris, möchte man sagen, schweben vier Städte übereinander; in London macht jeder Anspruch auf sein Plätzchen auf Gottes Erdboden, und nur Fremde, einzelne Familien oder in ihren Mitteln sehr beschränkte Personen bewohnen Etagen, die dann auch freilich bei der Kleinheit der Häuser wenig Bequemlichkeit darbieten. An eine Suite mehrerer Zimmer ist in gewöhnlichen bürgerlichen Häusern nicht zu denken; selten, daß man zwei aneinanderstoßende findet, selbst in denen der reichen Kaufleute; jedes Stockwerk enthält gewöhnlich nur zwei Zimmer, eines nach der Straße, eines nach dem oft engen Hofraum zu. Überall enge Treppen, wenige und kleine Zimmer. Die Küchen und Bedienstetenwohnungen sind in den Souterrains untergebracht, die Türen alle auffallend eng und hoch, sowohl die Haustüren als die in den Zimmern. Jene sehen bei größeren Gebäuden oft nur wie eine enge Spalte aus; in diesen findet man fast niemals Flügeltüren. Auch die Fenster sind schmal, die Spiegelwände zwischen denselben dagegen sehr breit. Die schönen Teppiche aber, die selbst bei wohlhabenden Handwerkern nicht allein die Fußböden der Zimmer, sondern auch Treppen und Vorplätze von der Haustüre an bedecken, die zierlichen Möbel, das schöne Mahagoniholz mit seinem bescheidenen Glanze, die Reinlichkeit überall, geben diesen kleinen Wohnungen einen eigenen Reiz. Alles sieht sauber, bequem, elegant aus und ist es auch.

Die Kamine, die oft mit Marmor, Stahlarbeiten und dergleichen geschmückt sind, dienen zu keiner geringen Zierde der Zimmer; schöne Vasen von Wedgwoods Fabrik [Fußnote: Josiah Wedgwood (1730-95); Schöpfer der englischen Tonwarenindustrie. Berühme Manufaktur] und kristallene Kandelaber zieren den Sims; der stählerne Rost, in welchem das Feuer brannte, Zange, Schaufel und alles Metallgerät glänzen hell poliert; Kupferstiche schmücken die Wände, schöne Vorhänge die Fenster. Nichts in der Welt ist gemütlicher, als ein englisches Wohnzimmer.

Das Schlafzimmer kann selten viel mehr als ein Bett fassen. Die englischen Bettstellen sind alle sehr groß. Drei Personen fänden bequem darin Platz; auch ist's allgemein Sitte, nicht allein zu schlafen; Schwestern, Freundinnen teilen ohne Umstände das Bett miteinander, und fast jede Frau nimmt in Abwesenheit ihres Mannes eines ihrer Kinder oder im Notfall sogar das Dienstmädchen mit sich zu Bette, denn die Engländerinnen fürchten sich nachts allein in einem Zimmer zu sein, weil sie von Jugend auf nicht daran gewöhnt wurden. Federdecken sind ganz unbekannt, nicht so Unterbetten von Federn; seit einigen Jahren kommen diese sehr in Gebrauch, doch sind Matratzen gewöhnlicher. Betten ohne Gardinen, sowie Zimmer ohne Teppiche kennt nur die bitterste Armut.

Lebensweise

Der größte, fleißigste Teil von Londons Bewohnern, die Handwerker und Ladenhändler (beide werden hier zu einer Klasse gerechnet), führt im Ganzen ein trauriges Leben. Die großen Abgaben, die Teuerung aller Bedürfnisse, die durch den einmal herrschenden Luxus in Kleidung und dergleichen ins Unendliche vermehrt sind, zwingt sie zu einer großen Frugalität, die in anderen Ländern fast Ärmlichkeit heißen würde.

Ewig in den Laden und an die daran stoßende, oft ziemlich dunkle Hinterstube gebannt, müssen sie fast jedem Vergnügen entsagen. Die Theater sind ihnen zu entlegen, meistens zu kostbar, kaum daß die Frau eines wohlhabenden Kaufmanns dieser letzten Klasse zweimal im Jahre hinkommt.

In's Freie kommen sie fast gar nicht; mehrere versicherten uns, sie hätten seit zehn Jahren keine anderen Bäume als die von St. James Park gesehen. Die Woche über dürfen sie von morgens neun Uhr bis Mitternacht den Laden fast gar nicht verlassen; dieser ist sehr oft das Departement der Frau, und der Mann sitzt dann in dem oben erwähnten Hinterzimmer und führt die Rechnungen. Sonntags sind freilich alle Läden geschlossen, aber die Theater auch, und da alle Untergebenen an diesem Tage die Freiheit verlangen, auszugehen, so muß die Frau vom Hause es hüten.

Der größere, wirkliche Kaufmann führt ein nicht viel tröstlicheres Leben. Auch er muß in gesellschaftlichen und öffentlichen Vergnügungen weit hinter den reichen Kaufmannshäusern von Hamburg oder Leipzig zurückstehen. Doch liegt das wohl auch zum Teil an der Landesart. Die Frauen lieben mehr häusliche Zurückgezogenheit, sie sind an das rauschende Leben, an die vielen großen Zirkel nicht gewöhnt. Sie wollen ihre Ruhe, Ordnung und Gleichförmigkeit in ihrem Hause nicht derangieren. Die Männer hingegen suchen nach vollbrachten Geschäften die Freude gern auswärts, in Kaffeehäusern und Tavernen.

Die Familien der meisten wohlhabenden Kaufleute wohnen den größten Teil des Jahres, oft das ganze Jahr hindurch auf dem Lande, in sehr zierlichen, größeren und kleineren Landhäusern, die sie Cottages, Hütten, nennen, obgleich sie wohl einen vornehmeren Namen verdienen. Hier genießen Frauen und Kinder die freie Luft, halten gute Nachbarschaft und erfreuen sich ganz gelassen und anständig, vielleicht etwas langweilig, des Lebens; während das Haupt der Familie den Tag in London auf seinem Comptoir zubringt und sich dann abends in ein paar Stunden auf den herrlichen Wegen, zu Pferde oder Wagen, zu den Seinigen begibt.

Von der Lebensweise der Großen und Vornehmen läßt sich nichts sagen: diese gehören in keinem Lande zur Nation, sondern sind sich überall gleich, in Rußland wie in Frankreich, in England wie in Deutschland. Auch ist von dem Luxus, den sie, besonders auf dieser Insel, auf's höchste gesteigert haben, von der Art und Weise, wie sie Jahres- und Tageszeiten durcheinander wirren, schon von anderen so viel geschrieben, als man in unserem Vaterlande zu wissen braucht. Wir wollen also jetzt davon schweigen und nur, wenn sich die Gelegenheit dazu künftig darbietet, im Vorübergehen das vielleicht Nötige erwähnen. Unser Streben auf Reisen ging immer dahin, die Landessitte der eigentlichen Nation kennen zu lernen; diese muß man aber weder zu hoch, noch zu tief suchen. Nur im Mittelstande ist sie noch zu finden.

Ein Tag in London

Wer spät zu Bette geht, steht spät auf, das ist in der Regel; daher hat die goldene Morgensonne nirgends weniger Verehrer als in London, wo doch sonst das Gold nicht zu gering geachtet wird. Vor neun bis zehn Uhr wird's nicht Tag. Anständig gekleidet, versammelt sich dann die Familie in dem zum Frühstück bestimmten Zimmer, die Herren in Stiefeln und Überröcken, die Damen unbeschreiblich reizend gekleidet, schneeweiß verhüllt bis ans Kinn, mit zierlichen Häubchen. Das Negligé ist der Triumph der Engländerinnen; mit der geschmackvollen Einfachheit vereinigt es die höchste Eleganz; der volle Anzug hingegen fällt oft steif und überladen aus.

Nichts Einladenderes gibt's in der Welt als ein englisches Familienfrühstück, auch wird die dabei hingebrachte Stunde durchaus für die angenehmste des ganzen Tages gehalten, und man verlängert sie gern. Auf dem hellpolierten, stählernen Roste lodert die stille Flamme des

Steinkohlenfeuers, selbst im Sommer, wenn das Wetter feucht ist. Das elegante Teegeräte steht in zierlicher Ordnung auf dem schneeweiß bedeckten Tische, daneben frische, ungesalzene, in Wasser schwimmende Butter, das weißeste Brot von der Welt, Zwieback, hartgekochte Eier, auch wohl, nach schottischer Sitte, Honig und Marmelade von Pomeranzen. Hotrolls, heiße Rollen, eine Art warmer, mit Butter bestrichener Semmeln, und Toasts, Brotschnitten, welche, von beiden Seiten mit Butter bestrichen, langsam am Feuer rösten, dürfen nie fehlen; letztere stehen in einem dazu verfertigten silbernen Gestell im Kamin, der Teekessel braust und siedet gesellig daneben.

Mit allem diesem wäre aber dennoch das Frühstück ohne die neuesten Zeitungsblätter sehr unvollständig, sie sind ein Hauptstück dabei. Ein selten vermißtes Stück des deutschen Frühstücks, die Tabakspfeife, ist, zum Lobe der Londoner sei's gesagt, bei ihnen ganz verbannt; dies schmutzige Vergnügen wird der letzten Klasse des Volks überlassen; höchst ergötzt sich noch zuweilen ein alter, ausgedienter Seemann oder ein kaum halbzivilisierter Landjunker in seinen einsamen vier Pfählen daran.

Die Dame des Hauses bereitet den Tee, zwar viel umständlicher, aber auch viel besser als wir. Die Tassen werden erst sorgfältig mit heißem Wasser ausgewärmt, der Tee abgemessen, das heiße Wasser nach gewissen Regeln darauf gegossen, und um für alle diese Mühe den gehörigen Ruhm zu ernten, wird der Reihe nach gefragt: ob der Tee nach jedes Wunsch geraten sei? Alles geschieht langsam und mit einer feierlichen Ruhe, welche die Engländer gern ihren Mahlzeiten geben: denn sie mögen dabei keine anderen Gedanken aufkommen lassen, außer den des gegenwärtigen Genusses. Nur die Zeitungsblätter machen beim Frühstück hiervon eine Ausnahme, und die Herren und Damen beschäftigen sich eifrig damit: denn nicht nur politische Neuigkeiten werden darin aufgetischt, auch Theaterund Familiennachrichten, und vor allem die neuesten Stadtgeschichten, frohe und traurige, erbauliche und skandalöse, wahre, halbwahre und ganz erdichtete. Alles wird gelesen, alles wird besprochen. Daß bei solchen Fällen das Gespräch seltener stockt, als sonst wohl geschieht, ist natürlich.

Nach dem Frühstück begeben sich die Männer an ihr Geschäft, ins Comptoir, oder wohin ihr Beruf sie treibt. So viel möglich wird den Vormittag über alle Arbeit abgetan, und trotz des späten Anfangs ist er lang genug dazu, da niemand vor fünf bis sechs Uhr zu Mittag speist. Nach Tische feiert jeder gern, wenn ihn nicht gerade ein hartes Schicksal zur Arbeit zwingt.

Viele Herren besuchen bald nach dem Frühstück ihr gewohntes Kaffeehaus, wo sie einen großen Teil ihrer Geschäfte abtun, eine Menge Briefe aus der Stadt und andere Bestellungen harren dort schon ihrer; dorthin verlegen sie auch gewöhnlich ihre Zusammenkünfte mit Freunde, um über wichtige Dinge sich mündlich zu besprechen und Verabredungen zu treffen. Die Wirtin des Hauses nimmt auf ihrem erhöhten Sitz unten am Eingange alles an und bestellt es mit pünktlicher Treue an ihre Kunden, die sie alle persönlich kennt, weil sie es fast nie verfehlen, sich zur nämlichen Stunde einzustellen.

Diese Gewohnheit, sich täglich an einem bestimmten Orte finden zu lassen, ist in dieser ungeheuren Stadt von großem Nutzen; eine Menge unnützer Gänge und viel sonst verlorene Zeit werden dadurch erspart. Obendrein gewinnt der häusliche Friede dabei, denn nächst der fleckenlosen Reinheit des eigenen Anzugs liegt einer Engländerin nichts so sehr am Herzen, als die ihres Hauses, ihrer Treppen, ihrer Fußteppiche, und wie sehr ist für alles dies dadurch gesorgt, daß so manches außer dem Hause gemacht wird, was sonst in demselben Unordnung oder doch wenigstens Unruhe erregen müßte!

Die Ladies gehen nun auch an ihr Geschäft. Sie greifen zu den Morgenhüten, denn jede Tageszeit hat ihr eigenes Kostüm, und selbst im Wagen würde es auffallend erscheinen, wenn sich eine Dame in den Vormittagsstunden ohne Hut wollte sehen lassen. Wäre sie auch in siebenfache Schleier gehüllt, alles würde sie anstarren, gleich etwas nie Gesehenes. Wollte sie es vollends wagen, ohne Hut, selbst nur wenige Schritte zu Fuß über die Straße zu gehen, sie wäre ganz verloren; unbarmherzig würde sie der Pöbel verfolgen, als hätte sie die größte Unanständigkeit begangen.

Wohlversehen also mit großen Hüten, mit Halstüchern, Shawls, wandern wir nun aus, denn die Mode will, daß man sich in den heißen Stunden des Tages am sorgfältigsten verhüllt. Visiten haben wir nicht viel zu machen, der Kreis unserer eigentlichen Bekannten ist klein, man schränkt sich zum näheren Umgange auf wenige Häuser ein, wie in allen großen Städten. Das Visitenwesen wird in London überdies fast immer mit Karten abgemacht. Indessen, einen Wochenbesuch haben wir doch abzustatten, denn diese sind hier, wie überall, unerläßlich; nur werden sie später als bei uns angenommen.

Wir finden die Dame in dem glänzenden Schlafzimmer. Vor allem prunkt das große Bett. Die Kissen, die Decken sind mit Spitzen und feiner Näharbeit verziert, mit grüner Seide gefütterte Draperie vom thronartigen Baldachin herab, so daß man die schönen Säulen von Mahagonioder anderem, noch kostbarerem Holze frei erblickt. Das Negligé der Dame ist über und über mit den teuersten Spitzen geschmückt und bekräuselt; alles ist fein und erlesen, alles zeigt Reichtum.

Den Hauptgegenstand des Gesprächs gewährt die auf einem Seitentisch ausgestellte Garderobe des neuen Ankömmlings. Er selbst ist nicht sichtbar, sondern in der Kinderstube mit seiner Amme, denn das Selbststillen der vornehmeren Mütter ist in England nicht so allgemein wie in Deutschland.

Es gibt hier bedeutende Läden, wo nichts anderes verkauft wird als Kinderzeug, und zwar zu sehr hohen Preisen. Alle Waren dieser Läden prunken dann in dem Wochenzimmer verschwenderisch aufgehäuft. Selbst ein großes Nadelkissen in der Mitte ist nicht zu vergessen, auf welchem man mit Stecknadeln von allen Größen künstliche Muster steckt, die einer schönen, reichen Silberstickerei gleichen. Wahrscheinlich werden diese Dinge selten oder nie gebraucht, denn sie sind ihrer Natur nach zu zart und vergänglich, sie dienen nur zum Prunke.

Sind wir mit dem Besehen und Bewundern endlich fertig, so wandern wir weiter a Shopping, dies heißt: wir kehren in zwanzig Läden ein, lassen uns tausend Dinge zeigen, an welchen uns nichts liegt, kehren alles Unterste zu oberst und gehen vielleicht am Ende davon, ohne etwas gekauft zu haben. Die Geduld, mit der die Kaufleute sich dieses Unwesen gefallen lassen, kann nicht genug bewundert werden; keinem fällt es ein, nur eine verdrießliche Miene darüber zu zeigen. Sehr vornehme Damen fahren a Shopping. Ohne sich aus dem Wagen zu bemühen, lassen sie sich den halben Laden in die Kutsche bringen, zur großen Beschwerde der Kaufleute sowohl als der Vorübergehenden auf dem Trottoir. Man erzählt, daß ein Trupp Matrosen, dem eine solche mit offenem Schlag dastehende Equipage den Weg versperrte, ohne Umstände einer nach dem anderen hindurchspazierte, indem sie der darin sitzenden Dame höflich guten Morgen boten.

Die mannigfaltigen Ausstellungen von Kunstwerken sowohl als von Naturseltenheiten bieten uns angenehme Ruhepunkte, wenn wir es endlich müde sind, die Kaufleute in Bewegung zu setzen.

Die Promenade im St. James Park könnte auch eine Abwechslung gewähren; doch wird sie im Ganzen weniger besucht, so reizend sie auch ist. Zwar fehlt es nie an Spaziergängern darin, aber nur bei sehr seltenen Gelegenheiten findet man sie so bevölkert, wie es die Terrassen der Tuilerien alle Tage sind. Es gibt der müßigen Männer weit weniger in London als in Paris. Die englischen Damen gehen nicht so viel aus als die Pariserinnen, und wenn sie es tun, so ziehen sie eine Shopping party allen anderen Promenaden vor.

Die Kuchenläden, deren wir früher gedachten, liegen, gleich anderen, frei und offen unten an der Straße; daher können Damen recht anständig allein dort einkehren. Nur in dem berühmtesten aller Etablissements, bei Mr. Birch, in der Nähe der Börse, geht dies wohl nicht an; hier kann man sich nicht ohne männliche Begleitung blicken lassen.

Das nicht sehr geräumige Frühstückszimmer befindet sich hinten im Hause, am Ende eines langen Ganges. Kein Strahl des Tageslichts wird darin geduldet, Wachskerzen erleuchten es, und wenn die Sonne draußen noch so hell schiene; die übrige Einrichtung des Zimmers ist anständig, ohne sich besonders auszuzeichnen. Immer findet man Gesellschaften von Herren und Damen darin, die gewöhnlich schweigend ihre Schildkrötensuppe und ein paar warme kleine Pastetchen verzehren. Weiter wird in diesem Hause nichts zubereitet; aber die Pastetchen sollen die besten in der ganzen Welt sein, und nun vollends die Schildkrötensuppe, darüber geht nichts. Nirgends weiß man sie so zu bereiten wie hier, so behaupten die Londoner. Uns aber kam die Gelassenheit, mit welcher die Herren und Damen das von Madeirawein und Cayennepfeffer glühende, uns Zunge und Gaumen verbrennende Gemengsel genossen, weit bewundernswerter vor als die Suppe selbst.

Der vorige Besitzer dieses Hauses, Mr. Horton, brachte indessen bloß mit diesen Pastetchen und der Suppe in nicht gar langer Zeit ein Vermögen von hunderttausend Pfund Sterling zusammen, und sein letzter Nachfolger, Mr. Birch, ist auf gutem Wege, es ihm nachzutun. Dennoch sind die Preise in diesem Hause sehr billig und wie überall ein für allemal festgesetzt. Was jeder verzehrt, ist eine Kleinigkeit, aber die Menge der Verzehrenden gibt eine ungeheure Einnahme.

Gegen fünf Uhr wird es Zeit, nach Hause und an die nötige Toilette vor Tische zu denken. Heute sind wir zu einem Dinner geladen, aber wenn wir auch ganz en famille den Tag zu Hause zubrächten, so wäre es doch höchst unschicklich und bei gesunden Tagen unerhört, im Morgenkleide zu bleiben. Selbst die Männer ziehen den Börsen-Rock aus und mit ihm alle Gedanken an Geschäfte, um in einem eleganteren Anzuge zu erscheinen.

Schön und etwas steif geputzt fahren wir nun um halb sieben zum Mittagessen. Gastfrei sind die Londoner eben nicht, sie scheuen nicht sowohl die große Teuerung aller Dinge als vielmehr die hier von allen geselligen Zusammenkünften durchaus unzertrennliche Etikette, welche einen solchen Tag für die ohnehin Ruhe liebende Hausfrau zu einer schweren Last macht. Daher werden gewöhnlich solche Dinners nur durch äußere Anlässe herbeigeführt, wie etwa die Gegenwart von Fremden, denen man die Ehre antun zu müssen glaubt. Sonst führt der Londoner seinen Freund lieber in eine Taverne, als daß er ihn bei sich aufnimmt, dort tête a tête, oder in einem größeren, doch immer geschlossenen Zirkel tun sie sich bei Wein, Politik und lustigen Gesprächen gütlich. Zu Hause ängstigt sie die Gegenwart der Frauen, denen man zwar die größte Hochachtung im Äußeren aufweist, aber ihnen auch, wie allen Respektspersonen, eben deshalb gern so viel möglich aus dem Wege geht.

Doch wieder zu unserem Dinner. In dem Besuchszimmer finden wir die Gesellschaft versammelt; es faßt höchstens zwölf bis vierzehn Personen. Nach den herkömmlichen Begrüßungsformeln nehmen die Damen zu beiden Seiten des Kamins in Lehnstühlen Platz, die Herren wärmen sich am Feuer, und nicht immer auf die schicklichste Weise. Schläfrig, einsilbig, langsam wankt die Konversation zwischen Leben und Sterben, bis endlich der willkommene Ruf ins Speisezimmer ertönt. Dies liegt oft eine Treppe höher oder niedriger als das Besuchszimmer, weil, wie wir schon früher bemerkten, die Wohnungen, selbst sehr reicher Leute, nichts weniger als geräumig und bequem sind.

Die Tafel steht fertig serviert da, bis auf die Gläser. Servietten gibt es jetzt an den englischen Tafeln, seit die Engländer so viel reisen, wenigstens, wenn man ein Dinner gibt. Vor weniger Zeit fand man sie nur in Häusern, welche auf fremde Sitten Anspruch machten. Das Tischtuch hing damals und hängt auch noch wohl jetzt, wenn man en famille speist, bis auf den Erdboden herab, und jedermann nahm es beim Niedersitzen auf's Knie und handhabe es wie bei uns die Serviette. Die Dame vom Hause thront in einem Lehnstuhl am oberen Ende der Tafel, ihr Gemahl sitzt ihr gegenüber unten am Tisch, die Gäste nehmen auf gewöhnlichen Stühlen zu beiden Seiten Platz, so viel möglichst in bunter Reihe, nach der Ordnung, die ihnen vom Herrn des Hauses vorgeschrieben wird. Alle Gerichte, welche zum ersten Gange gehören, stehen auf der Tafel. Die englische Kochkunst hat auch in Deutschland ihre Verehrer; wir gehören nicht dazu, uns graute vor dem blutigen Fleisch, vor den ohne alles Salz zubereiteten Fischen, vor dem in Wasser halb gar gekochten Gemüse, den Hasen und Rebhühnern, die, wie alle anderen Braten, ungespickt, ohne alle Butter, bloß in ihrer eigenen Brühe zubereitet werden.

Die Dame serviert die reichlich mit Cayennepfeffer gewürzte, übrigens ziemlich dünne Suppe, nachdem sie jeden Tischgenossen namentlich gefragt hat: ober er welche verlange? Des Fragens von Seiten der Wirte und des Antwortens von Seiten der Gäste ist an einem englischen Tische kein Ende. Eine große Verlegenheit für den fremden Gast, der, wenn er auch der englischen Sprache sonst ziemlich mächtig ist, dennoch unmöglich alle diese technischen Ausdrücke wissen kann. Er muß Rede und Antwort von jeder Schüssel geben, ob er davon verlangt, ob viel oder wenig, mit Brühe oder ohne Brühe, welchen Teil vom Geflügel, vom Fisch, ob er es gern stärker oder weniger gebraten hat, eine Frage, die besonders oft die Fremden in Verlegenheit setzt; man sag: much done or little done, wörtlich übersetzt heißt das: viel getan oder wenig getan.

Diese Fragen ertönen von allen Seiten des Tisches zugleich, denn ein paar Hausfreunde helfen dem Herrn und der Frau vom Hause im Vorlegen der Schüsseln. Alle werden nach der Suppe zugleich serviert, nicht nach der Reihe wie in Deutschland. Sie bestehen aus einem großen Seefisch, einem Lachs, Kabeljau, Steinbutt oder dergleichen, der, beim Kochen gesalzen, vortrefflich wäre, so aber dem Fremden fast ungenießbar bleibt, aus Puddingen, Gemüsen, Tarts und allen Gattungen von Fleisch und Geflügel, ohne Salz, Butter oder andere fremde Zutat in eigener Brühe gedämpft, geröstet, gebraten oder gekocht, nur der Pfeffer ist nicht daran gespart. Hat man über eine solche Schüssel einen dünnen, trockenen Butterteig gelegt, so beehrt man sie mit dem Titel einer Pastete.

Die halbrohen Gemüse müssen ganz grün und frisch aussehen, erst bei Tafel tut jeder auf seinem Teller nach Belieben geschmolzene Butter daran. Kartoffeln fehlen bei keiner Mahlzeit, sie sind vortrefflich, bloß in Wasserdampf gekocht. Die Puddings aller Art wären auch sehr gut, nur sind sie oft zu fett, fast nur aus Ochsenmark und dergleichen

zusammengesetzt. Die Tarts, der Triumph der englischen Kochkunst, bestehen aus halbreifem Obst, in Wasser gekocht und mit einem Deckel von trockenem Teige versehen. Die Pickels, welche den Braten begleiten, eigentlich alle Arten Gemüse, Mais, unreife Walnüsse, kleine Zwiebeln und dergleichen, mit starkem Essig und vielem Gewürze eingemacht, sind vortrefflich.

Mit diesen sowie mit der Soja- und anderen pikanten Saucen, die hier im Großen fabriziert und verkauft werden, treibt London einen großen Handel durch die halbe Welt. Diese Saucen, Senf, Öl und Essig stehen in zierlichen Plattmenagen zum Gebrauch der Gäste da, sowie auch immer für zwei Personen ein Salzfaß.

Der Salat wird von der Dame vom Hause über Tische mit vieler Umständlichkeit bereitet und klein geschnitten; er besteht aus einer sehr zarten, saftigen Art Lattich, dessen Blätter schmal, aber wohl eine halbe Elle lang sind; außer England sahen wir sie nirgends, dafür aber ist auch unser Kopfsalat dort unbekannt. Unermüdet bieten die Vorlegenden alle diese Dinge den Gästen an; dafür müssen diese wieder alles pflichtschuldigst loben und versichern, sie hätten in ihrem Leben kein besser Kalb- oder Hammelfleisch gesehen, und es wäre auch alles ganz vortrefflich zubereitet.

Das Zeremoniell beim Trinken ist, besonders den fremden Damen, noch beschwerlicher und versetzt uns oft in wahre Not. Da sitzen wir betäubt und ängstlich von alledem wunderlichen Wesen; plötzlich erhebt der Herr vom Hause seine Stimme und bittet eine Dame, und aus Höflichkeit die Fremde zuerst, um die Erlaubnis, ein Glas Wein mit ihr zu trinken, und zugleich zu bestimmen, ob sie weißen Lissaboner oder roten Portwein vorziehe? Denn die französischen Weine sowie der Rheinwein kommen erst zum Nachtisch. Verlegen trifft man die Wahl, und mit lauter Stimme wird nun dem Bedienten befohlen, zwei Gläser Wein von der bestimmten Sorte zu bringen. Zierlich sich gegeneinander verneigend, sprechen die beiden handelnden Personen wie im Chor: "Sir, Ihre gute Gesundheit! Madam, Ihre gute Gesundheit!" trinken die Gläser aus und geben sie weg. Nach einer kleinen Weile tönt dieselbe Aufforderung von einer anderen Stimme, dieselbe Zeremonie wird wiederholt und immer wiederholt, bis jeder Herr mit jeder Dame und jede Dame mit jedem Herrn wenigstens einmal die Reihe gemacht hat. Keine kleine Aufgabe für die, welche des starken Weins ungewohnt sind. Abschlagen darf man es niemandem, das wäre beleidigend; obendrein muß man noch mit dem ersten Glase den Wunsch für die Gesundheit jeder einzelnen Person an der Tafel wenigstens durch ein Kopfnicken andeuten und auch genau acht geben, ob jemand der anderen Gäste uns diese Ehre erzeigt. Es wäre die höchste Unschicklichkeit, wenn eine Dame unaufgefordert trinken wollte, sie muß warten, wäre sie auch noch so durstig, doch bleibt die Aufforderung selten lange aus. Auch die Herren müssen sich zu jedem Glas einen Gehilfen einladen, ein Dritter hat aber die Erlaubnis, sich mit anzuschließen, wenn er vorher geziemend darum anhält.

So hat man denn mit Antworten auf die Einladung zum Essen und Trinken, mit Gesundheittrinken, und mit Achtgeben, ob niemand die unsere trinkt, vollauf zu tun. Kein interessantes Tischgespräch kann aufkommen, es wird sogar für unschicklich gehalten, wenn jemand den Versuch macht, eines aufzubringen; der Herr des Hauses fährt gleich mit der Bemerkung dazwischen: "Sir, Sie verlieren Ihr Mittagessen, nach Tische wollen wir das abhandeln." Die Damen sprechen ohnehin nur das Notwendigste aus lauter Bescheidenheit. Die Fremden können sich nicht genug vor zu großer Lebhaftigkeit des Gesprächs hüten; es gehört hier gar nicht viel dazu, um für ungeheuer dreist, monstrous bold, zu gelten.

Ist der erste beschwerliche Akt des Essens überstanden, so wird der Tisch geleert, die Brotkrumen sorgfältig vom Tischtuch abgekehrt, und es erscheinen verschiedene Arten von Käse, Butter, Radieschen und wieder Salat. Letzterer wird ohne alle Zubereitung bloß mit Salz zum Käse gegessen.

Dieser Zwischenakt dauert nicht lange, er macht einem zweiten Platz. Jeder Gast bekommt nun ein kleines, schön geschliffenes Kristallbecken voll Wasser zum Spülen der Zähne und zum Händewaschen und eine kleine Serviette; man verfährt damit, als wäre man für sich allein zu Hause. Die ganze so beschäftigte Gesellschaft erinnerte uns oft an einen Kreis Tritonen, wie man sie Wasser speiend um Fontänen sitzen sieht. Die Damen ermangeln nicht, große Zierlichkeit im Abziehen der Ringe und Benetzen der Fingerspitzen anzubringen; die Herren gehen schon etwas dreister zu Werke.

Nach dieser Reinigungszeremonie ändert sich die ganze Dekoration. Das Tischtuch, mit allem was darauf stand, verschwindet, und der schöne, hellpolierte Tisch von Mahagoniholz glänzt uns entgegen. Jetzt werden Flaschen und Gläser vor den Herrn des Hauses hingestellt, das Obst wird aufgetragen, und jeder Gast erhält ein kleines Couvert zum Dessert, ein Glas und ein kleines rotgewürfeltes oder ganz rotes, viereckig zusammengelegtes Tuch. Letzteres aber darf man nicht entfalten, man benutzt es nur, das Glas darauf zu stellen. Das Obst wird nicht herumgereicht, sondern wie vorher die anderen Gerichte vorgelegt und mit vielen Fragen ausgeboten. Es ist im Ganzen schlecht, sauer und halbreif. Haselnüsse, die Lieblingsfrucht der Engländer, welche sie Jahr für Jahr knacken, fehlen nie dabei, süße Konfitüren und Bonbons sind wenig im Gebrauch.

Jetzt fangen die Flaschen an, die Hauptrolle zu spielen; jeder schiebt sie seinem Nachbar zu, nachdem er sich etwas eingeschenkt hat, viel oder wenig, wie man will, nur leer darf das Glas nicht bleiben, und bei jedem Toast muß das Eingeschenkte ausgetrunken werden. Den Damen sieht man indessen durch die Finger, wenn sie bloß ein wenig nippen. Der Wirt bringt nur einige Toasts aus, er läßt seine Freunde leben, die sich denn wieder durch ein Gegenkompliment an ihm und der Dame vom Hause revanchieren; die königliche Familie wird nie bei dieser Gelegenheit vergessen. Einige der Gäste geben Sentiments zum besten, das heißt, kurze Sätze, die zuweilen auf die Damen Bezug haben, zum Beispiel: merit to win a heart and sense to keep it, Verdienst, ein Herz zu gewinnen, und Verstand, um es zu behalten. Alle diese Gesundheiten werden beim Trinken mit lauter Stimme von jedem wiederholt.

Diese Gesundheiten, Ermunterungen zum Trinken, Ermahnungen, die Flasche weiterzuschieben, sind alles, was man jetzt hört. Bald nachdem man dem König die gebührende Ehre erzeigt hat, erhebt sich die Dame des Hauses aus ihrem Lehnsessel; mit einer kleinen Verbeugung gibt sie den übrigen Damen das Signal, alle erheben sich und trippeln sittsamlich hinter ihrer Führerin zur Tür hinaus. Sogar wenn Mann und Frau tête à tête allein essen, geht Madame fort und läßt den Eheherrn allein hinter der Flasche. Ob er dann auch Toasts ausbringt, ist uns nicht bekannt.

Jetzt, da die Frauen fort sind, wird es den Herren leichter um's Herz, aller Zwang ist nun verbannt, sie bleiben unter sich allein, bei Wein, Politik und manchem derbem Spaß, den sie während unserer Gegenwart mühsam zurückhalten mußten. Ihr lautes Sprechen und Lachen verkündet dem ganzen Hause, daß ihnen gar wohl zu Mute sei. Wir aber, wir Armen, was wird aus uns? Da sitzen wir wieder am Kamin und sehen uns an und gähnen mit geschlossenem Munde. Nicht einmal Kaffee gibt es, um uns einigermaßen munter zu erhalten, Handarbeit in Gesellschaft wäre auch unerhört, der gegenseitige Anzug ist leider zu bald durchgemustert. In der trostlosesten Stimmung sitzen wir hier und sind allesamt des Lebens herzlich müde. Wie gern schliefen wir ein! Aber das schickt sich nicht.

Endlich ist eine Stunde so jämmerlich hingeschlichen. Wir haben vom Wetter gesprochen, vom Theater; das ist hier aber kein so gangbarer Artikel als in anderen Orten, denn man geht viel seltener hin. Die Fremde ist zehnmal gefragt worden, wie ihr London gefällt, und sie hat zehnmal pflichtschuldigst geantwortet: ganz ausnehmend wohl; da macht dann endlich die Frau vom Hause dem Jammer dadurch ein Ende, daß sie die Herren zum Tee bitten läßt.

Man sagt, die schnellere oder langsamere Befolgung dieses Winks sei das sicherste Zeichen, wer im Hause herrsche, ob der Mann oder die Frau. Indessen, wenn sie auch zögern, sie kommen doch, die Herren, ein wenig heiter, ein wenig redselig; aber, zu ihrer Ehre sei es gesagt, betrunken haben wir bei solchen Gelegenheiten keinen gesehen.

Die Dame macht jetzt den Tee sehr umständlich. Die Fragen, wie man ihn findet, wie man ihn wünscht, ob süß, ob mit viel Milch oder wenig, werden auch hier nicht unterlassen. In einigen Häusern wird er draußen serviert und vom Bedienten herumgereicht; doch dies sind Ausnahmen von der Regel; die englischen Ladies lassen sich ungern den Platz am Teetisch nehmen, den sie so ehrenvoll behaupten. Neben dem Tee wird auch sehr schlechter, dünner Kaffee geboten.

Die Konversation geht nun ein klein wenig rascher, indessen die Herren haben sich bei der Bouteille rein ausgesprochen, die Damen sind müde und sprechen überhaupt wenig, es wird selten ein munteres, erfreuliches Gespräch daraus. Nach dem Tee fährt man nach Hause, denn für's Theater ist's zu spät, oder man bleibt zum Spiel, je nachdem man eingeladen ist.

Whist ist das einzige übliche Spiel in Gesellschaft; von unserer Art zu spielen weicht man darin ab, daß man nur Partie Simple oder Double zählt, kein Tripel oder Quadrupel. Auf diese Weise kann man höchstens sieben Points in einem Tobber verlieren, deren man immer drei spielt, nie mehr, noch weniger. Die Karten sind sehr teuer und groß, aber ungeschickt. Dies ist wohl das einzige Fabrikat, in welchem die Engländer anderen Nationen nachstehen. Kartengeld ist nicht gebräuchlich, ebensowenig Trinkgeld an die Bedienten.

Daß die Engländer sehr gut, sehr ernst und schweigend dies ihr Nationalspiel spielen, ist bekannt, nicht aber, daß keineswegs die Spielenden, sondern der Herr des Hauses zu bestimmen hat, wie hoch seine Gäste spielen sollen. Dieser Taxe muß man sich ohne Widerrede unterwerfen, wenn man nicht beleidigen will. Einige bestimmen aus Ostentation ein sehr hohes Spiel, andere, die vernünftiger sind, tun das Gegenteil. Dem Fremden ist zu raten, daß er sich vorher nach der Sitte des Hauses erkundige, ehe er zum Spiel geht, sonst kann er in unangenehme Verlegenheit geraten.

Nach dem Spiele setzt man sich noch zu einem kalten Abendessen von Austern, Hummer, Tarts und dergleichen; dies wir sehr schnell abgetan. Froh, das Vergnügen des Tages überstanden zu haben, fährt man spät nach Mitternacht durch die noch immer von Menschen wimmelnden Straßen nach Hause. Alle Läden sind noch offen und erleuchtet, die Straßenlaternen brennen ohnehin immer, bis die Sonne wieder scheint. Es gibt noch eine Art geselliger Zusammenkünfte, welche die erste Klasse des Mittelstandes, von der wir hier sprechen, dem vornehmeren, aus den ersten Familien des Reichs bestehenden Zirkel abgelernt hat. Sie heißen Routs, gleichbedeutend mit unseren Assembleen in Deutschland. Mit dem Wort Assembly verbindet man in England immer die Idee einer auf Unterzeichnung gegründeten Zusammenkunft an einem öffentlichen Orte.

Die Frau vom Hause macht die Honneurs dieser Routs und ladet dazu ein. Schon mehrere Tage vorher werden allen Bekannten Karten zugeschickt, und zwar ungefähr dreimal so vielen Personen, als das Lokal gemächlich fassen kann. Es versteht sich von selbst, daß man zu einem solchen Feste eine bessere Wohnung als die gewöhnlichen haben muß, die doch wenigstens eine Art von Folgereihe mehrerer Zimmer enthält.

Um zehn Uhr, oft noch viel später, fängt man an, sich zu versammeln, drängt sich durch, um die Wirtin zu begrüßen, die gewöhnlich unfern der ersten Tür im Zimmer Posto gefaßt hat, und nimmt dann Platz an einem der vielen Spieltische, die dicht zusammengedrängt den ganzen Raum erfüllen. Tee und andere Erfrischungen werden herumgereicht, solange die Bedienten durchkommen können. Wird es zuletzt so voll, daß niemand mehr atmen kann, daß vor allgemeinem Geräusch kein Wort mehr zu verstehen ist, daß es an Stühlen und Raum fehlt, welche zu stellen, ja, daß die zuletzt Kommenden auf Treppen und Vorplätzen stehen bleiben müssen, so hat das Vergnügen seinen Höhepunkt erreicht.

Um zwei, drei Uhr gegen Morgen entwickelt sich der Menschenknäuel langsam, wie er anschwoll. Man fährt nach Hause und hat einen deliziösen Abend im großen Stil hingebracht. Die Dame vom Hause zieht sich in ihr Zimmer zurück, zwar betäubt vom Lärm, wie zerschlagen an allen Gliedern von dem ewigen Stehen und allen Begrüßungsformeln, aber doch mit dem stolzen Bewußtsein, die höchste Glorie des geselligen Lebens erreicht zu haben.

Sonntag

Welch ein Tag für die arbeitende Klasse auf dem festen Lande! Die Greise freuen sich schon sonnabends auf den Ruhepunkt, wo sie nach sechs mühevollen Tagen die Ihrigen reinlich und festlich gekleidet in Freude und Lust um sich sehen; die Kinder rechnen schon Montag, wie lange es noch zum Sonntag sei, dann ist keine Schule, dann können sie frei und frank herumlaufen und spielen nach Herzensgefallen, und vollends den jungen Leuten öffnet sich ein Himmelreich bei Musik und Tanz, unter der Linde und in der Schenke.

Von den Vornehmen in den Städten haben freilich viele alle Tage Sonntag, wenn sie wollen; dennoch ist für alle Stände der Tag des Herrn nicht nur ein Ruhetag, sondern auch ein Tag der Freude, geselligen Vergnügens und vor allem Familienzusammenkünften geweiht. Wenige gibt es, die nicht diesem Tage, so oft er erscheint, mit irgend einer frohen Hoffnung entgegensehen, und wäre es nur die, einmal ins Schauspiel zu gehen, nachdem man die ganze Woche alle Abende bei der Arbeit war.

Ganz anders ist es in London: Musik und Tanz sind hoch verpönt, an Theater ist gar nicht zu denken erlaubt, alle Läden, alle Ausstellungen sind dicht verschlossen. Die fanatische Pedanterie, mit der man hier für die Heilighaltung des Sabbats wacht, übertrifft noch die der Juden, welche doch nur die Arbeit untersagen, aber das Vergnügen erlauben.

Einige der vornehmsten Familien des Reichs wurden vor kurzer Zeit fast namentlich in den Kirchen als Sabbatschänder und schreckliche Sünder abgekanzelt und in allen öffentlichen Blättern mit Schmähreden überhäuft, weil sie sonntags unter sich Liebhaberkonzerte gaben, und weil es bisweilen vorkam, daß die Gesellschaften, welche sie sonnabends bei sich versammelten, bis nach Mitternacht bei Tanz und Karten verweilten und dadurch den Tag des Herrn entheiligten, ehe er noch recht erschienen war.

"Ist's wirklich wahr, daß man in Deutschland am Sonntage Karten spielt?" hörten wir eine Dame fragen. "Keinen Tag lieber als sonntags, wo man doch nichts zu tun hat", war die Antwort. "Good Lord!" seufzte die zweite Dame; "aber", setzte sie belehrend hinzu, "man kann's ihnen nicht verdenken, sie werden nicht besser gelehrt", und dabei blickte sie mitleidig auf uns Heiden. "Aber sie spielen doch nicht um Geld?" fragte eine dritte. "Freilich um Geld, oft um viel Geld!" Alle fuhren schaudernd zurück. "God bless us all", Gott segne uns alle!, sagte die vierte, "ich habe einmal sonntags (und um gar nichts) Karten gespielt, und ich kann's mir heute nicht vergeben." Alle vier hatten zwei Minuten vorher bitterlich über den Sonntag geseufzt, der ihnen nicht erlaubte, einen Robber zu machen; man war auf dem Lande bei abscheulichem Wetter und hatte die schrecklichste Langeweile, während die Herren bei der Flasche wie angemauert blieben.

Der echte Engländer teilt den Tag zwischen öffentlichem Gottesdienst, häuslicher Betstunde und der Flasche; seine Frau bringt die Zeit, welche ihr die Andacht übrig läßt, mit irgendeiner Frau Gevatterin zu und läßt den lieben Nächsten eine etwas scharfe Revue passieren, denn das ist sonntags erlaubt. Die Kinder sind gar übel daran, seit man eigene Schulen für die Sonntagabende errichtet hat, in welche sie prozessionsweise getrieben werden, nachdem sie den Tag über zweimal in der Kirche und einmal zu Hause die sinn- und geistlose Liturgie des englischen Gottesdienstes haben herbeten müssen.

Aber wie noch erbärmlicher geht's dem des Zwangs ungewohnten Fremden! Sie öffnen das Klavier, die Wirtin knickst in's Zimmer herein und bittet, den Tag des Herrn nicht zu vergessen. Sie ergreifen ein Buch, da kommt ein Besuch, sieht, daß Sie einer weltlichen Lektüre sich überließen, und hält Ihnen eine wohlgemeinte Ermahnungsrede. Ärgerlich setzen Sie sich in's Fenster; ohne daran zu denken, ergreifen Sie ein Strickzeug, da versammelt sich der Pöbel vor dem Hause, mit Schimpfen und Schelten zieht er Ihnen einen neuen Besuch der Wirtin zu, welche im heiligen Eifer sich diesmal etwas weniger glimpflich ausdrückt, als kurz vorher. Beschäftigen Sie sich fern vom Fenster in Ihrem Zimmer, so äußern die Bedienten, so oft sie hereintreten, ihren heiligen Abscheu, wenigstens durch Mienen, wenn nicht durch Worte. Wollen Sie mit ihren Landsleuten eine Partie Whist in ihrem eigenen Zimmer machen, so hat Ihr eigener Bedienter das Recht, Sie beim nächsten Friedensrichter zu verklagen, und Sie entgehen sicher der Strafe nicht. Was fängt man aber mit dem Tage an, der zweiundfünfzigmal im Jahre wiederkommt? Man macht kleine Reisen, wenn die Jahreszeit und das Wetter es erlauben, und achtet's nicht, daß die Wegegelder am Sabbat doppelt erlegt werden müssen, zur Ehre des Herrn. Im Winter, bei schlimmem Wetter, faßt man sich in Geduld, anderen Rat gibt's nicht.

ÖFFENTLICHE VERGNÜGUNGEN

Theater

Nicht allein an der Sprache erkennt man die verschiedenen Nationen, welche Europa bewohnen, auch am Gange, am Tone, an der Gebärde. Jede derselben unterscheidet sich von der anderen durch schwer zu bezeichnende, aber deshalb nicht weniger sichtbare und untrügliche Kennzeichen.

Auch auf die bildende Kunst hat dieser angeborenen und angeeignete Unterschied der Nationen großen Einfluß. Kein Niederländer malt wie ein Italiener, kein Franzose wie beide; alle müssen ihrer Nationalität treu bleiben. Die Gestalten, die Gebärden, der Himmel, die Beleuchtung, die wir von Jugend auf sehen, prägen sich uns mit unauslöschlichen Zügen ein. Wir können nur wiedergeben, was wir in uns tragen, und der Unterschied der Schulen liegt mehr an dem Himmel, unter dem sie entstanden, als an den Meistern, die man für ihre Stifter erkennt.

Bei der theatralischen Kunst blickt diese Nationalität noch deutlicher hervor, und wäre es möglich, einem Schauspiel zuzusehen, ohne daß man ein Wort davon hörte, so müßte doch der kundige Beobachter gleich entscheiden können, ob er ein englisches, französisches oder deutsches Theater vor sich sähe. Alle drei können in ihrer Art vortrefflich sein und werden dennoch dem Fremden mißfallen. Denn dieser, mit der Individualität der Nationen noch nicht bekannt genug, will nach seinem eigenen, von hause mitgebrachten Maßstabe messen. Nur nach und nach wird er entdecken, daß das, was ihm zuerst widerwärtig, unnatürlich, übertrieben erschien, dennoch treu, wahr und bewundernswürdig ist. Betrachtet man eine theatralische Vorstellung als ein vollendetes, abgerundetes Ganze, so haben wir Deutschen vor den anderen Nationen keinen Vorzug, so viel vortreffliche einzelne Künstler wir auch aufzuweisen haben. Das Weimarische Hoftheater, begünstigt durch ein Zusammentreffen vieler seltener, außerordentlicher Umstände, war vielleicht das einzige in Deutschland, auf welchem man noch zuweilen einzelne Darstellungen einiger Meisterwerke der vorzüglichsten Dichter erblickte, da sich, durch das Zusammenpassen jedes Teils zum Ganzen, der Vollkommenheit näherten.

Daß der deutsche Schauspieler allen alles sein muß, ist ein Unglück; dadurch wird er verhindert, sein Talent auszubilden für das seiner Persönlichkeit am besten zusagende Fach. In Paris und London ist das anders. Jeder widmet sich den Rollen, zu welchen seine Individualität ihn ruft. Mit dem Alter nimmt man es dort weit weniger genau als bei uns. Gerechter als wir, bedenkt man: wieviel dazu gehört, eine hohe Stufe in irgend einer Kunst zu erringen. Kein vollendeter Künstler ward geboren. Jahre voll Anstrengung und Studium gehören dazu, um das große Talent auszubilden; oft ist die Jugend entflohen, wenn jenes erst in vollem Glanze strahlt. In Frankreich und England erkennt man dies und läßt sich lieber willig durch Schminke, Kleidung, Beleuchtung täuschen, als daß man den höchsten Genuß, den die Kunst gewähren kann, verschmähte, weil der Künstler einige Jahre zuviel zählt.

Der vorzügliche deutsche Schauspieler ist in Gebärde, Ton, Deklamation und Stellung bei weitem der gemäßigste, weil Maßhalten und Ernst in der Natur des Deutschen liegen. Wir erscheinen unseren Nachbarn kalt, aus demselben Grunde, aus welchem sie uns übertrieben erscheinen. Ebenso wird der westfälische Bauer gewiß glauben, der Provenzale oder Gascogner wolle ihn totschlagen, wenn jener ihm bloß nach seiner Landessitte einen guten Morgen bietet.

Nennt man ein nach festgesetzten Regeln genau gebildetes Ganzes ein vollendetes Kunstwerk, so hat die französische Tragödie vor allen anderen den Vorzug. Streng abgemessen sind Zeit und Ort. Jeder Vers, jedes Wort findet im Parterre Richter, die keinen Verstoß gegen einmal festgesetzte Regeln hingehen lassen. Gesetze des sogenannten Wohlstandes, wie keine andere Nation sie kennt, binden den Dichter wie den Schauspieler. Beide dürfen sich nur in scharf gezogenen Schranken bewegen. Das auf diese Weise mühevoll hervorgebrachte Kunstwerk blendet, setzt in Erstaunen, erregt Bewunderung; aber wir bleiben ohne Teilnahme dabei, und ein Frösteln, das wir ungern Langeweile nennen möchten, bemächtigt sich unser. Die Stellungen der berühmtesten Schauspieler, schön und kunstreich, wie sie sind, erinnern doch immer an jene akademischen Figuren, die wir auch auf den französischen Gemälden finden, und von denen es auch ihren besten Meistern nicht gelingt, sich ganz zu befreien. Der Geist der Tragödie ist nicht der Geist der Nation, die von jeher alles leicht nahm, was das Schicksal auch immer über Sterbliche verhängen mag. Die Sprache selbst, ihr Mangel an Tonfall, widerstrebt der höheren Poesie, widerstrebt jeder Deklamation. Alles wird bloß durch Kunst hervorgebracht, es ist, als hörte man einen auf das kunstreichste gebildeten Sänger, dem aber die Natur eine sonore Stimme versagte. In der höheren Komödie hingegen steht der Franzose auf der ersten Stufe. Da ist Geist, Leben, Witz, Laune und der fein gebildete Konversationston zu treffen, welcher ihn auch im gemeinen Leben vor allen Nationen auszeichnet.

Das englische Theater steht auf dem ganz entgegengesetzten Punkte. Keine Regel beschränkt den Dichter, keine den Schauspieler. Ungebunden überlassen beide sich ihrem Genius. Alles steht dem Dichter zu Gebot, Verse und Prosa, ewiger Wechsel der Szene, Ausdehnung der Zeit ins Unendliche, alle möglichen Motive. Wie schwer es sei, von dieser unbeschränkten Gewalt den rechten Gebrauch zu machen, lehrt der Mangel an guten neuen Tragödien; nur Shakespeares Riesengeist konnte sie zum Rechten anwenden; noch immer steht er allein da, das Volk verehrt ihn als seinen einzigen Dichter und drängt sich unermüdet zu seinen Meisterwerken.

Die englische Komödie gibt ein treues, oft etwas überladenes Bild des häuslichen und geselligen Lebens, der Fehler, der Tugenden, der Lächerlichkeiten, die man in den verschiedenen Ständen trifft. Die Eigenheiten der verschiedenen Provinzen, der Schotten und Iren, besonders ihrer Dialekte, erhöhen das Komische derselben und werden mit vieler Treue dargestellt.

Charakter-Komödien, wie die Franzosen deren meisterhafte besitzen, in denen sich alles um eine Rolle dreht, die dadurch bis ins kleinste Detail herausgehoben wird, kennt der Engländer nicht. Dafür wimmeln alle Stücke von Personen, die uns als Karikaturen erscheinen, die es aber bei diesem originellen Volke nicht sind. Nur die stärksten Züge ein wenig verflacht und gemildert, und man trifft überall im geselligen Leben die Urbilder dazu an.

Selbst bei den besseren der gezeichneten Karikaturen, an denen wir uns auch zuweilen in Deutschland ergötzen, ist dieses schon der Fall; Ähnlichkeit liegt immer zugrunde, und bei weitem nicht so mit fremden Zügen überladen, als man im Auslande wohl glaubt.

So streng man sonst in England in allen Zirkeln, die aus Männern und Frauen gemischt sind, auf Dezenz hält, so nachsichtig ist man in dieser Hinsicht auf dem Theater. Frauen, die im geselligen Leben jedes nur von fern ihr Zartgefühl beleidigende Wort empört, sehen Szenen an, von denen jede Französin sich zürnend wegwenden würde und die gewiß das Pariser Publikum mit dem entschiedensten Unwillen aufnähme.

Der englische Tragiker spielt natürlicher als der französische, feuriger als der deutsche. Zu treu kopiert er die Natur und überschreitet oft die Grenze des Schönen. Der wütendste Ausdruck des Leidens, selbst der laute Schrei körperlichen Schmerzes, alle Verzerrungen des Wahnsinns, konvulsivisches Zucken des Sterbenden, nichts wird dem Publikum erlassen, welches in diesem allem die höchste Kunst zu sehen glaubt und mit gesträubtem Haare dann am lautesten in Beifallsbezeugungen ausbricht, wenn es vor Schrecken schaudert.

Die Größte des Schauspielhauses zwingt die Schauspieler, überlaut zu sprechen, denn der im entferntesten Winkel sitzende Matrose will für seine Sixpence so gut alles hören und vernehmen als die vornehmste Lady in der ersten Loge. Deutliche Aussprache ist demnach die erste Forderung, welche das englische Publikum an den Schauspieler macht. Dieser muß daher mit der äußersten Anstrengung jedes Wort, jede Silbe abstoßend betonen. Bei den mittelmäßigen Künstlern bringt dies eine sehr unangenehme, oft lächerliche Wirkung hervor; nur die besten von ihnen wissen mit unglaublicher Mühe diese Schwierigkeit zu bekämpfen.

Aber auch die besseren Schauspieler heben gewissen Tiraden hervor, welche auf Patriotismus, Freiheit und Nationalität Bezug haben, und von denen sie voraus wissen, daß das Publikum sie jedes Mal beklatscht. Diese Stellen werden ganz an dasselbe gerichtet, und die Mitspielenden während einer solchen Hauptaktion gar nicht beachtet; ihre Zeit tritt später wieder ein. Periodenweise deklamiert der Schauspieler seine Rede ab. Zwischen jedem Satze wird eine hinlängliche Pause für den Beifall gelassen, dann weitergesprochen, dann wieder geschwiegen, so daß das Ganze sich wie ein Melodram ausnimmt, zu welchem das Publikum das Akkompagnement liefert.

Die englische Deklamation hat ohnehin einen eigenen singenden Ton, ohne große Modulation, etwas dem Fremden affektiert scheinendes Pathetisches, das sich nicht beschreiben läßt; bei etwas Aufmerksamkeit aber findet man ihn im gemeinen Leben wieder, bei jedem durch Leidenschaft gehobenen Gespräch. Es ist die der englischen Sprache eigene Melodie; jede Sprache hat die ihrige.

Im Komischen, besonders im Possenspiel, übertreffen die Engländer vielleicht alle anderen Nationen. Schon der bekannte, angeborene Ernst dieses Volkes macht seine seltene Lustigkeit umso ergötzlicher. Die Späße sind nicht immer die feinsten, oft ein wenig breit und plump, aber sie reizen unwiderstehlich zum Lachen; einige Schauspieler, zum Beispiel Munden [Fußnote: Joseph, beliebter Komiker, von der zeitge-

nössischen Kritik jedoch als Grimassenschneider einschränkend beurteilt.], brauchen nur sich zu zeigen, und das Haus erbebt bis in seinen
tiefsten Grund von der rauschendsten, lautesten Freude. Viel will dies
sagen bei einer Nation, welche das Lachen für unanständig hält und
dem Gebildeten höchstens nur ein Lächeln erlaubt. Hier siegt die Natur,
unterstützt von der Kunst, und Regel und Zwang sind vergessen. Opern werden selten gegeben, ein englisches Rezitativ ist undenkbar, und
der Engländer findet die Abwechslung von Rede und Gesang unnatürlich. Das Volk liebt überhaupt die Musik wenig. Doch spielt man zuweilen als Nachspiel irgend eine kleine Oper, und es fehlt nicht an guten
Sängern und Sängerinnen, um sie für ein englisches Ohr ganz angenehm aufzuführen.

Das englische Publikum im Theater

Dies verdient ein eigenes Kapitel, denn es ist einzig in der Welt.
Wie es despotisch über die bretterne Welt herrscht, davon hat man in
ganz Europa keinen Begriff, auch in Frankreich nicht, wo man doch
noch weit von der Langmut der Deutschen entfernt ist.

Oft, wir gestehen es, wenn wir sahen, wieviel sich das deutsche
Publikum von seinen Lieblingen gefallen läßt, wünschten wir diese nur
auf wenige Monate auf die englische Bühne, damit sie erkennen lernten,
wie wohl es ihnen zu Hause geht.

Im Ganzen läßt sich das Verfahren dieser Insulaner durchaus nicht
rechtfertigen. Jedes zu leise gesprochene Wort, jede Vernachlässigung,
jedes Stocken wird unbarmherzig geahndet; nur gegen Debütierende
zeigt man große Nachsicht und muntert sie auf alle Weise auf. Daher
kam es aber auch, daß wir nie einen Londoner Schauspieler sahen, der
seine Rolle nicht gelernt hätte. Der Souffleur mit seinem alle Illusion
vernichtenden Kasten ist gänzlich von der Bühne verbannt; nur ganz
dem Publikum verborgen, stehen auf beiden Seiten in den Kulissen
Einhelfer, die emsig für sich nachlesen und dem Schauspieler notdürftig
zu Hilfe kommen, wenn diesen einmal sein Gedächtnis verläßt.

Wie überall, so hat auch hier der auf den höchsten Spitzen befindlichen Teil des Publikums die lauteste Stimme; jedes Liedchen, jede Arie,
welche diesen Erhabenen gefällt, muß zweimal, oft dreimal gesungen
werden. Und ihnen gefällt vieles. Selbst die stolze Billington mußte in
unserem Beisein sich gefallen lassen, eine Bravour-Arie und ein Duett

zweimal zu singen. Entsteht eine Unruhe, ein Streit im Parterre oder auf der Galerie, wird jemand krank und muß weggebracht werden, gleich erschallt von oben herab der Befehl an die Schauspieler, inne zu halten, bis die Ruhe wieder hergestellt oder der Unruhestifter hinausgeworfen ist. Bisweilen wird der Lärm so arg, daß die Schauspieler das Theater verlassen müssen, bei der Wiederkehr werden sie mit Händeklatschen empfangen, und genau, wo sie aufhörten, fangen sie wieder an.

Wie es bei allem diesem um die Illusion stehe, darum kümmert sich niemand; die Hauptsache ist, daß jeder für sein Geld alles sehe und höre, was es zu sehen und zu hören gibt.

Zuweilen werden die Zuschauer Schauspieler. Ein Matrose kam, wie wir eben im Theater waren, einst auf den Einfall, in einem Zwischenakt ein Liedchen zu singen. Gleich wurde von oben herab Stillschweigen geboten, und alles gehorchte. Der Matrose sang für das, was er war, gut genug und mit einer ganz erträglichen Stimme, dabei ganz furchtlos, obgleich sein Auditorium zum Teil aus den Vornehmsten des Reichs bestand. Er fand vielen Beifall und sollte noch einmal singen. Jetzt wollte er es aber zu schön machen, überstieg sich über seine Kräfte und warf mitten in einer Roulade förmlich um. Ein allgemeines Gelächter endigte für diesmal die Szene.

Einrichtungen der beiden großen Londoner Theater in Hinsicht auf die Zuschauer

Um halb sieben Uhr soll jede Vorstellung anfangen, doch wird es fast immer sieben Uhr, und auch diese Stunden ist noch zu früh für ein Publikum, das im Durchschnitt erst gegen sechs Uhr und oft weit später noch zu Mittag speist. Die Vorstellungen dauern so lange, daß jede nicht englische Geduld ermüden muß. Selten kommt man vor Mitternacht nach Hause. Kurz und gut ist nun einmal nicht das Symbol der Engländer: überall lieben sie lange Sitzungen, im Parlament, an der Tafel und auch im Theater.

Jeden Abend müssen zwei Stücke gegeben werden, eines von fünf Akten und ein Nachspiel, welches auch oft zwei bis drei Aufzüge hat. Gewöhnlich spielt man zuletzt irgend eine Posse, selten eine kleine Oper, oft irgend ein den neuen englischen Romanen nachgeformtes Unding voll Nacht und Graus. Ob übrigens das Nachtspiel zum ersten Stück passend gewählt ist, ob es nicht mit den durch jenes erregten

Empfindungen auf das schreiendste kontrastiert - dies kümmert niemanden; genug, der Zuschauer bekommt volles Maß für sein Geld.

Beide großen Theater von Drury Lane und Covent Garden sind vom Monat September bis Ende Junius geöffnet, dann werden sie geschlossen und das kleinere Sommer-Theater zu Haymarket kommt an die Reihe. Im Monat Mai und Junius werden die meisten Benefiz-Vorstellungen für die älteren und besseren Schauspieler gegeben; sie gehören mit zu deren Gehalt. Dann währen diese Vorstellungen oft bis nach ein Uhr; denn um das Publikum vollkommen gut zu bewirten, schiebt man noch allerhand Sächelchen in die Zwischenakte ein, bald ein Liedchen, bald einen Tanz. Diese gefallen gewöhnlich den hohen Zuschauern, müssen zwei- bis dreimal wiederholt werden und kosten viel Zeit.

Die Logen sind sehr geräumig und so gebaut, daß man aus allen gleich gut sehen kann. Sie enthalten sämtlich mehrere Reihen Bänke, die sich übereinander erheben; so ist's auch im Parterre, welches sich, ohne Parkett oder Parterre noble, vom Orchester bis ans Ende des Hauses erstreckt.

In allen Reihen Logen werden die Plätze gleich zu sechs Schilling bezahlt, das Parterre kostet etwas über die Hälfte. Über die Logen erheben sich noch zwei Galerien, zu zwei und einem Schilling die Person, und hoch über der letzten Galerie ganz im Hintergrunde thronen, wie unsichtbar, die respektablen Personen, die, wir wir eben erzählten, gewöhnlich den Ton angeben. Niedrige Abteilungen trennen jede Loge von ihren nächsten Nachbarn. Hell wie Tageslicht erleuchtet, angefüllt mit Zuschauern, gewähren sie einen bezaubernden Anblick. Die Etikette will, daß alle Damen im vollen Putz das Theater besuchen, wenn sie auf die vordersten Sitze in den Logen Anspruch machen, besonders in denen des ersten und zweiten Ranges. Keine Dame wird mit einem tiefen Hut hineingelassen, ein kleiner, mit Federn oder Blumen gezierter Putzhut ist erlaubt. Im Parterre dagegen erscheint man in gewöhnlicher Kleidung mit großen Hüten, die aber ohne Widerrede abgenommen werden müssen, wenn es verlangt wird.

Frauenzimmer des Mittelstandes und Herren jedes Standes besuchen das Parterre. Es ist ein ganz anständiger Platz, nur muß man früh, oft vor Öffnung des Hauses kommen, um eine gute Stelle zu finden; denn kein Vorherbestellen findet dort statt.

In die beiden ersten Logenreihen wird zu Anfang keine Dame hineingelassen, die nicht zuvor ihren Namen ins Logenbuch hat aufschreiben und dadurch ihren Platz bestellen lassen. Dies geschieht, um die öffentlichen Stadtnymphen von diesen Logen zu entfernen, welche für die ersten und unbescholtensten Familien des Reichs bestimmt sind. Jenen Damen sind eigene Sitze im Hintergrund des Schauspielhauses angewiesen.

Mit dem Einschreiben des Namens gewinnt man das Recht, mehrere Plätze, in welcher Reihe Bänke man will, bis zu Ende des ersten Aufzuges für sich aufbewahren zu lassen. Man kann seinen eigenen Bedienten hinschicken, oder, was gewöhnlicher ist, einen Shilling bezahlen. Für diesen Preis wird jemand von dem Logenwärter hineingestellt. Bis Ende des ersten Aktes werden diese leeren Plätze freigelassen, später hat jeder das Recht, sich ihrer zu bemächtigten. Niemand darf für mehr Plätze bezahlen, als er braucht, und täte man es, mietete man auch eine ganze Loge, es würde nichts helfen. Der Engländer behauptet: niemand dürfe durch sein Geld einen anderen, der auch bezahlt, vom Genusse eines öffentlichen Vergnügens ausschließen, wenn es der Raum erlaubt. Deshalb findet auch in den englischen Theatern kein Abonnement statt. Selbst die königliche Familie muß ihre Loge vorher bestellen, die sich übrigens durch nichts von den übrigen unterscheidet und ohne Unterschied wie die übrigen besetzt wird, wenn niemand vom königlichen Hause da ist.

Nach dem dritten Akt wird jedermann für den halben Preis hineingelassen; dieser Gebrauch ist sehr unangenehm für den besseren Teil der Gesellschaft. Mit großem Geräusche schwärmen dann jene Nachtvögel, die man so gern aus diesem Kreise abhielte, herbei, und alle Vorkehrungen dienten nur, sie von den ersten Reihen der Sitze in den Logen zu vertreiben. Die schlechteste Gesellschaft, freilich vorschriftsmäßig gekleidet, verbreitet sich dann durch's ganze Haus; deshalb gehen auch Damen nie ohne männliche Begleitung ins Theater, und kein Mann tritt einem hinter ihm sitzenden, ihm unbekannten Frauenzimmer seinen Platz ab, aus Furcht, die neben ihm Sitzenden in eine unpassende Nachbarschaft zu bringen. Dies ist einer von den Fällen, in welchen ein Fremder, der diese Sitte nicht kennt, aus großer Höflichkeit unhöflich werden könnte.

Drury Lane

[Fußnote: Das Haus, das Johanna besuchte, stammte aus dem Jahre 1794 und brannte 1809 wieder ab. Die Gründung des Drury Lane Theaters geht auf Thomas Killigrew zurück, der mit königlichem Patent 1662 hier ein Theater gebaut hatte, das aber ebenfalls mehrmals restauriert und umgebaut wurde. Das Patent besagte, daß nur Drury Lane und Covent Garden das Recht hatten, reine Schauspiele aufzuführen; daher durch Jahrhunderte die Stellung dieser beiden Bühnen. Seit 1802 hatte mit dem Abgang der Geschwister Kemble, Robert Kemble und Sarah Siddons, Drury Lane die Führung gegenüber Covent Garden verloren, und sein besonders skrupelloser Direktor Sheridan wirtschaftete das Haus auch finanziell ab. 1812 wurde ein neues Haus eröffnet, das in wenig veränderter Form bis heute besteht.]

Dieses Theater ist von innen eines der größten und schönsten in der Welt; die Außenseite desselben sahen wir nicht vollendet. In einem schwerfälligen Stil erbaut, wie fast alle öffentlichen Gebäude Londons, scheint es trotz seiner Größe von einem ungewöhnlich hohen Dache fast erdrückt zu werden. Dies Dach ist indessen für das Ganze von unschätzbarem Nutzen, nicht allein wegen der Flugwerke und übrigen Maschinen, die darin angebracht sind, sondern weil es einen eisernen Vorhang enthält, der im Fall, daß während der Vorstellung Feuer auf dem Theater auskäme, sogleich herabgelassen wird und den Teil des Hauses, welchen die Zuschauer erfüllen, vor aller Gefahr sichert.

Von innen ist das Haus hell gemalt, geschmackvoll dekoriert; es enthält vier Reihen Logen, ohne die Galerien. Wenigstens fünfzig glänzende kristallene Kronleuchter und noch viel mehr Spiegelwandleuchter sind ringsum in zierlicher Ordnung angebracht, mehrere Hundert von Wachslichtern brennen darauf, und doch schwindet ihr Glanz gegen den des Theaters, sowie der Vorhang aufgeht. Erleuchtet durch eine Unzahl von Lampen strahlt dieses wie im hellsten Sonnenscheine.

Die Dekorationen sind des Ganzen würdig; der hintere Vorhang derselben ist eigentlich kein Vorhang, er wird nicht aufgerollt, sondern zerlegt sich in mehrere Teile, je nachdem der Gegenstand ist, den er vorstellt; diese einzelnen Teile trennen sich wieder in kleinere, schieben sich ineinander und werden so in die Höhe gezogen. So steigen sie auch herab und entwickeln sich mit Zauberschnelle, keine Spalte deutet ihre Zusammensetzung an. Diese Einrichtung hat den Vorteil, daß die Dekorationen durch das Aufrollen nicht beschädigt werden, daß sie keine

Falten und Streifen zeigen und nie so in Bewegung kommen wie unsere Vorhänge, die uns oft in den friedlichsten Szenen ein Erdbeben vergegenwärtigen.

Die glänzendsten Sterne des theatralischen Himmels hatten sich, wie wir in London waren, in Covent Garden vereint; doch blieb Drury Lane, besonders im komischen Fach, noch reich genug, um durch sehr ausgezeichnete Vorstellungen zu erfreuen. Vor allem glänzte Mme. Jordan [Fußnote: Wilhelm, Herzog von Clarence, König Wilhelm IV. von 1830-37, hatte Dorothy Jordan 1785 im Drury Lane zum ersten Mal auf der Bühne gesehen und sich in die junge Frau verliebt. Sie lebten 20 Jahre miteinander, hatten 10 Kinder; 5 andere, die aus einer Beziehung vor Wilhelm bestanden, hatten sie in der Nachbarschaft untergebracht. Zwischen ihren Geburten trat sie weiter auf. Ein Jahr nach Johannas Aufenthalt kam es dann zum Bruch, da Wilhelm sich mit Heiratsabsichten trug, Dorothy ging ins Ausland und starb in Frankreich in bitterster Not.] hervor, die Geliebte, oder, wie einige behaupteten, die heimlich angetraute Gemahlin des damaligen Herzogs von Clarence, des jetzigen Königs, der auch vor der Welt sie auf alle Weise ehrte und sie immer in seiner Equipage mit seiner Livree ins Theater fahren ließ. Beim Anblick dieser wunderbar reizenden Frau mußte man ganz vergessen, daß sie schon ziemlich weit über die erste Blüte der Jugend hinaus und für jugendliche Rollen etwas zu stark geworden war. Der fröhlich schalkhafte Ausdruck ihres sehr hübschen Gesichts, ihr angenehmes sonores Organ, die naive Grazie und Wahrheit in jeder ihrer Bewegungen bezauberten unwiderstehlich und ließen nichts vermissen.

Wir wollen hier einer Vorstellung in Drury Lane gedenken, die uns vor allen gefiel. Man spielte Shakespeares "Much Ado about Nothing" (Viel Lärm um nichts). In Deutschland sehen wir zuweilen eine Verkrüppelung dieses herrlichen Lustspiels unter dem Namen: "Die Quälgeister" [Fußnote: von dem Mannheimer Schauspieler Beck. Johanna besuchte diese Vorstellung bei ihrem ersten London-Aufenthalt, am 30. Mai, wenige Tage nach ihrer Ankunft in England.], und es unterhält auch da noch, soviel Mühe sich dessen Verfasser gegeben hat, es zur Mittelmäßigkeit herabzuziehen, so unbeholfen sich auch Shakespeare in der engen Uniform eines modernen Leutnants oder Hauptmanns bewegt. Welch ein ganz anderer Genuß aber ist es, dieses Stück mit wenigen Weglassungen, die unsere Sitten durchaus notwendig machen, in seinem ursprünglichen Glanze zu sehen! Madame Jordan als Beatrice und Mr. Bannister [Fußnote: John; "den besten niederen Komiker auf der Bühne" nannte ihn Leigh Hunt in seinen "Critical Essays", 1807.] als

Benedickt waren ganz an ihrem Orte. Die Szenen zwischen beiden, wo ein Witz den anderen wie ein Wort das andere jagt, muß man von beiden gesehen haben, um zu glauben, daß etwas auswendig Gelerntes mit dieser Wahrheit wiedergegeben werden kann. Die langsam pathetische Abstoßung der Worte, deren wir oben gedachten, war hier wie bei allen guten englischen Komikern ganz verschwunden; alles ging Schlag auf Schlag, dennoch verlor kein Zuhörer in dem ungeheuren Hause nur eine Silbe. Freilich, sowie die Verse und mit ihnen der Ernst wieder eintreten, erscheint auch wieder der feierliche Predigerton. Über alles ergötzlich waren der Richter Dogberry und seine Gesellen mit ihrem breiten Bauerndialekte. Das ganze große Haus bebte vom unaufhaltsamen Gelächter der Zuschauer; sowie sie erschienen, mußten sie oft innehalten, um nur gehört zu werden.

Mme. Bland, eine kurze, dicke, ältliche Favoritin des Publikums, die für eine vortreffliche Sängerin galt, weil sie gewaltig schrie und dabei deutlich aussprach, sang in einem Zwischenakt eine englische Liebesromanze, "Poor crazy Jane" (die arme wahnsinnige Hanna). Es sind die einfachen Klagen eines von seinem Geliebten betrogenen und darüber wahnsinnig gewordenen Mädchens. Die Musik war nicht sonderlich; doch mußte sie unter lautem Beifall zweimal wiederholt werden. Hierzulande gilt der Text mehr als die Musik, und solche Schilderungen des höchsten menschlichen Elends sind einmal die größte Freude der Engländer. Mit ihrem Gefühl geht es ihnen wir mit dem Cayennepfeffer: nur das möglichst Starke vermag bei ihnen Herz und Magen zu reizen.

Den Beschluß machte für diesen Abend, oder wie man hierzulande passender sagt, für diese Nacht, eine große, meistenteils von Italienern aufgeführte Pantomime; ein Schauspiel, das wir in dieser Vollkommenheit noch nirgends sahen. Ein Zauberer saß auf seinem Throne, umgeben von dienenden Geistern aller Art. Im Hintergrunde, hinter einem eisernen Gitter, erblickte man den alten Pantalon, Harlekin, Colombine und den treuen Diener Pierrot, alle in Todesschlummer versunken, in Särgen liegen. Der Zauberer mußte notwendig verreisen, und alles kam darauf an, daß jemand einstweilen an seiner Stelle auf dem Throne säße und das Szepter aufrecht hielte, ohne einzuschlafen. Ein kleiner, neckischer Kobold, unübertrefflich von einem Signor Grimaldi [Fußnote: der Clown Grimaldi gehörte seit seiner Kindheit dem Haus an und war ein über alle Maßen beliebter, aber auch von der Kritik gerühmter Pantomime.]gespielt, wird zu diesem Ehrenamt erlesen und weiß sich nicht wenig damit. Der Zauberer ermahnt ihn auf's Dringendste, ja nicht einzuschlafen, und fährt ab in seinem Drachenwagen. Eine Weile geht es vortrefflich; der kleine närrische Kobold ist außer sich vor Freuden auf dem weiten prächtigen Thron. Nun aber meldet sich der Schlaf, umsonst widersteht er aus allen Kräften, umsonst nimmt er aus einer ungeheuren Dose eine so starke Prise, daß er dreimal niesen muß, bei jedem Niesen wenigstens drei Ellen hoch vom Sitze in die Höhe geschnellt wird, in der Luft sich ein paar mal überschlägt und immer wieder auf den Sitz zurückplumpt. Die Natur siegt, er schläft ein, das Zepter entsinkt einen Moment seiner Hand, der Zauber ist zerstört, und der bunteste Wirrwarr hebt an. Die Schlafenden erstehen hoch erfreut aus ihren Särgen, alles verschwindet. Harlekin und die Seinen sind nun auf ewiger Flucht, überall, in tausend Abwechslungen, lassen sie sich häuslich nieder und fangen an, ihr lustiges Wesen zu treiben, überall verfolgt sie der Kobold. Ewiger Szenenwechsel, Dekorationen, so prächtig man sie nur erdenken kann, Verwandlungen, bei denen man verleitet wird, an Hexerei zu glauben, folgen in der schnellsten Mannigfaltigkeit, daß das Auge kaum Zeit hat, alles zu bemerken. Die Mimiker waren alle vortrefflich, wie die Dekorationen; ein echter komischer Zug jagte den andern. Das Haus erscholl vom unaufhaltsamsten Gelächter; alles lachte, alles war erfreut, aber gewiß niemand imstande, zu Hause zu erzählen, was er gesehen hatte. Gegen ein Uhr endigte das Schauspiel.

Covent Garden

[Fußnote: Das Haus, das Johanna besuchte, war 1792 durch den Architekten Henry Holland wesentlich vergrößert worden (3600 Plätze statt vorher 2000). Hauptattraktion war ein eiserner Vorhang, der aber dennoch nicht verhindern konnte, daß das Haus 1806 einer Brandkatastrophe zum Opfer fiel; Neubau 1809. Nach einem neuerlichen Brand erstand es 1858 in seiner modernen Gestalt unter dem Namen Covent Garden Opera House.]

Das Haus, nicht völlig so groß als das von Drury Lane, aber nicht weniger elegant dekoriert, erscheint fast noch blendender, noch prächtiger als jenes, denn viele große und kleinere angebrachte Spiegel vervielfältigen die Menge der strahlenden Wachskerzen ins Unendliche.

Hier auf diesen Brettern sah man oft in einer einzigen Vorstellung die berühmtesten Künstler vereint. Zuerst nennen wir Mme. Siddons die, seit wir sie sahen, das Theater verlassen hatte. [Fußnote: Sarah (1755-1830), geniale Tragödin. Garrick holte sie 1775 zum ersten Mal ans

Drury Lane, doch konnte sie sich nicht durchsetzen und kam 1782, nun schon berühmt, ein zweites Mal an diese Bühne. Ihre Glanzrolle, die Lady Macbeth, hat sie allein in London 139 Mal gespielt. Gerde in der Spielzeit 1804/05 verlor sie etwas das Publikumsinteresse, da sich dieses dem dreizehnjährigen Wunderknaben Master Betty zuwandte, der Hamlet und Richard III. spielte. 1802-12 spielte sie im Covent Garden, zog sich dann vom Theater zurück, trat aber noch mehrmals auf.] Sie war eine hohe königliche Gestalt. Als ob Melpomene, wie alte Meister sie uns darstellen, das Piedestal verlassen hätte, um unter den Lebenden zu wandeln, so trat sie einher, groß, schön, im einfachen Ebenmaß. Ihr ganzes Wesen war zur Tragödie geschaffen, der Ausdruck, die Form ihres schönen Gesichts paßte nur für das Trauerspiel, unmöglich konnte man sie sich fröhlich oder gar lachend denken. Unbeschreiblich melodisch war ihre Stimme, sanft und durchdringend zugleich, sie hatte unnachahmlich klagende Töne in ihrer Brust. Schon lange war sie nicht mehr jung, aber die Zeit konnte ihr wenig rauben; bei diesen edlen regelmäßig schönen Zügen vermißte niemand den Glanz der Jugend; sie war ziemlich stark; aber auch dies machte keinen Übelstand bei ihrer hohen Gestalt. Sie wäre ein Ideal gewesen, über das hinaus man sich nichts denken konnte, hätte sie sich nicht zuweilen von der Lust, dem Publikum zu gefallen, hinreißen lassen, ihr großes Talent zu mißbrauchen. So aber überschritt sie oft die Grenzen des Schönen und ward fürchterlich.

Als Isabella zum Beispiel in dem Trauerspiel: "The Fair Penitent" (Die schöne Büssende) [Fußnote: von Nicholas Rowe, seit der Uraufführung (1703) vielgespieltes Repertoirestück.], wo sie im fünften Akt den Dolch sich ins Herz stößt, verschied sie mit einem lauten, konvulsivischen, herzund nervenzerreißenden Gelächter, das ziemlich lange anhielt und den Zuschauern die Haare zu Berge sträubte. Aber so etwas will der Engländer, und halb London strömte ins Theater, um Mme. Siddons lachen zu hören, obgleich die Damen Krämpfe und Ohnmachten davontrugen.

Ihr wahrer Triumph aber war wohl die Rolle der Lady Macbeth: denn in dieser hatte sie ein weites offenes Feld für ihr großes Talent. In der Szene des Nachtwandelns machte ihr bloßer Anblick jeden Blutstropfen erstarren.

Ihr Bruder Kemble verdiente ihr Bruder zu sein [Fußnote: John Philipp, Bruder der Sarah Siddons, doch nicht von ihrer genialen Begabung. Seine entscheidende Leistung lag auf dem Gebiete der Regie, in

seinem Bestreben, Kostüm und Szenerie sinnvoll in den Gesamtein-
druck einer Aufführung einzugliedern, worauf man bis dahin wenig
Wert legte.]. Seine Gestalt war noch sehr edel und schön, obgleich auch
er die Jugendjahre weit überschritten hatte. Zuweilen schien er vielleicht ein wenig monoton, aber sein Spiel war immer durchdacht und
motiviert, und immer erkannte man darin seine Lehrerin.

Der junge Siddons, der noch obendrein seiner Mutter sprechend
ähnlich sieht, und seine Frau, die mit Jugend und Schönheit ein großes
Talent für sanfte, duldende, liebende Rollen vereint, zeichneten sich e-
benfalls aus, teils durch das, was sie schon damals leisteten, teils durch
die Hoffnungen, die sie, gebildet in dieser Schule, für die Zukunft gaben. Unmöglich kann man die Rolle der Julia lieblicher dargestellt sehen
als von der jüngeren Mme. Siddons.

Ein Meister anderer Art war Cooke. Die Natur versagte ihm eine
schöne Gestalt; dafür gab sie ihm eine desto ausdrucksvollere Physiognomie, besonders für die Rollen, die er sich erwählt hatte, Tyrannen,
Bösewichte; kalte, kühne, trotzige Charaktere spielte er unübertrefflich.
Sein Triumph aber war Richard der Dritte. Nie war diese Rolle vor ihm
so dargestellt worden, nie wird sie nach ihm es werden; er machte darin
Epoche. Seine Feinde behaupteten sogar, er spiele sie immer, in allen
seinen anderen Rollen blicke immer Richard der Dritte hervor. Gestalt,
Ton, Blick, Gang, alles war in dieser Rolle Wahrheit an ihm. Wo er un-
verhüllt boshaft erschien, schauderte man vor seiner kalten Besonnen-
heit, wo er heuchelte, bestach er selbst die Zuschauer Wenn er mit kaltem Hohne alles, selbst seine eigene Häßlichkeit bespöttelte, wenn er in
wilder Verzweiflung "Ein Pferd! ein Pferd! Mein Königreich für'n
Pferd!" rief, wenn er mit heuchlerischer Demut das Herz der Lady Anna
am Sarge ihres Gemahls eroberte--immer war er sich gleich, immer groß
und wahr.

In Hinsicht der sonst hier gewöhnlichen Pracht vernachlässigt man
oft die Shakespearschen Meisterwerke, die schon ihres inneren Werts
wegen immer ein gefülltes Haus bringen, und verwendet den Flitter
lieber an neueren Darstellungen, die durch nichts anderes glänzen können. Dennoch muß man jene Stücke gerade auf diesem Theater sehen,
um der großen Schauspieler willen, welche in den Hauptrollen wahrhaft glänzen.

Die Nebenrollen fallen freilich umso unangenehmer auf. Das lang-
same, einem Gebelle ähnliche Perorieren der mittelmäßigen Schauspieler wird erst lächerlich, dann unerträglich. Freilich mag es sehr schwer

sein, so laut zu sprechen und doch noch Modulation in der Stimme zu behalten.

Leider spielt man fast alle Shakespearschen Stücke, die noch gegeben werden, nach den Umarbeitungen Garricks der wie viele seinesgleichen in dem Wahne stand, ein großer Schauspieler müsse auch ein guter Dichter sein, und deshalb sich mit dem großen Meister ganz unerlaubte Freiheiten herausnahm [Fußnote: David Garrick (1717-79), berühmter englischer Schauspieler, Stückeschreiber und Theaterdirektor. Verkörperte eine neue Schauspielkunst, die auf Schlichtheit und Natürlichkeit Wert legte.]. In "Romeo und Julia" zum Beispiel erwacht Julia, wie Romeo noch sterbend ist; dies verursacht eine unaushaltbare Szene; die Amme ist ganz gestrichen. "Hamlet" wird dem Originale ziemlich treu gegeben, nur bleibt Fortinbras am Ende weg. Hamlet ist Kembles Hauptrolle, er spielt sie bis in die kleinsten Details, als hätte er "Wilhelm Meister" gelesen.

Was Cooke und Kemble in der Tragödie, das waren Munden, Fawcett, Lewis in der Komödie, vor allem Munden [Fußnote: William Lewis, Inbegriff des jungen Gecken]. Dumme Bediente, alberne Jungen, wunderliche alte Herren waren sein Hauptfach und Polonius im "Hamlet" sein Triumph. Übrigens übertraf er in Gesichterschneiden und närrischen Stellungen alles, was wir je gesehen haben. Stürmisch geht es in Covent Garden her wie in Drury Lane. Einst, bei einer Benefizvorstellung von "Menschenhaß und Reue" [Fußnote: von August Kotzebue. Die erfolgreiche englische Fassung hieß "The Stranger or Misanthropy and Repentance"], welche in den komischen Rollen besonders vortrefflich dargestellt ward, trat im Zwischenakt ein junger Mann mit einem Hornpipe auf [Fußnote: dazu führt Johanna in einer Fußnote an: "ein in Matrosenkleidung getanztes Solo, wie man es auch zuweilen auf deutschen Bühnen sieht."]. Sehr unschuldigerweise gefiel er den hohen Gönnern, denn er tanzte herrlich schlecht. Man forderte Wiederholung des Tanzes, aber der junge Herr war so ungefällig, nicht zu erscheinen. Nun entstand ein Lärmen, als sollte das Haus einstürzen wie weiland die Mauern von Jericho vor dem Trompetenschalle. Wer solch einem Aufruhr zum ersten Mal beiwohnt, kann sich in der Tat der Furcht nicht erwehren; es übersteigt allen menschlichen Begriff. Ein Schauspieler stand auf der Bühne und wartete, bis die Schreihälse einmal würden pausieren müssen. Der Moment kam endlich; mit tiefen Bücklingen trat er hervor und erbat sich die Erlaubnis, ein Lied zu singen, dabei versicherte er, der andere Gentleman würde gleich darauf tanzen, er erhole sich nur ein wenig. Jetzt war der Beifall ebenso rauschend als zuvor der

Tadel; der Sänger sang ein närrisches Lied von einem Yorkshireman [Fußnote: ebenfalls Johanna: "Die Bewohner von Yorkshire sind wegen ihrer schlauen Gewandtheit zum Sprichwort geworden. Man sagt von ihnen: give him a saddle and he will find a horse, d.i. gebt ihm einen Sattel, ein Pferd findet er schon."]; es hatte unendliche Verse, mußte aber dennoch zweimal wiederholt werden. Daß der Sänger sich nicht lange darum bitten ließ, versteht sich von selbst. Sowie das Lied geendigt war, trat der Tänzer wieder auf, man ließ ihn gelassen tanzen und pfiff ihn hinterher aus.

Im folgenden Zwischenakt ahmte ein Schauspieler die bekanntesten Mitglieder beider Theater auf's täuschendste nach; etwas, das doch wohl bei keiner Bühne anderer Nationen geduldet werden würde. Gang, Sprache, Deklamation, alles war zum Verwechseln; mit lautem Beifall rief das Publikum den Namen des jedes Mal dargestellten Schauspielers aus. Sehr interessant war es, dieselbe Stelle einer Tragödie mehrere Mal hintereinander auf ganz verschiedene Weise deklamieren zu hören. Auf alles dieses folgte noch ein Nachspiel, ohne welches das Publikum gewiß nicht ruhig nach Hause gegangen wäre, obgleich schon fast der Tag wieder anbrach.

Den größten Lärm aber erlebten wir in Sheridans Umarbeitung von "Rollas Tod", im "Pizarro". Bis jetzt hatte man dieses Stück nur in Drury Lane, aber vielmal hintereinander gegeben, denn Sheridan war bekanntlich Mitdirektor jenes Theaters. Jetzt ward es mit neuen prächtigen Dekorationen auch im Covent Garden angekündigt. Mme. Siddons sollte die Cora, Kemble den Rolla, Cooke den Pizarro spielen. Alle Logen waren längst auf diesen Tag vorbestellt, alles war voll Erwartung.

Die Direktion von Drury Lane konnte den Triumph von Covent Garden unmöglich gleichgültig ansehen, und sie ergriff sonderbare Mittel ihn zu vereiteln. Für's erste kündigte sie dasselbe Stück für den nämlichen Abend an. Der Fall, daß das nämliche Stück an einem Abend in beiden Häusern gegeben werden sollte, war damals nicht vorgekommen, solange die Londoner Theater existierten. Sodann gab sie den Tag vor der Vorstellung ein prächtiges Mittagessen, Herrn Cooke zu Ehren. Daß auf englische Weise dabei viel getrunken ward, daß der Held des Tags mit einem ziemlichen Rausche nach Hause gebracht werden mußte, war in der Regel.

Abends darauf, als das Schauspiel anfing, fand sich eine ungeheure Menge Zuschauer ein, die glänzendste Versammlung, die man seit langer Zeit in Covent Garden gesehen hatte. Zu Anfang ging alles vortrefflich, bis Cooke als Pizarro auftrat und--trotz aller Anstrengung--nicht imstande war, auch nur ein lautes Wort hervorzubringen. Er versuchte zwei, drei Mal zu reden, umsonst, er mußte verstummen. Nur zu gut hatten die Schauspieler von Drury Lane die Schwäche ihres ehemaligen Mitgenossen gekannt und berechnet, denn jedes Mal war Cooke den Tag nach einem Rausche durchaus heiser, so daß er unmöglich spielen konnte. Das Übel dauerte nur den einen Tag, deshalb hatte man ihn a- bends vorher so hoch fetiert. Der Zorn, das Wüten des Publikums über- stieg nun alle Grenzen; das vom wildesten Orkan aufgeregte Meer ist nur ein schwaches Bild des unbeschreiblichen Tobens des Parterres und der Galerien. In den Logen blieb man ziemlich ruhig, die Damen zitter- ten, alle waren leichenblaß, und einige wurden ohnmächtig hinausge- bracht. Alle Schauspieler mußten auf dem Theater bleiben. Mme. Sid- dons, Kemble, der in der indischen Tracht [Fußnote: indianische Feder- mäntel] wunderschön aussah, standen ängstlich verlegen dem entsetzli- chen Lärm gegenüber, denn sowie sie nur Miene machten, das Theater zu verlassen, drohte man es zu stürmen. Cooke war wie vernichtet im Hintergrunde. So lärmte man eine starke Stunde durch; unbegreiflich blieb es uns, wie es die Lungen nur aushielten. Kemble versuchte end- lich Cookes plötzliche Krankheit und ein anderes Stück für den heuti- gen Abend anzukündigen, kaum ließ man ihn zu Worte kommen. "Pi- zarro, Pizarro!" riefen tausend Stimmen, "Cooke ist betrunken!" riefen andere und achteten nicht darauf, daß Kemble mit den demütigsten Gebärden das Gegenteil versicherte. Das Toben nahm jeden Augenblick zu, die Schauspieler schienen sich ängstlich untereinander um Rat zu fragen. Nun trat Kemble wieder vor und fragte: ob das Publikum dem jungen Siddons erlauben wolle, den Pizarro mit dem Buch in der Hand zu spielen. Lauter Beifall erfolgte, der Sturm legte sich, Cooke schlich sich von der Bühne fort, und das Stück wurde genau von da an weiter- gespielt, wo man erst abgebrochen hatte.

Unbegreiflich war uns die Fassung, mit der alle, besonders Mme. Siddons und Kemble, nach einem solchen Auftritt fortspielten; sie über- trafen sich selbst, die Dekorationen waren wunderschön, und auch Pi- zarro nahm sich trotz des Buchs besser aus als man erwarten konnte. Alles war vergeben und vergessen, nur da Kemble das Stück für den folgenden Tag wieder ankündigte, rief man ihm von allen Seiten zu: "Sagt Cooke, er solle sich nicht wieder betrinken!"

Die italienische Große Oper

[Fußnote: das große Theater am Haymarket, bis 1714 The Queen's, nachher The King's Theatre genannt. 1789 abgebrannt, 1791 neu eröffnet (dieses Haus stand in seiner Größe kaum der Mailänder Scala nach), 1867 wieder abgebrannt und 1892 abgerissen, da niemand mehr Geldmittel für dieses kostspielige Theater aufbringen wollte.]

Von diesem großen Theater, dem Stolz der Nation, wenden wir uns jetzt zur italienischen Oper.

Obgleich die Vornehmsten es beschützten, so ist dieses Theater dennoch dem Volke verhaßt, weil es auf alle Weise dem Nationalgeiste entgegenstrebt. John Bull geht höchstens einmal hin, um sich hernach zeitlebens darüber lustig zu machen. Die fremde Sprache, das ganze ausländische Wesen, vor allem die französischen Tänzer erscheinen ihm wie ebenso viele Entheiligungen des vaterländischen Bodens. Längst wäre die ganze Anstalt zugrunde gegangen, wenn nicht der Großen Eitelkeit, Prachtliebe und Vorliebe für das Ausländische sie erhielte; deutlich sieht man, daß sie hier nicht gedeihen kann und trotz der großen Summen, die darauf verwendet werden, nur kümmerlich vegetiert.

Das Haus, noch größer als Drury Lane, enthält außer dem Parterre fünf Reihen Logen und zwei Galerien. Über und über mit Malereien überladen, schien es, ungeachtet der sehr glänzenden Erleuchtung, dennoch dunkler als die anderen Schauspielhäuser. Die Verzierungen waren ziemlich geschmacklos, überall schwärmen Amoretten zwischen tausend Schnörkeln und Girlanden auf dunklem Grunde; das Ganze erschien bunt, aber nicht heiter. Dieses Theater ist der glänzendste Vereinigungspunkt des hohen Adels, dem es hauptsächlich seine Erhaltung verdankt; wer sonst auch noch auf feinen Ton, auf Bildung, auf hohen Stil Anspruch macht, der tut wenigstens als besuche er es fleißig und sei jedes Mal entzückt, wenn er auch noch so oft mit geschlossenem Munde während der Vorstellung gähnen mußte. Alle Logen von unten bis oben sind zu Preisen vermietet, für welche man in mancher Stadt des festen Landes ein ganzes Haus nich allein mieten, sondern sogar kaufen könnte.

Vom Monat Dezember bis Ende Junius sieht man wöchentlich zweimal, dienstags und sonnabends, in diesen Logen die schönsten, berühmtesten, reichsten und vornehmsten Damen des Reichs in ihrem prunkvollsten Schmucke versammelt. Strahlend von Diamanten sitzen sie in langen Reihen und gewähren einen Anblick, der das eigentliche Schauspiel weit übertrifft. Wer nicht abonniert ist, muß ins Parterre, welches hier an Rang den Logen gleichgehalten wird. Das Billett kostet eine halbe Guinee, und die Etikette befiehlt auch hier in Gala zu erscheinen, die Herren in Escarpines, den Dreieck unterm Arme, die Damen auf's schönste geschmückt; sonst wird man auf die erste Galerie gewiesen, die halb soviel kostet als das Parterre. Ob sich aber dort im sechsten Stockwerk viel sehen und hören läßt, müssen wir billig bezweifeln.

Unser Schicksal wollte, daß wir die von Winter komponierte Oper "Calypso" sehen sollten, denn an eine Wahl ist hier nicht zu denken [Fußnote: Peter von Winter (1754-1825), einst international angesehener Komponist, seit 1788 in München Hofkapellmeister. Schrieb über 40 Opern, ferner Oratorien, Messen, Kantaten und Kammermusik. Zur Einstudierung seiner Oper "Calypso" weilte Winter 1803-05 in London.]. Mehrere Wochen hindurch erscheint eine und dieselbe Oper, ein und dasselbe Ballett ununterbrochen hintereinander fort, bis Sänger und Tänzer es müde sind; denn das Publikum in den Logen ermüdet nicht, immer das nämliche zu sehen und es vortrefflich zu finden. Kaum dreimal werden den Winter über die Vorstellungen gewechselt.

Die berühmte Billington erschien als Calypso wenig zu ihrem Vorteile. [Fußnote: Elizabeth, geb. Weichsel; geboren in London als Tochter eines deutschen Musikers, gestorben 1818. 1794-1801 weilte sie in Italien, kehrte dann nach London zurück und blieb bis 1809 am Theater.] Ihre reichlichen vierzig Jahre konnte man übersehen, wäre sie nur nicht so unerlaubt dick gewesen, wie wir noch nie eine weibliche Gestalt auf dem Theater erblickten, hätte sie sich nur bemüht, durch Spiel und Ausdruck Jugend und Gestalt zu ersetzen. Aber sie hielt es unter ihrer Würde, Schauspielerin zu sein; bewegungslos stand sie da und sang, und glaubte damit schon ein übriges getan zu haben. Die Engländer hielten sie für die erste Sängerin der Welt. Ihre Stimme war in der Tat rein, voll und besonders in der Höhe von großem Umfang, dabei kunstmäßig gebildet, aber Ausdruck und Vortrag fehlten ihr ganz. Wie es ihr vorgeschrieben war, so sang sie alles richtig hintereinander ab, gleich einem Uhrwerke; brachte hin und wieder Kadenzen und Triller an, wobei dem Zuhörer der Atem verging, und glaubte so die höchste Stufe der Kunst erreicht zu haben. So ein Triller von einer Viertelstunde, darüber geht dem Egländer kein Gesang der Welt.

Alle übrigen Sänger und Sängerinnen, größtenteils Italiener, waren fast noch weniger als mittelmäßig. Unter den schlechtesten als die schlechteste zeichnete sich die zweite Sängerin aus, und man sagte uns, die Direktion hätte sie bloß engagiert, weil ihr die Kleider ihrer Vorgängerin wie angegossen paßten.

Das Orchester war lobenswert, die Dekorationen recht hübsch, aber bei weitem nicht mit denen der anderen Theater in London zu vergleichen. Die ganze Anstalt schien uns mit einer Mesquinerie [Fußnote: Kleinlichkeit] betrieben, die sowohl der großen Summen, welche darauf verwendet werden, als des Publikums, das sich dort versammelt, unwürdig ist.

Sehr vergnügt sahen wir den Signore Telemaco endlich seinen Luftsprung machen und freuten uns auf das Ballett. Leider aber hatte auch dieses drei Akte und schien gar kein Ende nehmen zu wollen. Es war ein moralisches, sentimentales Wesen. Mlle. Parisot, L'Arborie, dessen Frau und noch einige, deren Namen uns nicht beifallen, waren vortrefflich. Die Haupttänzer sind es immer; denn man engagiert alljährlich ausgezeichnete Künstler aus Paris für die Saison um große Preise. Desto schlechter stechen aber die anderen Tänzer, noch mehr die Figuranten dagegen ab, sowohl in Hinsicht der Kunst als der Kleidung; nirgends eine Spur des Geistes, der uns im Pariser Ballett in eine andere Welt versetzt.

Nach ein Uhr kamen wir ermüdet, als hätten wir mitgetanzt, zu Hause an, um sieben Uhr waren wir schon hingefahren.

Vauxhall

[Fußnote: der Vergnügungspark entstand um die Mitte des 17. Jahrhunderts und wurde gegen 1830 aufgelassen. Vauxhall, ursprünglich der Name eines Dorfes, heute ein Stadtteil von London, diente in der Zeite der Blüte des Vergnügungsortes auch für ähnliche Anlagen in anderen Städten, so auch in Edinburgh, von dem Johanna berichtet.]

Reizender, blendender, feenhafter läßt sich nichts denken als dieser, in einer kleinen Entfernung von London am Ufer der Themse gelegene Garten, besonders in sogenannten Galanächsten, wenn er zur Feier des Geburtstages irgend eines Mitglieds der königlichen Familie in doppelter Erleuchtung prangt. Gegen fünfzehntausend wohlgekleidete Männer und Frauen wandeln dann im Schimmer unzähliger Lampen auf diesem magischen Flecken Erde zwischen schönen Bäumen und blühenden Sträuchern im fröhlichsten Gedränge umher. Musik tönt durch die laue Sommernacht, alles atmet Lust und Vergnügen; es ist, als beträte man das Paradies der Mohammedaner. Nirgends sieht man herrlichere Gestalten als hier, wo die in allen Farben prangende sonnenhelle Beleuchtung jeden Reiz erhöht.

Gleich der Eintritt in diesen Zauberort überrascht und blendet. In der Mitte eines großen, ringsum mit schönen Bäumen umgebenen Platzes erhebt sich das Orchester hoch in die Luft. Aus tausendfarbigen Lampen zusammengesetzt, strahlt es blitzend gegen den dunklen nächtlichen Himmel wie ein aus Edelsteinen erbauter Feenpalast. Leicht und lustig steht das phantastische Gebäude da, und doch innerlich fest genug, um nahe an hundert Personen sicher zu tragen.

Hinter den ebenfalls erleuchteten Bäumen ziehen sich oben bedeckte Arkaden hin, unter welchen mehrere hundert kleine Bogen und Pavillons angebracht sind. Auch an diesen Arkaden reiht sich Lampe an Lampe; oben, unten, an den Seiten, überall funkelndes Licht und brennende Farbenpracht. Von diesem Platze aus laufen mehrere hell erleuchtete Alleen neben einigen dunklen. Letztere betritt die gute Gesellschaft nie. Transparente Gemälde endigen die erleuchteten Alleen; Säle mit Statuen, Transparenten, Blumen und kristallenen Girlanden geziert, bieten Schutz gegen Kälte, Wind und plötzlich einfallenden Regen. In einigen vom Orchester entlegenen Sälen spielen kleine Musikchöre.

Mehr als hundert wohlgekleidete, gewandte Aufwärter stehen neben den Bogen, welche den großen Platz umgeben. Jedes Winks bereit, besetzen sie im Nu die darin fertig gedeckt stehenden Tische mit allem, was man an einem solchen Orte von kalten Speisen und Getränken verlangen kann.

Das Orchester besteht größtenteils aus Blasinstrumenten. Wir hörten hier unter anderen ein Konzert auf der Trompete in einer Vollkommenheit, deren Möglichkeit wir nie geträumt hätten. Ein im Dienste des Prinzen von Wales stehender Künstler blies es.

Auch die beliebtesten englischen Theatersänger, einige wenige der vornehmsten ausgenommen, lassen sich hier mit einzelnen Arien, Volksliedern, Kanons und vielstimmigen Gesängen hören. Im Freien klingt jede Musik gut, aber der Effekt, den diese aus dem Feentempel erschallenden mächtigen Töne in der funkelnden, schweigenden Nacht hervorbringen, ist unbeschreiblich; denn trotz der großen Menschenmenge hört man doch nirgends wilden Lärm auf diesem Platze.

Schweigend oder flüsternd wandelt alles umher und horcht der Musik, bis eine Glocke uns in einen etwas abgelegenen Teil des Gartens ruft.

Dort sehen wir in einem großen, sich bewegenden Gemälde einen Wasserfall auf das täuschendste dargestellt. Man hört das wilde Rauschen der Flut und sieht sie in stäubendem Schaum sich verwandeln. Die Szene belebt noch eine am Fuße des Wasserfalls angebrachte Brücke, über welche mancherlei Fuhrwerke, Fußgänger, Reiter und Tiere passieren, alles auf's natürlichste und täuschendste dargeboten.

Von hier kehrt man zum Orchester zurück, von welchem um diese Zeit gewöhnlich eine große Arie oder sonst ein ausgesuchtes Tonstück erschallt; dann lustwandelt man in den hellen Alleen und besucht die verschiedenen Säle. Pfeilschnell verfliegt die Zeit; ehe man es erwartete, ist's Mitternacht. Eine zweite Glocke ruft uns in einen anderen Teil des Gartens, zu einem artigen Feuerwerke, bei welchem man aber freilich nicht an die Flammenpracht im Wiener Prater denken muß. Nach dem Feuerwerke verteilt sich der größte Teil der Gesellschaft in die Logen, wo man in kleinen, selbstgewählten Kreisen fröhlich zu Abend ißt und dabei die draußen umher wandelnde schöne Welt die Musterung passieren läßt.

Späterhin wird auf dem grünen Rasen in der Nähe des Orchesters getanzt. Die Damen, welche hier tanzen, mögen freilich wohl nicht die unbescholtensten sein. Schwerlich würde sich in London ein Mädchen von gutem Rufe zu einer solchen öffentlichen Ausstellung verstehen; auch bemerkten wir fast immer dieselben Tänzerinnen und schließen daraus, daß sie vom Unternehmer der Anstalt hier zu tanzen engagiert sind. Indessen, sie tanzten mit dem Ausdruck der Freude und dennoch anständig, so daß sie eine vollkommene Illusion hervorbrachten. Alle waren schön, jung und wohlgekleidet, und so fragte niemand danach: wer sie wohl eigentlich sein möchten?

Gewöhnlich bricht der Tag über alle diese Freuden an, doch pflegt die gute Gesellschaft sich vor zwei Uhr zu entfernen; später artet der Ton aus und wird zuweilen zu wild und baccantisch, als daß man gern dabei verweilen möchte.

Konzerte

Berühmte Virtuosen, welche in London binnen wenigen Jahren ein Vermögen erwarben, das sie auf dem festen Lande während einer ganzen Lebenszeit nicht erworben hätten, wissen am besten, wie man hier die Musik liebt. Die Nation selbst ist eigentlich nicht musikalisch. Es fehlt ihr nicht bloß an Talent, sondern auch an Gehör und Geschmack. Daher gibt's nichts Ungefälligeres, Monotoneres als die englische Volksmusik. Wir haben schon früher bemerkt, daß hier der Text mehr gilt als die Melodie, deutliche Aussprache mehr als alle Kunst des Sängers.

So ist's beim Volk und der mittleren Klasse; die Großen aber, welche auf Reisen Gelegenheit hatten, das Bessere kennenzulernen, nehmen ausländische Talente gern in Schutz und belohnen sie mehr als fürstlich. Viele von ihnen haben in ihren Häusern zu bestimmten Tagen musikalische Vereine, an welchen fremde berühmte Tonkünstler teilnehmen. Wohl dem, der mit einer einzigen Bekanntschaft oder Adresse nach London kommt; sein Glück ist gemacht.

Verschiedene große Subskriptionskonzerte existieren den Winter über in London, wo alle bedeutenden fremden und einheimischen Virtuosen engagiert sind. Auch diese Konzerte, die ziemlich kostbar sind, werden größtenteils von den Vornehmeren besucht und erhalten. Das glänzendste derselben wird während der beiden letzten sogenannten Wintermonate wöchentlich einmal in Hanover Square, in einem schönen, hochgewölbten Saale gegeben, an welchen zwei brillante Konversationszimmer stoßen. Es ist hauptsächlich der Vokalmusik geweiht. Nie hat uns ein Konzert mehr Vergnügen gewährt als dies. Das sehr glänzende Auditorium war still und aufmerksam. Londons beste Sänger wetteiferten miteinander. Mme. Billington, die uns im Konzerte weit besser gefiel als zuvor in der Oper, Mme. Storace, Mme. Dusseck, die Frau des berühmten Klavierspielers [Fußnote: Tochter Domenico Corris, eines Opernkomponisten. Corri gründete 1797 mit seinem Schwiegersohn Dusseck in London einen Musikverlag, der aber bald fallierte. Johann Ladislaus Dusseck (geb. 1761 in Böhmen, gest. 1812 in Paris) war ein bedeutender, vor allem aber sehr effektvoller Virtuose am Pianoforte.], sangen sehr angenehm. Letztere ließ sich auch auf der Harfe hören, die sie meisterhaft spielte. Besonders entzückte uns der Tenorist Braham [Fußnote: eigentlich Abraham, John; (1774-1856). Bedeutender Sänger, der zeit seines Lebens in London wirkte. In Webers "Oberon", der für London komponiert wurde, war er der erste Hüon.], welcher damals vielleicht die schönste Stimme hatte, die existierte. Er ist eigentlich ein Israelit und heißt Abraham. Arien, Duette und vierstimmige Musikstücke wechselten miteinander ab, manches mußte wiederholt werden, denn der Engländer, hoch oder niedrig, läßt sich's nicht nehmen, für sein Geld zu befehlen, ohne Umstände und Ansehen der Person. Die Künstler müssen gehorchen, wenn's ihnen auch noch so schwer wird, und sich's am Ende noch zur Ehre rechnen, wenn sie encored werden, wie man's hierzulande nennt.

Am Ende des Konzerts sang ein siebenjähriger Knabe, der Sohn des Unternehmers, ein italienisches Liedchen, gut genug für sein Alter. Die Gutmütigkeit des englischen Volks, die gern jedes aufkeimende Talent aufmuntert, zeigte sich hier. Auch er wurde encored, obgleich es schon Geduld erforderte, das kindliche Stimmchen gleich nach Brahams männlich schönem Gesange auch nur einmal anzuhören.

Palast von St. James

Die Parks von Kensington Gardens

Kein Fürst, auch nicht der kleinste regierende Herr, dessen Besitzungen kaum auf der Karte zu finden sind, hat eine schlechtere Residenz als der König von England. Kaum traut man seinen Augen, wenn man das alte, winkelige, rostige Gebäude ansieht, das mit dem stolzen Titel: St. James Palast prangt [Fußnote: nach dem Brand von Whitehall (1691) die ständige Residenz der englischen Könige von Wilhelm III. bis Georg IV.; 1809 zerstörte ein Feuer den Ostflügel, so daß wenig mehr vom alten Tudor Palast übrigblieb.]. Auch bewohnte König Georg der Dritte es gelegentlich nicht, und nur zum Schein prunkte ein großes Bette mit rotsamtenen Vorhängen im großen Leverzimmer.

Alle Hoffeierlichkeiten wurden zwar nach althergebrachter Weise in diesem königlichen Rattenneste gehalten; aber die hohen Herrschaften begaben sich immer vorher incognito hin und wohnten eigentlich im Palaste der Königin, Buckingham House genannt [1703 von John Sheffield, Herzog von Buckingham, erbaut, 1761 von Georg III. angekauft und von Georg IV. 1825 nach Plänen von Nash umgebaut und später noch mehrmals ergänzt, zum letzten Mal 1913 von Aston Webb. Seit dem Regierungsantritt der Königin Victoria (1837) Residenz der englischen Herrscher: Buckingham Palace.], einem etwas moderneren Gebäude, welches aber auch, weit entfernt von aller königlicher Pracht, weder sehr groß noch sehr schön aus bloßen Ziegelsteinen erbaut war. Es liegt in dem an den Palast von St. James anstoßenden St. James Park, der Lieblingspromenade der Londoner.

Dieser Park ist eigentlich nur eine sehr schöne große Wiese, durch-

schnitten von angenehmen Fußwegen, belebt durch einen ihn durchkreuzenden Kanal und geziert mit hin und wieder zerstreuten Gruppen
schöner alter Bäume. Alles darin ist einfach, aber unaussprechlich angenehm durch den Kontrast dieser ländlichen Stille mit dem Geräusche
der großen Hauptstadt, aus welchem man unmittelbar hineintritt.

Am westlichen Ende des Parks liegt Buckingham House mit seinen
Gärten. Der Green Park zieht sich längs diesen hin, ebenfalls eine zur
Promenade eingerichtete Wiese, mit wenigen Bäumen besetzt. Der Hy-
de Park begrenzt beide; größer als sie, geht er bis an die Gärten von
Kensington; ein in mannigfaltigen Krümmungen sich hindurchwinden-
der silberheller Strom verschönt ihn; Kühe und schöne Pferde weiden
am Ufer, alles ist frisch und grün, als wäre man hundert Meilen von der
Stadt.

Wenn man vom Hyde Park aus in die Gärten von Kensington tritt,
wähnt man am Eingange eines uralten heiligen Hains zu sein; so majestätisch erheben die hohen, schönen Bäume, der ausgezeichnetste
Schmuck jener Gärten, ihr prächtiges Laubgewölbe. Diese Gärten, das
gewöhnliche Ziel der Spaziergänger, gehören ebenfalls dem Könige und
stehen, solange die schöne Jahreszeit währt, von acht Uhr morgens bis
acht Uhr abends dem wohlgekleideten Publikum offen. Sie sind nicht
im neuesten Geschmacke angelegt, man findet noch nach alter Weise
breite, nach der Schnur gezogene Alleen darin und eine gewisse Sym-
metrie, von welcher die neue Gartenkunst nichts wissen will; desto besser aber eignen sie sich zur Promenade einer großen Hauptstadt. Angefüllt mit Spaziergängern, die unter diesen prächtigen Bäumen lustwandeln, machten sie einen ebenso reizenden als imposanten Eindruck. Der
zu diesen Gärten gehörende Palast von Kensington verdient nur wegen
seines Eigentümers diesen prächtigen Namen. Die königliche Familie
kommt nie hin, er wird von einigen Privatpersonen bewohnt, welche
vom König die Erlaubnis dazu erhielten.

Jeden Sonntag nachmittags bei schönem Wetter wimmelt im Sommer der St. James Park von wohlgekleideten Spaziergängern, die zwar
Nobodies sind, sich aber doch ebenso gut ausnehmen, als würden sie
wirklich mitgezählt. Alles was die Woche hindurch sich in den Laden-
gewölben und Arbeitszimmern der City abmühte und kein Haus zu hüten hat, eilt dann hinaus, um frische Luft zu schöpfen, grüne Bäume zu
sehen und wohl auch seinen Sonntagsputz zu zeigen.

Der Anblick dieser wohlgekleideten Menge ist sehr angenehm;
weit interessanter aber noch der, den der Hyde Park im Frühling ge-

währt. An schönen Sonntagsmorgen, nach Londoner Rechnung zwischen zwei und fünf Uhr nachmittags, fährt, reitet und geht dann die schöne Welt dort spazieren. Eine unzählbare Menge der schönsten Equipagen, der herrlichsten Pferde bedecken in dieser Zeit den durch Hyde Park führenden Fuhrweg bis Kensington; kein Fiaker, kein öffentliches Fuhrwerk darf diesen Weg befahren; nichts darf sich zeigen, was uns daran erinnern könnte, daß es auch Leute in der Welt gibt, die nicht reich und vornehm sind. Der Anblick der vielen schönen Reiter und Pferde, der tausend Equipagen von allen Formen und Größen, der schönen Frauen und lieblichen Kinderköpfchen, die aus diesen herausgucken, ist einer der prächtigsten, den nur irgendeine große Hauptstadt gewähren kann. Nichts gibt einen anschaulicheren Beweis der Opulenz und Bevölkerung Londons.

Auch die Spaziergänge wimmeln von Spazierengehenden, die zum Teil jene schimmernden Equipagen verließen, um hier zu lustwandeln und Bekannte zu treffen. Besonders brillant sind dann die Alleen von Kensington; man hat berechnet, daß an solchen Tagen bisweilen hunderttausend Menschen zugleich sich in den Parks und den Gärten von Kensington des blauen Himmels und der schönen Erde freuen.

Auch im Winter versammeln sich oft viele tausend Menschen dort, besonders, wenn bei starker Kälte der Strom im Hyde Park mit Eis bedeckt ist. Dann zeigen die Schlittschuhläufer ihre Künste, man eilt hin, sie zu bewundern; für Erfrischungen und Wärme ist in dazu erbauten Pavillons gesorgt, und was noch besser ist, für Hilfe bei möglichen Unglücksfällen, durch eine sehr zweckmäßige, an den Ufern des Stroms errichtete Rettungsanstalt.

Des Königs Geburtstag

Dieser Tag, der vierte Junius, welchen auch der Nachfolger Georges des Dritten als seinen Geburtstag angenommen hatte, ist für die Londoner feiner Welt der wichtigste im ganzen Jahre, der Wendepunkt, welcher den Sommer von dem Winter scheidet, er gibt für die nächsten zwölf Monate den Ton an für Moden, Equipagen; alles wird für diesen Tag und nach diesem Tag berechnet. So war es wenigstens, solange des alten Königs Gesundheit ihm erlaubte, sich öffentlich sehen zu lassen. Sein späteres anhaltendes Übelsein wird freilich in Hinsicht des an diesem Tage üblichen Zeremonielles manche Änderung herbeigeführt haben, doch die Hauptsache blieb gewiß, solange er lebte, und es wird auch später, solange es Könige von England gibt.

Schon Monate vorher sind alle Sattler, Wagenfabrikanten, Schneider, Juweliere und Modehändler in großer, eilender Geschäftigkeit; neue Kleider, neuer Putz werden ersonnen und gemacht, Juwelen umfaßt, Pracht-Equipagen und glänzende Livreen angeschafft, alles wird aufgeboten, um an diesem Tage eine Stunde lang zu glänzen, denn viel länger währt die ganze Herrlichkeit nicht. Die Zeitungen tun freilich das ihrige nach besten Kräften, um diesen Glanz, soviel an ihnen liegt, zu verewigen. Sie füllen viele Tage hindurch lange Kolonnen mit Beschreibungen desselben aus, jedes Quästchen an den Damenkleidern, jeder Stickerei an den Galaperücken der Herren wird ehrenvoll darin gedacht, auch Wagen und Livreen werden nicht vergessen; aber was hilft das alles? Solch eine papierene Ewigkeit ist in unseren Tagen von gar kurzer Dauer.

Im Park von St.James bemerkten wir an diesem Tage um ein Uhr viele Leute vor einer kleinen Hintertüre des Palastes, die den König dort aussteigen sehen wollten, wenn er vom Buckingham House käme. Kanonendonner verkündete einstweilen die Feier des Tages; Erwartung, Freude, Liebe strahlte von allen Gesichtern, denn das Volk hing mit kindlicher Liebe an dem guten alten Georg, unter dessen langer Regierung der größte Teil desselben geboren ward. Wir warteten seine Ankunft nicht ab, um nicht zu sehr ins Gedränge zu geraten, sondern begaben uns in die schöne und breite Straße von St.James, welche gerade zum Haupteingange des Palastes führt. Von dem Balkon eines Privathauses konnten wir dort den Zug der Glückwünschenden bequem ansehen.

Es war ein schöner, lebensfroher Anblick! Kein Fenster, kein Balkon der ziemlich langen Straße blieb unbesetzt, frohe Gesichter schauten aus allen herab; Kopf an Kopf, dicht gedrängt, sogar die Dächer wimmelten von Zuschauern; eine unzählbare Menge wohlgekleideter Leute drängte sich auf der Straße weit über den Fußpfad hinaus, so daß in der Mitte kaum Platz für die Wagen blieb. Eine Menge Equipagen und Mietwagen bildeten an der einen Seite eine lange, stillstehende Reihe. Fast lauter hübscher Frauen und Mädchen blickten neben den reizendsten Kinderköpfchen neugierig daraus hervor in das bunte Gewühl. Vor dem Schlosse paradierte die schöne königliche Garde zu Pferd, reich gekleidete Hofbediente standen am Tore desselben, auch die hundert Yeomen des Königs eigentlich eine Art Schweizergarde [Fußnote: King's Body Guard Yeomen of the Guard, 1485 als Leibwache für den Herrscher aufgestellt. Nicht zu verwechseln mit den Yeomen Warders, die im Tower den Dienst versehen und bedeutend früher gegründet wurden.]. Ihre Kleidung ist noch genau dieselbe, die sie im fünfzehnten Jahrhundert war, bunt und wunderlich anzuschauen. Das Volk nennt diese Trabanten des Königs Ochsenfresser, the King's Beefeaters, und ihre wohlgenährten Figuren scheinen diesen Ehrentitel reichlich zu verdienen. So sonderbar sie in der über und über mit Gold besetzten, scharlachroten altenglischen Kleidung, mit den auf Brust und Rücken glänzenden silbernen Schilden und dem flachen, mit bunten Schleifen gezierten Barett auch aussehen, so gibt ihre Erscheinung dem Feste doch etwas Feierliches, Altväterisches, das uns in vergangene Zeiten versetzt. Dieser Eindruck wurde noch vermehrt, als die lange Reihe der Leute von der Feuer-Assekuranz-Kompagnie aus dem Palaste wo sie ihren Glückwunsch abgelegt hatten, in Prozessionen nach einer Taverne zog, um dort auf des Königs Gesundheit feierlichst zu trinken. Auch diese erschienen in wunderlicher, karmesinroter Kleidung. Vor ihnen her wurde das beliebte God save the King geblasen [Fußnote: in dem zu jener Zeit stark feuergefährdeten London gab es keine städtische Feuerwehr, sondern die Phönix Versicherungsgesellschaft hielt sich eine Truppe von Leuten, die eingesetzt wurden, wenn ein bei der Gesellschaft versichertes Haus in Brand geriet.].

Durch alles dieses hindurch bewegte sich langsam die unabsehbare Reihe Kutschen, in welchen die Gratulanten nach Hofe fuhren. Diese gaben den reichsten und mannigfaltigsten Anblick. Nirgends kann man prächtigere Kutschen von der neuesten, noch nie zuvor gesehenen Form, nirgends schönere, stolzere Pferde erblicken. Ein Schwarm reichgekleideter Livreebedienten umgab die Schritt vor Schritt langsam fahrenden Wagen, ungeduldig schnoben die Pferde, aber der mit einer großen, runden Perücke versehene, auf dem befransten Bocke majestätisch thronende Kutscher hielt sie in Respekt. Wie in anderen Ländern Schnurrbärte, so sind in England solche dicken runden Perücken Abzeichen der Kutscher, und je vornehmer der Herr, je größer sind die Perücken.

Die reichgekleideten Herren und Damen in den Kutschen schienen sich bei der langsamen Kavalkade ein wenig zu langweilen. Die Damen nahmen sich von oben nicht sehr graziös aus in dem überladenen Putze und der steifen, ängstlichen Stellung; fast wie die überfüllte umgestülpte Schachtel einer Modenhändlerin, ein formloser Berg von Flor, Blumen, Federn und tausend schönen Sachen.

Der Lord Mayor und die Sheriffs der City in ihrer schwarzen Amtskleidung, mit schweren goldenen Ketten geschmückt, fuhren in großen, über und über vergoldeten altmodischen, doch neuen Staatswagen, an welchen überall fast ebenso vergoldete Bediente mit großen Federhüten hingen. Zum Teil ziemlich rosige Hofkutschen (die uns an die Dresdner Fahrten nach Pillnitz erinnerten) machten von Zeit zu Zeit von ihrem Vorrechte Gebrauch, aus der Reihe hinaus allen anderen vorbeizufahren.

Die Herzöge von York, von Glocester und andere Glieder der königlichen Familie saßen in beinahe ganz gläsernen Staatswagen, so daß man sie von allen Seiten deutliche sehen konnte.

In alle diese Pracht mischten sich ganz gewöhnliche Fiaker und behaupteten ihren Platz in der glänzenden Reihe so gut wie die anderen. Größtenteils saßen Offiziere und Geistliche darin, ja ein Spottvogel neben uns wollte in einem derselben drei Bischöfe erblicken, die so, das Stück für sechs Pence, an den Hof fuhren.

Zur Seite dieses langen Zuges trabten brillant gekleidete Portechaisenträger ihren Hundstrott, mit schön aufgeputzten Portechaisen, deren Deckel des hohen Standes der darin sitzenden glänzenden Dame, und ein Schwarm reichgekleideter Livreebediensteten begleitete jede derselben.

Von ein bis sechs Uhr währte dieser Zug ununterbrochen fort, ohne zu stocken; die Herren und Damen stiegen aus, sowie sie ankamen, machten dem König und der Königin ihr Kompliment, vielleicht ohne im Gewühl der Menge einmal bemerkt zu werden, und fuhren dann wieder fort, um anderen Neuankommenden Platz zu machen. Dies war die ganze Freude, mit so vielem Aufwande an Geld, Zeit und Vorsorge errungen.

Nach der Cour gab die Königin ein Familiendinner, das einzige im ganzen Jahre; auf dieses folgte ein Konzert, zu welchem der dafür besoldete Hofpoet jedesmal eine neue sogenannte Ode machen muß. Auch zum Konzert werden nur wenige von den Vornehmsten auserwählt und zugelassen. Sonst pflegte diesem Konzerte noch ein Ball zu folgen, der höchstens zwei Stunden währte und bei welchem die strenge Rangordnung und Etikette den Vorsitz hatte; seit einigen Jahren aber begnügt man sich mit übrigen Freuden des Tages.

Abends waren einige öffentliche Gebäude, die Theater und die Häuser der Kaufleute und Handwerker, welche den Hof bedienen, ziemlich hübsch illuminiert, und damit endigte dieser wichtige Tag.

Pension für Mädchen

[Fußnote: der fünfzehnjährige Arthur notierte dazu: "Mittwoch den 1sten Juny. Wir waren diesen Mittag bey Hrn. Harris, er wohnt dicht vor London, hat aber von seinem Hause eine sehr schöne Aussicht. Wir fuhren diesen Abend mit ihm nach einer Pension (Boarding-School) von jungen Mädchen, wo Hr. Harris auch zwey Töchter hatte. Sie lernen hier auch tanzen, und hatten heute eine Art Ball, wo sie alle in Gegenwart ihrer Eltern, und andrer, die als Zuschauer hinkommen, tanzen. Es war ein allerliebster Anblick hier über 40 junge Mädchen, von acht bis sechzehn Jahren, wirklich mit vielem Anstand, unter sich, und alle gleich gekleidet, tanzen zu sehn. Nachher wurden ein Paar Tänze getanzt in die sich auch Herren mengten, und die ich auch mittanzte."]

Oft begegneten wir sonntags auf unseren kleinen Lustreisen in der Gegend bei London einem Zuge von dreißig bis vierzig jungen Mädchen, auf dem Fußpfade neben der Landstraße andächtig zur Kirche wandelnd. Es war ein lieblicher Anblick. Schneeweiß gekleidet, mit artigen Strohhüten, gingen sie paarweise hintereinander fort, einige in eben aufblühender jugendlicher Schönheit, andere frisch und rot in knospender Kindheit. Mehrere Aufseherinnen begleiteten sie, strenge wachend über jeden Tritt, jede Miene, damit ja kein Freudensprung, kein lautes Lachen ihnen auf dem ernsten Wege entschlüpfte. Zuweilen kam von der anderen Seite ein ähnlicher Zug Knaben daher, dem nämlichen Ziele zuwandelnd, begleitet von seinen Lehrern. Die Aufseher und Aufseherinnen und grüßten sich wohl als Bekannte, aber die Kinder schielten sich nur von der Seite ein wenig an und wandelten mit gezwungenem Ernst weiter. Es waren die Zöglinge aus irgendeiner der vielen Pensionen, welche jeden Sonntag zweimal feierlich zum Gottesdienste getrieben werden. Dörfer und Flecken ringsumher wimmeln von solchen Erziehungsanstalten, die alle gedeihen, da fast niemand seine Kinder zu Hause erzieht, wo sie zu viel Unordnung und Unruhe machen würden. Sowie Knaben und Mädchen aus der Kinderstube kommen, werden sie in jene Erziehungsanstalten gegeben und kehren erst nach ganz vollendeter Erziehung, beinahe erwachsen, in das väterliche Haus zurück.

Die Mädchen lernen in diesen Anstalten von allem etwas, aber wenig Gründliches. Man lehrt sie Geschichte und Geographie; dennoch weiß eine Engländerin selten, wie es außer ihrem Vaterlande aussieht und was dort in früheren Zeiten sich begeben hat. Auch in der französischen und italienischen Sprache erhalten sie Unterricht, aber dem Fremden, der nicht Englisch kann, ist damit nichts gebessert; schwerlich wird er in der Gesellschaft eine Dame finden, die ihm in einer fremden Sprache Rede stünde. Musik und Zeichnen wird sehr oberflächlich und gewöhnlich nur betrieben, um beides späterhin so bald als möglich wieder zu vergessen. Die Mädchen lernen sticken, Papierblumen machen, sie fabrizieren artige Papparbeiten, Kästchen von vergoldetem Papier, Vasen von Eierschalen, tausend zierliche Dinge; aber was man eigentlich für's Haus braucht, bleibt ihnen gewöhnlich unbekannt. Der Hauptzweck des größten Teils der Vorsteherinnen solcher Anstalten ist vor allen Dingen, einmal im Jahre mit ihren Zöglingen recht zu glänzen, wenn sich die Eltern und Verwandten derselben bei dem großen Prüfungsfeste versammeln. Mehrere Monate vor diesem Feste hört schon aller ernstliche Unterricht auf, alles wird angewendet, um die Kinder für den wichtigen Tag zu dressieren. Musikstücke werden ihnen eingelernt, die sie vor der entzückten Versammlung mechanisch ableiern sollen, Zeichnungen werden mit Hilfe des Lehrmeisters verfertigt und dergleichen mehr. Die Hauptsache aber bleibt, sie für den Ball, der abends gegeben wird, abzurichten, und der Tanzmeister kommt mehrere Wochen lang kaum aus dem Hause.

Eine Dame unserer Bekanntschaft, deren Töchter in dem nahe bei London gelegenen Flecken Southwark in Pension waren, führte uns zu solch einem Fest dahin. Die Vorsteherin des sehr großen Hauses empfing uns mit vieler Artigkeit. Wir wurden in einen großen Saal geführt, an dessen einem Ende die hocherfreuten Mütter und übrigen Verwandten der jungen Mädchen saßen; die Zöglinge selbst waren am entgegengesetzten Ende auf mehreren Reihen amphitheatralisch übereinander sich erhebender Bänke wie zur Schau ausgestellt. Auch gewährten sie einen sehr reizenden Anblick. Man denke sich fünfzig junge Mädchen von acht bis sechzehn Jahren, hübsch, in blühender Gesundheit, einfach, aber geschmackvoll in die Uniform des Hauses gekleidet, mit schneeweißen kurzen Kleidern und blauen Schuhen. Ein silbernes Netz um's Haar, eine silberne Schärpe um den Leib war ihr ganzer Putz; so saßen sie da, glühend vor rascher jugendlicher Erwartung und Freude. Unter Anleitung des Tanzmeisters begann endlich der Ball. Die Mädchen tanzten unter sich lauter ganz bescheidenen Tänze; keinen Walzer, keinen Shawltanz, keine künstlichen Sprünge, sondern eine Art Menuette zu sechs bis acht Paaren, welche der Tanzmeister für sie eigens komponiert hatte und die wohl sonst nirgends in der Welt getanzt werden als in Pensionsanstalten wie dieser. Die geschickten Tänzerinnen hatten kleine Solos darin, um sich recht zu zeigen. Nach Endigung jedes Tanzes wurden sie von Müttern und Verwandten gelobt und geliebkost. Nur zwei arme kleine Holländerinnen standen traurig und unbemerkt in einer Ecke allein, niemand bekümmerte sich um die Fremden, die aus ihrem Vaterlande hierher zur Erziehung geschickt waren. Wir, Fremdlinge wie sie, fühlten uns ihnen verwandt, riefen sie zu uns, erzählten ihnen, daß wir unlängst aus ihrem Vaterlände kämen, und hatten bald den Trost, auch aus ihren kindlichen klaren Augen die Freude leuchten zu sehen. Als die auf die Länge etwas langweilige Paradetänze abgetan waren, kamen einige englische und schottische an die Reihe. Froh, des Zwangs entledigt zu sein, hüpften die lieblichen Kinder unbefangener umher, und einige junge anwesende Vettern und Brüder erhielten die Erlaubnis, sich mit ihnen herumzudrehen.

Mit stiller Rührung sahen wir ihre sorglose Freude. Tanzend bereiteten sich die holden Geschöpfe zu dem Leben, das sie jetzt, in dem Augenblick, da wir dies niederschrieben, schon längst mit seinem ganzen Ernste ergriffen hat. Erwartungsvoll blickten damals so viele helle Augen der Zukunft entgegen, als wäre auch sie ein Tanz der Freude; jetzt füllen sich diese Augen beim Andenken an jene unwiederbringlich hingeschwundenen Tage wahrscheinlich mit Tränen der Sehnsucht. Ahnend dachten wir damals ihrer Zukunft und verließen sie, noch mitten in der Freude, mit stillen Wünschen für die Zukunft.

Pension für Knaben

Gewöhnlich sind es Landprediger, die irgend ein großes schönes Lokal, unfern der Kirche, in welcher sie predigen, mieten oder kaufen und neben ihren Berufsgeschäften dieses Erziehungsgeschäft treiben, wobei sich die sehr ehrwürdigen Herren ungemein wohl befinden. [Fußnote: dazu notierte Johanna in einer Fußnote. "Most reverend Sir, sehr ehrwürdiger Herr, der Titel der englischen Geistlichen."]

Wir hatten Gelegenheit, die Erziehungsanstalt des Herrn Lancaster in Wimbledon, acht englische Meilen von London, genau kennenzulernen. Sie gilt für eine der besten, selbst Lord Nelson ließ zwei seiner Neffen da erziehen [Fußnote: Admiral, Lord, lebte zu dieser Zeit zurückgezogen mit Lady Hamilton in der Grafschaft Surry. Am 21. Oktober 1805 schlug die englische Flotte unter seinem Befehl die spanischfranzösische bei Trafalgar vernichtend. Er selbst kam dabei ums Leben.] Im Grunde gleichen sich alle; nur die Zahl der Zöglinge, die größere oder beschränktere Einrichtung des Ganzen unterscheidet sie voneinander.

Der sehr ehrwürdige Herr zu Wimbledon befaßte sich gar nicht mit dem Unterrichte; unsichtbar für seine Schüler saß er den Tag über in seinem Studierzimmer, wo er eine Anzahl junger Fremder, die bloß als Kostgänger, nicht als Schüler in seinem Hause lebten, im Englischen unterrichtete. Nur mittags, nach vollendeten Schulstunden erschien er auf einem Katheder im Schulzimmer, um sich von den Lehrern Rapport abstatten zu lassen. Vier Lehrer, die im Hause wohnten und von denen wechselweise einer jede Woche die Spezialaufsicht über die Schüler hatte, gaben den notwendigen Unterricht, und zwar alle zugleich in dem nämlichen großen Zimmer. Jeder steht auf einem kleinen Katheder, und die Schüler gehen wechselnd, pelotonweise von einem zum anderen. Dies währt vier Stunden lang ununterbrochen von acht bis zwölf.

Die Schule wird mit Gebet eröffnet und geschlossen, ganz nach der englischen Liturgie, wobei auch des Königs, seines Hauses, der Schwangeren und Säugenden usw. von den Knaben christlich gedacht werden muß.

Die Knaben erhalten Unterricht in den alten Sprache, in Geographie, Geschichte, Schreiben, Rechnen und der französischen Sprache. Wer Fechten, Musik, Tanzen und Zeichnen lernen will, muß es besonders bezahlen; die Lehrer dazu kommen wöchentlich einige Male von London herüber; an alles übrige Wissenswerte, was unsere Kinder in Deutschland lernen, wird nicht gedacht.

Die Zöglinge essen zusammen, ziemlich schlecht, unter Aufsicht des die Woche habenden Lehrers, werden zu bestimmten Zeiten von ihm auf der Gemeinhut des Dorfes spazieren getrieben, spielen unter seiner Aufsicht auf dem großen Hofe und werden täglich in einem großen Bassin gebadet, auch im Winter, wo dann erst das Eis aufgehauen werden muß.

Alles, Lehre, Strafe, die ganze Behandlung der Kinder, wird nach angenommenen Gesetzen mechanisch betrieben, ohne Rücksicht auf Alter, Charakter und Fähigkeit. Wie könnte es anders sein, ihrer sind sechzig, zwischen sechs und sechzehn Jahren; alle Wochen wechselt der die Aufsicht habende Lehrer und dankt Gott, daß er auf drei Wochen die Last los ist und sich bei der sehr reichlich besetzten Tafel des sehr ehrwürdigen Herrn mit den Kostgängern und der übrigen Gesellschaft, von der in der Woche ausgestandenen Not und Mangel erholen kann. Kein Lehrer lernt die Kinder genauer kennen, da jeder sie nur ungefähr zwölf Wochen im Jahre in so verschiedenen Zeiträumen unter seiner Aufsicht hat.

Die Kostgänger haben dagegen ein herrliches Leben, denn sie bringen dem ehrwürdigen Herrn dreimal soviel Guineen als die Schüler. Nur einige Schüler, deren Eltern es zu bezahlen vermögen, gehören auch dazu. Diese nehmen zwar an den Schulstunden teil, essen aber an dem gut besetzten Tische, können nach Herzenswunsch im Lustgarten und im Obstgarten ihr Wesen treiben, während ihre Kameraden auf dem öden Hofe bleiben müssen und entsetzlich geprügelt werden, wenn sie sich einmal in jene verbotenen Reviere eingeschlichen haben. So müssen die Kinder schon in der Jugend lernen, daß dem Reichen alles erlaubt, und Geld daher das höchste Ziel ist, wonach man zu trachten hat.

Hat ein Knabe einen Fehler begangen, seine Lektion nicht gelernt oder beim Spiel Unordnung gemacht, so wird ihm vom Lehrer zur Strafe aufgegeben, eine Seite Griechisch oder Latein auswendig zu lernen. Wenn er diese zur bestimmten Zeit nicht auswendig weiß, so schreibt der Lehrer seinen Namen auf und legt ihn auf's Katheder des Herrn Lancaster. Abends werden dann die so Verklagten zu ihm ins Studierzimmer gerufen, so viel ihrer sind, alle zugleich. Er redet sie mit Sir oder Gentleman an und fragt, ohne fernere Untersuchung ihres Vergehens, ob sie ihre Aufgabe gewußt haben? Sie müssen natürlich mit "Nein" antworten. Ohne sich auf etwas Weiteres einzulassen, fragt er: was sie dafür verdient hätten? Sie antworten: geprügelt zu werden, und ohne Aufschub vollzieht der sehr ehrwürdige Herr an ihnen dies Urteil mit eigener Hand, oft an sieben oder acht nacheinander, ohne Rücksicht, ob der Knabe sechs oder sechzehn Jahre alt ist, und dazu auf die beschimpfendste Weise.

Haben zwei Knaben miteinander Streit gehabt oder sich geschlagen, so verklagt einer den anderen; wenn aber auch seine Klage noch so sonnenklar wäre, er bekommt kein Recht, solange der Beklagte leugnet. Der Kläger muß Zeugen mitbringen; sagen dagegen er und seine Zeugen noch so augenscheinlich die Unwahrheit, der Beklagte wird bestraft, wenn er nicht andere Zeugen beibringen kann, die seine Unschuld beweisen. Alles wird nach der Form abgetan wie vor englischen Richterstühlen; den Charakter der Kinder zu ergründen, ihr Gefühl für

Recht und Unrecht im höheren Sinn, ihre Liebe für das eigentliche Wissen zu bilden, daran denkt niemand.

Wir enthalten uns aller Bemerkungen über eine solche Erziehungsmethode, jeder macht sie gewiß selbst und fühlt, welchen Vorzug auch in dieser Rücksicht wir Deutsche vor jenen stolzen Insulanern haben, und welche Resultate sich von einer solchen frühen Behandlung erwarten lassen.

Sonntagmorgens werden die Schüler im Schulzimmer versammelt. Herr Lancaster ist nicht Prediger in Wimbledon, sondern Merton, einem eine halbe Stunde weit entlegenen Dorfe; aber zu seiner Übung hält er seinen Schülern die Predigt, die er mittags dort halten wird, erst einmal in der Frühe. Damit verbindet er den in der englischen Liturgie vorgeschriebenen Gottesdienst, so daß das Ganze eine starke Stunde währt. Um elf Uhr werden sie in sauberen Sonntagskleidern paarweise auf dem Hofe rangiert und treten dann in Begleitung der vier Lehrer den Marsch nach der Wimbledoner Kirche an, wo sie bei Predigt, Gesang und Litanei zwei Stunden verweilen müssen. Nachmittags werden sie wieder auf die nämliche Weise zur Kirche getrieben, und abends um acht Uhr wird abermals in der Schulstube großer Gottesdienst gehalten, wobei wieder des Königs und seines Hauses gedacht wird. Zwischen allen diesen Andachtsübungen müssen sie in der Bibel lesen und dürfen in Begleitung der Lehrer einen Spaziergang machen; alle Spiele aber und alle lauten Ausbrüche der Freude sind hoch verpönt, und werden streng bestraft.

Das Britische Museum

[Fußnote: größtes Nationalmuseum Großbritanniens (Geschichte, Archäologie, Kunst und Völkerkunde) und Nationalbibliothek; die naturgeschichtlichen Sammlungen sind heute in Kensington untergebracht. 1753 kam die Sammlung des irischen Arztes Hans Sloane an das Museum, das im Montagu House untergebracht wurde. Als die Erweiterung der Sammlungen den Raum beschränkt werden ließ, erbauten die Brüder Smirke in den Jahren 1823-55 das neue Museum.]

Diese reiche, in einem schönen Lokal aufgestellte Sammlung verdient, der großen Nation anzugehören, deren Namen sie führt. Der unermüdliche Sammler, Sir Hans Sloane, legte in der Mitte des vorigen Jahrhunderts den Grund dazu, indem er sein eigenes, sehr bedeutendes

Museum der Nation vermachte. Mehrere große Sammlungen wurden damit vereinigt, und so erreichte das Ganze den Grad von Vollständigkeit, auf welchem es sich heute befindet.

Die prächtige Vasensammlung des Sir William Hamilton ist die schönste Zierde desselben; [Fußnote: Altertumsforscher (1730-1803); nahm als Gesandter in Neapel an der Entdeckung von Herculanum und Pompeji teil; Gatte der durch Lord Nelson bekannt gewordenen Lady Hamilton. Die Vasensammlung, die er dem Britischen Museum verkaufte, ist durch die 240 Umrisse Tischbeins bekanntgeworden. Hamilton schrieb ein grundlegendes Werk der Vasenkunde: "Antiquités étrusques, grécques et romaines", 4 Bde., Neapel 1966-67.] froh verweilten wir im Anschauen dieser schönen Formen, welche, von den englischen Fabrikanten glücklich benützt, durch ganz Europa die bis dahin Mode gewesenen häßlichen, verkrüppelten Formen verbannten und nach und nach unserem Hausgeräte die jetzt übliche schöne, geschmackvolle Gestalt gaben. Alles, was uns an die goldene Zeit, an die schönen Jahrhunderte der Römer und Griechen erinnern konnte, fanden wir hier vereint. Mannigfaltiger Schmuck, Siegelringe, Lampen, Hausgötter, unendliches kleines Gerät, aus den Gräbern von Pompeji und Herkulaneum auf's Neue zum freundlichen Tageslicht gefördert, vergegenwärtigte uns das heitere, gefällige Dasein der Alten; wir lebten mit ihnen, solange wir in diesen Zimmern verweilten.

Schnell streiften wir hernach durch die Säle, welche das Naturalienkabinett, die ausgestopften Tiere und Mineralien enthalten, so auch durch das sehr beträchtliche Münzkabinett. Wenn man in seiner Zeit so beschränkt ist, wie wir es hier waren, so muß man entbehrend zu genießen wissen und lieber vieles aufopfern und nur etwas mit Muße betrachten, um davon eine bestimmte interessante Erinnerung mit sich zu nehmen. Momentanes Verweilen bei vielen Gegenständen verwirrt und ermüdet ohne allen Nutzen.

Auch die von Kapitän Cook [Fußnote: James (1728-79), Forscher und Weltumsegler. Seine Reisebeschreibungen, in Deutschland durch G. Forster bearbeitet, haben ihn sehr bekannt gemacht.] aus dem fünften Weltteile mitgebrachten Merkwürdigkeiten, die hier ein ganzes Zimmer anfüllen, betrachten wir nur im Vorübergehen.

Mehrere Zimmer enthalten in Schränken, mit Drahtgittern versehen, die große, reichhaltige Bibliothek. Außer eine großen Zahl älterer, zum Teil sehr seltener Bücher, faßt sie beinahe alles, was bis auf den heuten Tag in England herauskommt; denn von jedem mit Privilegium gedruckten Buche muß ein Exemplar hier abgeliefert werden. Wir verweilten nur einige Zeit in dem Zimmer, in welchem sich die Manuskripte befinden.

Nicht nur alte Handschriften aller Art, von den beschriebenen Palmblättern und in Stein gehauenen ägyptischen Hieroglyphen an bis auf die krausen, bunten Schriftzüge der Mönche des Mittelalters, werden hier aufbewahrt, sondern auch zahllose Briefe und Manuskripte der interessantesten und berühmtesten Menschen späterer Zeiten; eine unendliche Fundgrube für den Geschichtsforscher, dem ein freundliches Geschick erlaubt, sie mit Muße und Auswahl zu benutzen. Und welch ein Feld würde sich hier dem Anekdotenjäger und Zeitblättler eröffnen, der nach Willkür fouragieren könnte! Wie viele Bände interessanter Briefe könnten da ausgewählt werden, zum Nutz und Frommen unseres lese- und schreibsüchtigen Zeitalters, vor welchem kein Schreibtisch, kein Portefeuille mehr sicher ist! Briefe vieler englischer Könige und Königinnen, vieler Männer, die auf ihr Zeitalter wirkten, füllen, wohlgeordnet in Mappen, eine Menge Schränke.

Man war so gefällig, uns manches zu zeigen; unter anderem einen ganzen Band eigenhändiger, mitunter ziemlich zweideutiger Briefe der Königin Elisabeth an ihren unglücklichen Liebling, Grafen Essex. Ihre Handschrift ist merkwürdig. Diesen nicht schönen, aber mit Schnörkeln überladenen, sehr großen Buchstaben sieht man es an, daß sie langsam und vorsichtig geformt wurden, und trotz aller Schmeichelworte, die sie ihrem Geliebten hinzirkelte, möchte man in etwas verändertem Sinne mit Schillers Maria Stuart ausrufen: "Aus diesen Zügen spricht kein Herz!" Auch von dieser unglücklichen Nebenbuhlerin Elisabeths werden hier viel Briefe aufbewahrt, größtenteils in französischer Sprache. Besonders rührend war uns der, welchen sie an Elisabeth liebend und vertrauend schrieb, sowie sie die englische Grenze betreten hatte, ohne die traurige Zukunft zu ahnen, die sie sich mit diesem Schritt bereitete.

Man zeigte uns auch den Entwurf einer ziemlich langen Rede, welche Wilhelm der Eroberer [Fußnote: I. (1066-87); geb. 1027 oder 1028 als Sohn Herzog Roberts II., des Teufels, von der Normandie. 1051-52 weilte er als Gast König Eduards des Bekenners in England, der ihm die Krone versprochen haben soll. Sein Anspruch auf England-- er ließ sich 1066 in Westminster krönen--stieß das Land in langwierige kriegerische Unruhen und Aufstände; dennoch gelang es ihm, ein autokratisches Königtum in England zu errichten und ein streng durchgeführtes feudales Lehenssystem zu begründen.] an das englische Volk halten wollte.

Sie ist durchaus von seiner Hand in französischer Sprache geschrieben, ziemlich unorthographisch und voll Korrekturen und ausgestrichener Stellen. Nach ihrem Inhalte war er bloß aus Liebe zu dem Volke herübergekommen, um dieses glücklich zu machen.

Unter den neuen Manuskripten bemerkten wir Popes "Essay on Man", so wie er ihn zuerst niederschrieb, ebenfalls voll Verbesserungen und Änderungen. Nicht ohne Grund nennt ihn einer seiner Zeitgenossen den Papier sparenden Pope, paper sparing Pope. Das ganze Gedicht ist auf kleinen Papierstücken sehr schlecht und unleserlich niedergeschrieben, auf Briefkuverte, Visitenkarten, Einladungsbillette, ja sogar auf den Rändern alter Zeitungsblätter, und dann mit Stecknadeln und seidenen Fäden bestmöglichst zusammengeflickt.

Auf einem Pulte mitten in diesem Zimmer thront triumphierend das Heiligtum der Engländer, die ursprüngliche Magna Charta, [Fußnote: liberatum, The Great Charter; Privileg für die englischen Stände, am 15. VI1215 von Johann ohne Land unter Druck von Klerus, Adel und Städten erlassen; sie sichert Freiheit der Kirche, Feudalordnung, Widerstandsrecht gegen willkürliche Bestrafung, persönliche Freiheit und persönlichen Besitz.], unter Glas und Rahmen. Lange war sie verloren und ward glücklicherweise in dem Moment entdeckt, in welchem ein Schneider seine entheiligende Schere schon ansetzte, um Riemchen zum Maßnehmen daraus zu schneiden. Jetzt wird sie hier, wenn auch etwas verblichen, etwas zernagt vom Zahn der Zeit, dennoch sicher, kommenden Jahrhunderten aufbewahrt und von jedem echten Briten mit Ehrfurcht betrachtet.

Gern wären wir an einem anderen Tage ins Museum zurückgekehrt, aber die bestehende Einrichtung erschwerte uns diesen zweiten Besuch. Zuviel Fremde wünschten das Museum zu sehen, als daß die nämlichen öfter als einmal dazu kommen könnten. Nur wenige Personen dürfen zugleich zugelassen werden, und man muß sich lange zuvor um die Erlaubnis dazu anmelden. Donnerstag morgens wird es zwar öffentlich gezeigt, aber es ist weder Freude noch Nutzen dabei, von ziemlich unwissenden Aufsehern mit einer Menge von Leuten durch die Zimmer gedrängt zu werden. Wer zu wissenschaftlichem Zwecke diese Sammlungen benutzen will, kann auf gewisse Bedingungen die Erlaubnis dazu von den Vorstehern erhalten. Ein mit Schreibmaterialien und allem Erforderlichen wohlversehenes ruhiges Zimmer steht einige Stunden des Tages den Arbeitenden offen.

Herrn Whitbreads Brauerei

Wieviel Anstalten zu einem Kruge Porter! Welch ein Treiben und Knarren und Rasseln aller Maschinen! Biertonnen, größer wie ein Haus in den Hochlanden! Kühlfässer wie Meere!--Diese Brauerei verdiente in Walhalla für Odins Helden den stärkenden Gerstentrank zu bereiten.

Ohne fernere Ausrufungen können wir versichern, daß sie wenigstens zu Londons ersten Sehenswürdigkeiten gehört. Der alte König, welcher sie einmal mit seiner ganzen Familie besuchte, nahm im Brauhause ein Frühstück ein, das dem Eigentümer auf fünfzehnhundert Pfund Sterling zu stehen kam, und der berühmte englische Dichter, Peter Pindar [Fußnote: Pseudonym für John Wolcot (1738-1819); Arzt und Geistlicher. 1778 kam er nach London und wurde ein gefürchteter Satiriker, der weder vor der königlichen Akademie noch vor dem Herrscherhaus zurückschreckte.], war beflissen, diese merkwürdige Begebenheit in wohlgesetzten Reimen auf die Nachwelt zu bringen. Unter anderem fragte damals der König Herrn Whitbread: wie viel Fässer er besitze? Die Antwort war: "Der Länge nach dicht aneinandergelegt, möchten sie wohl von London bis Windsor reichen." Bekanntlich liegt Windsor zweiundzwanzig englische Meilen von London: sieht man aber diese ungeheure Anstalt, so erscheint die Behauptung Herrn Whitbreads gar nicht unwahrscheinlich.

Eine nicht große, im Souterrain angebrachte Dampfmaschine ist die Triebfeder des ganzen ungeheuren Werks, die sauberste, einfachste, geräuschloseste, die wir je sahen. Man hat berechnet, daß sie die Arbeit von siebzig, Tag und Nacht beschäftigen Pferden verrichtet. Sie schafft das nötige Wasser herbei, leitet den fertigen Porter durch unterirdische Kanäle quer über die Straße in ein anderes Gebäude, wo er in Fässer gefüllt wird, bringt die Fässer zum Aufladen aus dem Keller herauf, mahlt das Malz, rührt es in den zwanzig Fuß tiefen Malzkufen und windet es vermittelst einer schraubenartigen Vorrichtung bis oben hinauf in die Spitze des Gebäudes.

Dort sind auch die ungeheuer großen, aber nur sechs Zoll tiefen Kühlschiffe oder Zisternen zum Abkühlen des Porters; wahre Seen, von denen man uns versicherte, sie würden fünf englische Acker Land bedecken; auch braucht der Porter nur sechs Stunden darin zu stehen, um kalt zu werden. Alles in dieser großen Anstalt trägt das Gepräge der höchsten Reinlichkeit und Ordnung und geht mit anscheinender Leichtigkeit vonstatten.

Täglich werden zur Verbesserung des schon so Vollkommenen neue Erfindungen gemacht; besonders ist man auf Ersparung der Feuerung bedacht, welche die drei großen Kessel, jeder zu fünfhundert Fuß, erfordern. Zweihundert Arbeiter werden täglich beschäftig und achtzig ungeheuer große Pferde. Letztere sind vielleicht die größten Tiere ihrer Rasse, die es gibt; denn die Hufeisen eines derselben, welches krankheitshalber getötet werden mußte, wogen vierundzwanzig Pfund. Wahre Pferderiesen!

In einem Gebäude, hoch und groß wie eine Kirche, stehen neunundvierzig große Fässer, in welchen der Porter aufbewahrt wird, bis man ihn zum Gebrauch in kleinere abfüllt. Dadurch, daß er eine Zeitlang in so großer Masse beisammenbleibt, soll er vorzüglich verbessert werden. Wäre das Faß, welches Diogenes bewohnte, von solchem Kaliber gewesen, so konnte der Philosoph füglich an einem runden Tische zwölf Personen bewirten und noch ein artiges Boudoir für sich behalten. Das größte dieser Fässer hat oben eine Art Balkon, zu welchem eine Treppe führt, es ist siebenundzwanzig Fuß hoch und hält zweiundzwanzig Fuß im Diameter; von oben bis unten ist es mit eisernen, etwa vier Zoll voneinander entfernten Reifen beschlagen, unten gegen den Boden liegt Reif an Reif. Alle sind von starkem Eichenholz, mehrere enthalten dreitausendfünfhundert gewöhnliche Fässer; der Heidelberger Kollege [Fußnote: das bekannte "Große Faß" im Heidelberger Schloß] käme in dieser respektablen Gesellschaft um seinen Ruhm.

Als wir das Haus verließen, waren wir wie betrunken vom Geruche des Porters; man müßte in dieser Atmosphäre schon von der Luft leben können. Die darin beschäftigten Arbeiter sahen indessen gar nicht aus, als ob sie sich auf solche Experimente einließen.

Greenwich

Mitten im Geräusche der in ewiger Arbeit emsig sich bewegenden City, an der Londoner Brücke, schifften wir uns auf einem der Boote ein, die, so wie die Fiaker in den Straßen, auf der Themse numeriert und unter polizeilicher Aufsicht dem Publikum zu Gebote stehen.

Diese Brücke, die älteste der drei, welche in London über die Themse führen, war schon seit einiger Zeit bestimmt abgebrochen zu werden, um einer auf einem einzigen Bogen ruhenden eisernen Platz zu machen. Wie die Brücke jetzt dastand, waren ihre Bogen viel zu eng für den mächtigen Strom, den sie beherrscht. Ungestüm drängt er sich wild brausend hindurch und verschlingt jährlich mehrere Opfer, welche die Verwegenheit, trotz der augenscheinlichen Gefahr hier durchzuschiffen, mit dem Leben bezahlen müssen.

Unabsehbar erstreckt sich in einer langen Reihe viele Meilen weit der Wald von Masten, durch den wir schifften. Der Strom wimmelt wie die befahrenste Landstraße von Barken und kleinen Fahrzeugen aller Art; eben ankommende oder abgehende große Schiffe bewegen sich majestätisch durch sie hin, von allen Seiten ertönt das Rufen des fröhlichen Schiffsvolks, Lebewohl und Willkommen schallen durcheinander; die mit Auf- und Abladen beschäftigten Arbeiter an den Schiffen, die Schiffswerften am Ufer, alles verkündigt hier den Markt der Welt.

Sowie wir uns von London entfernten, boten die Ufer des Stromes uns von beiden Seiten die mannigfaltigsten, lachendsten Aussichten. Endlich, fünf englische Meilen von der Stadt, breitete sich das Invalidenhospital von Greenwich [Fußnote: 1694 gegründet und in dem durch Christopher Wren fertiggestellten Bau untergebracht; gegen Ende des 19. Jahrhunderts aufgelassen. Heute Marineschule.] mit seiner schönen Terrasse und allen seinen reizenden Umgebungen prächtig und groß vor unseren Augen aus.

Diese Freistatt, welche die Nation dem vom Kampfe mit den wilden Elementen endlich ermüdeten Helden darbietet, ist mit Recht ihr Stolz; denn die Welt hat dessengleichen nicht. Eigentlich sind es vier voneinander ganz abgesondert liegende Gebäude, die aber, von der Wasserseite gesehen, wie ein einziger großer Palast sich ausnehmen, geziert mit Säulen, Balustraden und aller Pracht der neueren Architektur. Eine große Terrasse, die eine entzückende Aussicht nach London zu bietet, zieht sich davor hin bis an den Strom, zu welchem man auf breiten steinernen Treppen hinabsteigt. Hier bestieg Georg der Erste [Fußnote: (1660-1727); Kurfürst von Hannover, erster englischer Monarch aus dem Hause von Hannover, das mit dem Ableben der Königin Victoria 1901 erlosch. Georg I. betrat am 29. September 1714 hier zum ersten Mal englischen Boden.] zuerst das Land, über welches er herrschen sollte. Mit welchen Erwartungen mag er nach St. James gefahren sein, wenn er vom Hospital auf die Residenz der Könige schloß!

Das ganze Gebäude ist aus schönen Quadersteinen erbaut. Vorzüglich bewundert man die mit fast verschwenderischer Pracht geschmückte Kapelle. Sie prangt mit Marmorsäulen, einem gut gemalten Plafond und jeder einem solchen Orte geziemenden Zierde. Einige schöne große

Hallen dienen den Invaliden zum Spazierengehen bei schlechtem Wetter, besonders zeichnet sich die größte, mit einer Kuppel versehene Halle aus; sie ist hundertsechs Fuß lang und hat einen gut gemalten Plafond, schöne Säulen und Malereien. Ein angenehmer Park mit einer auf einem Hügel erbauten Sternwarte umgibt das Gebäude von der anderen Seite.

Es war ein schöner, menschenfreundlicher Gedanke, diese Ruhestätte am Ufer der Themse zu erbauen, im Angesichte aller ankommenden und auslaufenden Schiffe. Die abgelebten Helden haben hier den Tummelplatz ihres ehemaligen Lebens noch immer vor Augen; und dem in See stechenden Schiffer gibt der Anblick dieses Ruhehafens Trost und Mut. Nahe an dreitausend Veteranen ruhen hier von ihrem mühevollen Leben aus. Sie wohnen fürstlich, werden gut genährt und gepflegt, alle zwei Jahre neu, anständig, bequem gekleidet und erhalten wöchentlich ein gar nicht unbedeutendes Taschengeld zu ihren kleinen Bedürfnissen und Vergnügungen. In Krankheiten werden sie mit Sorgfalt gewartet. Sie sind nicht, wie in anderen Verpflegungsanstalten, von allem, was ihr Leben bedeutend machte, geschieden, sie leben und weben noch darin und kämpfen mit alten Kampfgenossen nochmals alle ihre gewonnenen Schlachten in froher Erinnerung, vor Gemälden, welche diese vorstellen und die Wände ihrer Speise- und Wohnsäle schmücken. Besonders gut eingerichtet fanden wir die Schlafstellen. In langen, hohen, luftigen Sälen, welche zur Winterszeit von mehreren großen Kaminen erwärmt werden, sind auf der den Fenstern entgegengesetzten Seite eine Reihe Schiffskajüten ähnlicher Kabinette dicht aneinander gebracht. Jedes derselben hat neben der nach dem Saale ausgehenden Tür zwei Fenster und ist groß genug, um ein nach englischer Art geräumiges Bett, einen Tisch, einen Stuhl und einen Koffer zu enthalten. Es gibt nichts Netteres und Saubereres als diese kleinen Zimmerchen; jedes hat einen Teppich, Fenster und Bett sind mit reinlichen Vorhängen versehen, an den Wänden auf dazu angebrachten Leisten stehen die zierlichen Tabaks- und Teekästen, Gläser, Tassen und dergleichen in gefälliger Ordnung. Kupferstiche zieren die Wände. Jeder hängt daran nach Gefallen Bildnisse des Königs, der Königin oder berühmter Seehelden auf; dazwischen Seeschlachten, Häfen und auch wohl manche lustige Karikatur.

Hundertvierzig Witwen verdienter Seemänner wohnen ebenfalls im Hause, sie verrichten darin alle weiblichen Arbeiten, pflegen die Kranken und werden in aller Hinsichte ebenso gut gehalten als die Veteranen selbst. Auch für die Waisen der gebliebenen Seemänner ist hier gesorgt; denn einige hundert Knaben werden in einem abgesonderten Teile des Hauses zum Gewerbe ihrer verstorbenen Väter erzogen. Noch dreitausend Invaliden, die im Hause nicht Platz fanden, erhalten außer demselben Pensionen.

Die St. Paulskirche

[Fußnote: ein barockes Meisterwerk, von Christopher Wren zwischen 1675 und 1710 erbaut in Form eines lateinischen Kreuzes, auf Anordnung Jakobs II. und gegen den Wunsch des Architekten, dessen Pläne ein griechisches Kreuz vorsahen. Dazu eine Anmerkung Johannas: "Man zeigt noch in St. Paul ein Modell von dem ersten Plan des Baumeisters Sir Christopher Wren. Die damaligen regierenden Zeloten verwarfen ihn wegen seines heidnischen Ansehens, und wählten dafür die jetzige Kreuzform." Die Behauptung Johannas, die Kirche wäre nach der Peterskirche in Rom die größte, ist irrig; die Kathedralen von Mailand, Sevilla und Florenz sind ebenfalls größer.]

Das Äußere von St. Paul ist durch Kupferstiche allbekannt. Leider übersieht man auf diesen das ungeheure Ganze besser als in der Wirklichkeit, in deren Umgebungen es nirgends einen guten Standpunkt dafür gibt. Diese Kirche, nach der Peterskirche in Rom die größte in Europa, liegt auf einem viel zu kleinen Kirchhof eingeklemmt zwischen Häusern, umgeben von engen Straßen. Auch im Innern findet sich keine Stelle, von der man sie ganz übersehen könnte, überall drängt sich die Architektur vor und verhindert eine reine Übersicht.

Mit allen diesen Fehlern macht dieses wunderbare große Gebäude dennoch einen imposanten Eindruck. Es scheint ganz leer, denn leicht übersieht man einige wenige Statuen und eine kleine, zum Gottesdienst eingerichtete Abteilung. Diese befindet sich in einem der Flügel, welche die Kreuzform bilden, in der die Kirche erbaut ist. Überall herrscht ehrfurchtgebietende, schauerliche Stille und Einsamkeit; nichts wird man von dem kleinlichen Geräte gewahr, welches die Menschen nötig zu haben glauben, um sich mit dessen Hilfe zur Gottheit zu erheben. Es ist ein Tempel im höchsten Sinne des Worts. Ein feierliches Grauen, eine Art Bangigkeit, die uns fast den Atem raubte, ergriff uns, als wir, mitten in der Kirche stehend, da hinauf blickten, wo beinahe unabsehbar der Dom sich wölbt, "ein zweiter Himmel in dem Himmel". Es war kein erhebendes, es war mehr ein beängstigendes Gefühl. Die wenigen Menschen um uns her schwanden fast vor unseren Blicken und machten durch ihre Kleinheit die gewaltige Größe dieser Steinmasse uns erst recht anschaulich.

Es wurde sehr schwer, sich von diesem ersten Eindrucke loszureißen. Solche Pygmäen waren es doch auch, dachten wir endlich, welche dies erstaunenswerte Werk durch vereinte Kraft emportürmten, und ein einziger unter ihnen bildete es vor in seinem Geiste, noch ehe es sich in die Lüfte erhob. Ja, er dachte es sich noch weit herrlicher, als es jetzt dasteht, er allein leitete die Kräfte der vielen Hunderte, die arbeiteten und sich abmühten und doch nicht deutlich wußten, was sie taten. Jetzt ruhen der Werkmeister und die Arbeiter; aber ihr Werk wird stehen, trotzend der mächtigen Zeit, in herrlichen Ruinen, wenn die ganze volkreiche Stadt längst eine Wüste ward wie Palmyra und Persepolis. Beherzter blickten wir nun hinauf und wandelten in dem hohen Raume, in welchem unserer Tritte feierlich widerhallten; wie lauter Donner ertönte es durch das weite Gewölbe, als man oben auf der Galerie, die am Fuße des Doms rings um denselben hinläuft, eine Tür zuwarf. Wir stiegen hinauf zu dieser Galerie; wunderbar ist der Blick von dort hinab und hinauf. In der Höhe glaubt man eine zweite Kirche sich erheben zu sehen, so hoch ist noch immer von hier das Gewölbe des Doms. In der Tiefe scheint der aus großen schwarzen und weißen Marmorquadern zusammengesetzte Fußboden wie feines Mosaik. Die Galerie heißt die Flüstergalerie, Whispering Gallery, weil das an die Mauer gelegte Ohr auf einer Stelle derselben alles deutlich vernimmt, was auf der entgegengesetzten Seite ganz leise gegen die Wand gesprochen wird.

Von dieser Galerie stiegen wir noch weiter, bis außen, wo auf der höchsten Höhe des Doms sich die sogenannte Laterne erhebt. Wir betraten die ihren Fuß umgebende Galerie mit der Hoffnung, aber der Steinkohlenrauch der vielen Feueressen verbarg uns die Nähe und der dem englischen Himmel eigene nebelartige Duft die Ferne.

Ein Trupp Matrosen, den wir mit großem Geräusche heraufsteigen hörten, trieb uns hinunter.

Wie wir durch Ludgate Hill, eine dem Kirchhof zunächst gelegene sehr volkreiche Straße nach Hause gingen, sahen wir alle Fußgänger still stehen und ängstlich nach dem von unten sehr klein scheinenden Kreuze hinblicken, welches über einer Kugel oben auf der Laterne des Doms von St. Paul befestigt ist. Auch wir sahen natürlicherweise hin und bemerkten etwas oben am äußersten Ende des Kreuzes sich Bewegendes. Mit Hilfe eines Glases entdeckten wir endlich einen der Matrosen, die uns vorhin in der Kirche begegneten. Er machte sich das halsbrechende Vergnügen, auf dieser entsetzlichen Höhe allerhand gefährliche Stellungen anzunehmen, den Hut zu schwenken, auf einem Beine zu stehen, bloß um die Zuschauer unten in ängstliche Bewunderung zu versetzen. Ihm, der auf dem wilden Meere, oben im hohen schwankenden Mastkorbe, gewiß längst jede Idee von Schwindel verlernt hatte, mochte dieser doch immer unbewegliche Standpunkt trotz seiner Höhe wohl gar nicht gefährlich dünken, während uns andere beim bloßen Anblick banges Grausen ergriff.

Der Tower

[Fußnote: alte Stadtfestung und Gefängnis von London; ältester Teil (White Tower) von Wilhelm dem Eroberer erbaut. Die Gräben wurden 1843 trocken gelegt. Der Tierpark wurde 1834 in den zoologischen Garten in Regent's Park gebracht.]

Wir wollen die Löwen sehen, sagen die englischen Pächter- und Landjunkerfamilien, wenn sie eine Wallfahrt nach der Hauptstadt und ihren Merkwürdigkeiten unternehmen. Diese Löwen, eigentlich die im Tower aufgewahrte königliche Menagerie, dienen ihnen, als die Hauptmerkwürdigkeiten der Stadt, zur Bezeichnung alles Sehenswerten in derselben. Leider sind die edlen Tiere mitsamt ihrer Residenz durch diese Popularität etwas verrufen, und ein Fremder von gutem Tone wagt es kaum, den Tower zu besuchen. Wir gingen indessen doch hin, auf die Gefahr etwas gar Unmodisches, mit dem hohen Stil ganz Unverträgliches zu unternehmen, und suchten den Tower mit seinen Löwen am äußersten Ende der City auf, wo er nahe am Ufer der Themse liegt.

Grämlich und düster blickt dieser uralte Schauplatz unzähliger Greuel mit seinen grauen Türmen über den ihn umgebenden Wassergraben. In einem dicht über demselben erbauten, ziemlich niedrigen Gewölbe ist die Pforte angebracht, durch welche die Staatsverbrecher hineingeführt wurden. Sie heißt das Tor der Verräter, Traitor's Gate; man brachte die Unseligen von der Themse bis zu diesem Eingange, der sich hinter ihnen oft für immer verschloß.

Wir gingen durch das Tor des Haupteinganges hinein, welches zur Not für eine Kutsche Raum hat. Man machte uns aufmerksam auf die kleinen vergitterten Fenster über dem Tore. Sie befinden sich in dem Zimmer, in welchem der entsetzliche Richard der Dritte die beiden jungen Söhne seines Bruders ersticken ließ, als sie eben sanft und ruhig im festen Schlummer der Kindheit dalagen und von keiner Gefahr träumten. Uns gelüstete nicht, das Mordzimmer zu betreten. Eine alte Sage gibt Julius Cäsar für den ersten Erbauer dieser Veste an; die Geschichte aber sagt uns, daß Wilhelm der Eroberer in der Mitte des elften Jahrhunderts den Grund dazu legte, um seine vielgeliebten Londoner im gehörigen Respekt zu erhalten. Man sieht es dem sehr weitläufigen Ganzen an, daß kein fester Plan bei dessen Gründung vorwaltete, sondern während der Regierung mehrerer Könige bald hier, bald da daran gebaut und zugesetzt ward.

Jetzt gleicht der Tower fast einer kleinen Stadt; er umschließt in seinem Bezirke mehrere Straßen, eine Kirche, Magazine, Kasernen für die Garnison, Häuser für die Offiziere, Zeughäuser, die Münze, nebst Wohnungen für die dabei beschäftigten Offizianten und sonst noch mancherlei Gebäude. Ein breiter Wassergraben läuft ringsumher, und zwischen diesem Graben und der Themse befindet sich eine Art Terrasse, auf welcher sechzig Kanonen stehen, die bei feierlichen Gelegenheiten abgefeuert werden. Der Tower wird, wie es bei Festungen Gebrauch ist, mit Sonnenuntergange geschlossen. Die Yeomen oder Ochsenfresser haben die Wache darin und dienen zugleich den besuchenden Fremden als Ciceronen. Hier sind sie ganz augenscheinlich am rechten Platze; ihre Kleidung und ihr ganzes Ansehen trägt gleich am Eintritte dazu bei, uns in frühe dunkle Jahrhunderte zu versetzen.

Die Münze mit den dazugehörigen Gebäuden nimmt ein gutes Drittel des Towers ein. Sie wird nicht gezeigt. Uns blieb der weiße Turm, die Schatzkammer und die Löwen zu sehen. Letzteren machten wir zuerst unseren Besuch.

Nicht nur Löwen werden hier in einer besonderen Abteilung in starken Käfigen bewahrt, auch Panther, Leoparden, Tiger und mehrere Arten wilder Bewohner der Wüsten, grimmige stattliche Bestien, denen man es ansieht, daß sie gut gehalten werden. Nach englischer Sitte hat jede derselben außer dem Schlafkabinette noch ein Wohnzimmer in ihrem Käfig, wo sie Besuch annimmt. Alle prangen mit christlichen Namen, besonders die Löwinnen; da findet man eine Miß Howe, Miß Jenny, Miß Charlotte, Miß Nanny, als wäre man auf einer englischen Assemblee. Viele dieser Tiere wurden hier im Tower geboren und erzogen, und es ist merkwürdig, daß diese gerade die wildesten und unbändigsten sind.

Die Kronjuwelen [Fußnote: sie befinden sich im Wakefield Tower.], welche ebenfalls der Tower aufbewahrt, zeigt man auf eine wunderlich ängstliche Weise, die sehr gegen die Liberalität absticht, mit welcher Fremde im Dresdner grünen Gewölbe herumgeführt werden. Der uns leitende Ochsenfresser öffnete uns eine kleine Türe, wir traten hinein und mußten uns alle in einer Reihe auf eine dastehende Bank setzen. Die Tür ward hinter uns abgeschlossen, und wir befanden uns in einem kleinen steinernen, ganz dunklen Gewölbe wie in einem Gefängnis. Die unerwartete Finsternis blendete uns; es währte lange, ehe wir dicht vor uns ein starkes eisernes Gitter entdeckten und hinter demselben eine alte Frau zwischen zwei Lichtern.

Dieser etwas drachenähnliche Hüter unterirdischer Schätze zeigte uns nun viele Kostbarkeiten. Manches Stück davon war wegen der alten, mitunter sehr feinen Arbeit merkwürdig; zum Beispiel ein goldener Adler, dessen Hals das heilige Öl zur Salbung der Könige enthält; der goldene Löffel, in welchen der Bischof bei der Krönung dieses Öl gießt, und vieles uralte Tischgeräte von Gold und Silber. Dann sahen wir auch das mit französischen Lilien verzierte Zepter, den Reichsapfel, viele Kronen und mehr dergleichen Dinge, die bei Krönungen und anderen festlichen Gelegenheiten noch zum Teil gebraucht werden. Eine Perle von unschätzbarem Werte, ein Smaragd, der im Umfange sieben Zoll groß ist, und ein wunderschöner Rubin schmücken die Krone, welche der König im Parlamente auf dem Haupte trägt; die Krone des Prinzen von Wales wird im Parlamente vor diesen hingesetzt, als ein Zeichen, daß er noch nicht berechtigt ist, sie zu tragen. Alle diese Herrlichkeiten blitzen von köstlichen Edelsteinen. In der düsteren Höhle sahen sie wie ein von bösen Geistern bewachter Feenschatz aus; ihr Wert wird über zwei Millionen Pfund Sterling angegeben, ohne die seltenen Steine, deren Wert man gar nicht bestimmen kann.

Von hier wandten wir uns zum weißen Turme, der aber weder ein Turm noch weiß ist, sondern ein großes viereckiges Gebäude mitten in der Festung, alt, grau und rostig anzuschauen. Vier Wachttürme krönen dessen Zinnen, von welchen einer zur Sternwarte eingerichtet ist.

Im ersten Stock sahen wir die der großen spanischen Armada abgenommenen Trophäen. Lauter alte, zum Teil recht sonderbar erdachte Mordgewehre. Eine Menge Daumenschrauben befinden sich dabei; die Spanier führten sie bei sich, um damit bei ihrer Landung von den besiegten Engländern Auskunft über etwa verborgenen Schätze zu erpressen.

In diesem Saale ist eine lebensgroße Puppe zu schauen, welche die

Königin Elisabeth vorstellt, wie sie eben im Begriffe ist, einen weißen Zelter zu besteigen. Sie trägt die Kleider, welche Ihre Majestät trug, da sie nach diesem merkwürdigen Siege zum Volke sprach [Fußnote: Untergang der spanischen Armada im Kampf gegen die englische Flotte unter Sir Francis Drake 1588.]. Wir möchten aber keiner Schauspielerin raten, sich zur Rolle der Elisabeth nach diesem Muster zu kostümieren. Die gute Dame sieht schrecklich aus, besonders das zu einem hohen, breiten Turme aufgekräuselte Haar, welches gar nicht mehr wie Haar aussieht, und die unendliche, spitzig zulaufende, in einen Harnisch gepreßte Taille.

Hier sahen wir auch das Beil, unter welchem der Anna Boleyn schönes Haupt fiel [Fußnote: zweite Gattin Heinrichs VIII.; 1536 enthauptet.], und mehr dergleichen traurige Merkwürdigkeiten, von denen der Tower wimmelt.

Die Waffen neuerer Zeit sind in einem anderen sehr großen Saale aufgestellt. Nimmer hätten wir diesen Mordgewehren zugetraut, daß sie einen so hübschen Anblick gewähren könnten. Sie sind hier auf's Zierlichste und mit einer Art Erfindungsgeist und Geschmack geordnet; die Wände blitzen von Bajonetten, Pistolen, Degen und Säbeln, in tausend verschiedenen Formen gestellt; da sieht man daraus zusammengesetzte Kirchenfenster, eine Orgel, Wappen, Sterne, Schlangen; die Decke ruht auf Pfeilern von Musketen, um welche zierliche Girlanden von Pistolen sich winden.

In einem anderen großen Saale sind alle Könige Englands, von Wilhelm dem Eroberer an bis auf Georg den Zweiten in einer langen stattlichen Reihe, zu Pferde, in voller Rüstung zu schauen. Die zum Teil sehr prächtigen Rüstungen sind die nämlichen, welche ihre Inhaber bei Lebzeiten trugen. Auch Georg der Zweite hat eine über und über vergoldete Rüstung an; der Ochsenfresser, unser Cicerone, versicherte uns sehr naiv, dieser Herr habe solche nie getragen. Der berühmte John of Gaunt, Sohn Eduards des Dritten, muß ein Riese ohnegleichen gewesen sein; seine Rüstung ist sieben Fuß hoch, Schwert und Lanze dem angemessen. Auch Heinrich der Achte war gewiß ein ansehnlicher Herr; die für ihn in seinem achtzehnten Jahre verfertigte Rüstung gibt der des John of Gaunt an Größe wenig nach.

Der Palast von Westminster

[Fußnote: Der Palast brannte 1834 ab. Im heutigen Parlamentsgebäude sind nur die Westminster Hall und die Krypta und der Kreuzgang der St. Stephens Chapel aus der Zeit von Johannas Besuch. Als Hauptgerichtshof diente die Hall bis 1883. Sie stammt vom Palast Richards II. aus dem Jahre 1398.]

In diesen Überbleibseln eines uralten, von Eduard dem Bekenner erbauten Palastes thront jetzt die Göttin Themis [Fußnote: Göttin der göttlichen und natürlichen Ordnung.]. Gleich den Königen von England ist auch sie schlecht logiert, und ihre Residenz sieht von innen und außen sehr zerfallen aus. Neugierig, den Schauplatz so vieler merkwürdiger Entscheidungen, den Tummelplatz der berühmtesten Redner der Welt zu sehen, eilten wir eines Morgens hin.

Zuerst traten wir in die Westminster Halle. Es ist ein hoher, gewölbter Saal, zweihundertfünfundsiebzig Fuß land und vierundsiebzig breit. Man hält ihn in England für den größten in Europa, dessen Decke nicht auf Säulen ruht. Dies mögen wir nicht bestreiten, aber trotz seiner Größe gewährt er keinen brillanten Anblick. Die Wände sind ohne alle Verzierungen, und die künstlich geschnitzte Decke von Eichenholz nimmt sich, von unten aus gesehen, schon wegen der braunen Farbe des Holzes nicht besonders aus. In der Nähe betrachtet, sollen diese Verzierungen im gotischen Geschmacke nicht ohne Kunstwert sein.

In früheren Zeiten diente diese Halle bei großen Festen und Schmausereien den Königen zum Speisesaal. Richard der Zweite soll darin auf einmal zehntausend Personen bewirtet haben. Oft ward hier das Parlament versammelt, hier war der große Gerichtshof, in welchem der König persönlich präsidierte. Der unglückliche Karl der Erste [Fußnote: wegen seiner absolutistischen Bestrebungen stand er im Gegensatz zu Parlament und Cromwell. Als er mit den Schotten zu paktieren suchte, wurde er wegen Hochverrats vor ein außerordentliches Gericht gestellt, am 25. Januar 1649 zum Tode verurteilt und am 30. vor seinem Palast Whitehall enthauptet.] ward in dieser Halle verhört und verurteilt, und noch jetzt versammeln sich hier die Richter bei wichtigen seltenen Rechtsfällen, wenn ein Pair des Reichs oder irgendeine andere sehr wichtige Person angeklagt wird. Gewöhnlich aber dient diese Halle den Advokaten und ihren Klienten zur Promenade, bis die Reihe sie trifft, bei Gericht vorgelassen zu werden.

Wir sahen hier viele der ersteren in schwarzen Mänteln, mit großen, weißgepuderten Perücken auf- und abwandeln. Sehr ungeniert
ging es übrigens zu, jeder wandelte, wohin es ihm beliebte; keine Wache, kein Türsteher, niemand, der auf Ordnung hielte, war sichtbar.
Auch wir eilten ungestört umher, traten von ungefähr hinter einen an
der Seitenwand der Halle angebrachten Vorhang und sahen uns plötzlich zu unserem Erstaunen in einem nicht großen, nicht schönen, aber
ziemlich dunklen Zimmer, das uns wie eine Dorfkapelle vorkam. Auf
einer kleinen Erhöhung hinter einem Tische saß ein schwarzbemäntelter
Herr mit einer gewaltig respektablen Staatsperücke. Es sprach sehr an-
gelegentlich und eindringend; wir aber verstanden kein Wort von dem,
was er sagte, denn eine Menge Leute gingen mit großen Geräusche aus
und ein und machten einen Lärm, als wären sie für sich allein zu Hause.
Zuweilen rief wohl irgend jemand: "Silence!", aber niemand kehrte sich
sonderlich daran, der Lärm dauerte fort nach wie vor. Rund um den
Tisch saßen dreißig bis vierzig andere Herren auf Bänken, ebenfalls mit
schwarzen Talaren und weißen, obgleich etwas kleineren Perücken. Alle schienen emsig beflissen, dem Redner zuzuhören, so gut es sich bei so
bewandten Umständen tun ließ. Zu unserem Erstaunen vernahmen wir,
dies sei der hohe Gerichtshof, High Court of Chancery, und der Herr
obenan der Lordkanzler, die anderen wären die Richter, welche in diesem unruhigen Winkel sich versammelten, um sehr bedeutende Prozes-
se zu entscheiden. Man kann indessen von ihrer Entscheidung noch an
das Oberhaus appellieren.

Verwundert über die leichte Art, mit der hier die wichtigsten Dinge
betrieben werden, irrten wir eine Weile im alten Palaste umher, durch
viele uralte gewölbte Gänge, Treppen auf und ab, kreuz und quer; zuletzt fanden wir uns wieder nahe an der großen Halle, im Gerichtshofe
von Kingsbench, Court of Kingsbench.

Hier sah es nicht besser aus als im hohen Gerichtshofe; derselbe
Lärm, dieselbe Unordnung. Zwei Herren, mit Perücken angetan, die auf
einer größeren Erhöhung sich befanden, präsidierten; einer von ihnen
war der Oberrichter, Lord Ellenborough. Vor ihnen, hinter Schranken,
standen ein paar arme Teufel mit wahren Armesündergesichtern, über
deren Haupt es eben herzugehen schien.

Vor dem Gerichtshofe von Kingsbench werden fast alle Kriminal-
und Polizeiverbrechen gerichtet; der berühmte Mr. Erskine [Fußnote:
Thomas, englischer Advokat und Staatsmann, seit 1805 Lord und Lordkanzler. Verteidiger von Thomas Paine.] und sonst noch mehrere aus-

gezeichnete Rechtsgelehrte treten hier oft als Verteidiger oder Kläger vor die Schranken. Hoffentlich gönnt man diesen Männern mehr Aufmerksamkeit, als sonst hier gebräuchlich ist. Nie und nirgends sahen wir das, was doch erst das ernsteste Geschäft der Welt ist, die Entscheidung zwischen Recht und Unrecht, Schuld und Unschuld, Lohn und Strafe, Leben und Tod, auf eine so leichtsinnige Weise betreiben. Keine Spur war zu erblicken von dem imponierenden Ernste, der von jedem Richterstuhle unzertrennlich sein sollte. Unbegreiflich ist es nur, wie Richter und Advokaten diesen Lärm ertragen, ohne alle Aufmerksamkeit, für ihr Geschäft zu verlieren. Wir eilten hinaus und resignierten gern darauf, noch zwei Gerichtshöfe zu sehen, die sich ebenfalls im Palaste von Westminster befinden und in welchen es nicht besser hergeht als in den beiden, welche wir besuchten.

Da das Parlament leider nicht versammelt war, so wollten wir doch wenigstens das Lokal sehen, in welchem das Oberhaus zusammenkommt. Dies ist ein alter, mittelmäßig großer, räucheriger Saal. Verblichene gewirkte Tapeten, welche den Sieg über die Armada vorstellen, bekleiden die Wände; man rühmt ihre Kunstwert, aber die verheerende Zeit und der ihr treulich beistehende Staub und Schmutz haben sie dermaßen entstellt, daß wenig mehr von ihrem ehemaligen Glanze zu entdecken ist. Am oberen Ende des Saals, auf einer Erhöhung, steht der königliche Thron, der wie der Baldachin einer vom Trödel geholten, altmodischen, rotdamastenen Himmelbettstelle sich ausnimmt. Daneben, zur rechten Hand, stand ein ebenso alter und unscheinbarer Lehnstuhl für den Prinzen von Wales und zur Linken sechs Stühle für die übrigen Prinzen. Mitten im Saal liegen vier große viereckige, mit rotem Zeuge bezogenen Wollsäcke für die Lords, welche zugleich Richter sind; die übrigen Lords finden ihre Plätze auf einigen zu beiden Seiten stehenden Reihen Bänken. Ein sehr großer Kamin vollendet das Ganze; er ist mit einer Barriere von eisernem Gitterwerke versehen, vermutlich damit niemand im Eifer des Debattierens hineinfalle.

So sieht der Saal aus, in welchem oft das Schicksal von Millionen entschieden wird, der Saal, in welchem die ersten und mächtigsten Glieder einer Nation sich versammeln, welche gern dem ganzen Erdball Gesetze gäbe und noch nie fremde annahm. Vielleicht ist gerade diese Unscheinbarkeit der sprechende Beweis des Stolzes, der, auf innerem Bewußtsein ruhend, allen äußeren Glanz verachtet.

Im Unterhause sieht es nicht glänzender aus; nur der Thron und die Wollsäcke fallen weg, sonst ist die Einrichtung des Saals ungefähr die nämliche. Die Wände sind mit braunem Holze getäfelt, und an einer Seite, oben, befindet sich eine Galerie für die, welche den Sitzungen als Zuschauer beiwohnen wollen. Keine Frauen werden hier während derselben zugelassen. Auch möchten wenige es ertragen können, sich zur Erhaltung eines guten Platzes schon um neun oder zehn Uhr morgens einzufinden und dann oft bis Mitternacht dort auszudauern. Indessen ist doch dafür gesorgt, daß man nicht verhungere; denn ein Gastwirt hält in einem unter dem nämlichen Dache befindlichen Kaffeezimmer Erfrischungen für die Mitglieder des Unterhauses bereit; auch Fremden ist's erlaubt, sich in seiner Küche zu erquicken und zu stärken. Es ist Sitte, daß man nach einer solchen Exkursion seinen Platz in der Galerie unbesetzt wiederfindet. Ursprünglich war der Saal des Unterhauses eine Kapelle, vom Könige Stephan [Fußnote: Stephan von Blois, Enkel Wilhelm des Eroberers, von 1135-1154 König von England.] dem Schutzheiligen seines Namens gewidmet. Der prachtliebende Eduard der Dritte stellte sie in der ersten Hälfte des vierzehnten Jahrhunderts wieder her. Heinrich der Sechste gab ihr ihre jetzige Bestimmung, ließ sie dazu einrichten und durch mancherlei Abteilungen zu Gängen und Nebenzimmern verkleinern. Leider ward dadurch eins der schönsten Werke gotischer Kunst so gut als vernichtet. Vor mehreren Jahren riß man einen Teil der Vertäfelung, welche die Wände bekleidet, herab, um den Saal zu vergrößern. Mit Erstaunen entdeckte man die Überbleibsel der reichen Verzierungen an der ursprünglichen Mauer und schloß mit Bedauern aus diesem Wenigen auf die ehemalige Pracht des Ganzen. Man fand unschätzbare Spuren der Kunst jener Zeiten, wunderkünstliches Schnitzwerk, Malereien und Vergoldungen, frisch und glänzend, als wären sie von gestern; besonders am östlichen Ende der Kapelle, wo man noch deutliche Spuren des Hochaltars sah. Seitenwände und Decke waren dort mit schönem Schnitzwerke und alten Wappenbildern ganz bedeckt; dazwischen einige lebensgroße gemalte Figuren und ein uraltes Gemälde, die Anbetung der Hirten vorstellend, für den Freund der Kunstgeschichte von unendlichem Werte. Alles wurde barbarischerweise zerstört und gänzlich vernichtet, um dem jetzt existierenden traurigen Saale Platz zu machen, als gäbe es in ganz London keinen anderen Raum, in welchem die Herren des Unterhauses sich versammeln könnten. Von aller dieser Herrlichkeit blieb nur ein einziges schönes gotisches Fenster, durch welches die Sonne jetzt trübe blickt, als vermisse sie den ehemaligen Glanz.

Von außen sah das ganze Gebäude traurig und verfallen aus, sowie auch die schöne, gegenüberstehende, dazugehörige Kirche, die berühmte Abtei von Westminster. Man wendete wenig Mühe und Kosten daran, diese Denkmäler früherer Zeiten zu erhalten, und sie schienen allmählich ihrem Untergange zusinken zu wollen.

Die Westminster Abtei

Diese Behausung berühmter Toter steht öde und trauernd, selbst einem großen Grabmale vergangener Jahrhunderte ähnlich. Die alte Herrlichkeit und Schönheit der in der gewöhnlichen Kreuzform erbauten gotischen Kirche kann man von außen nur ahnen; denn hier so wenig wie bei St. Paul ist ein Standpunkt zu finden, von welchem es möglich wäre, das Ganze zu überblicken. Zwei schöne viereckige Türme krönen die hohe Zinne; jeder derselben ist nach gotischer Art mit mehreren kleinen, leicht in die Luft sich erhebenden Türmchen geziert; ein prächtiges Portal führt in das innere Heiligtum.

Vom Eingange an der Westseite überblickt man den ganzen Plan desselben. Einem versteinerten heiligen Haine gleich, steht es vor uns in seiner ehrwürdigen erhabenen Pracht. Schlanke und doch verhältnismäßig starke Pfeiler tragen das hohe, wie von Geisterhänden kühn geschaffene Gewölbe, an welchem Bogen über Bogen sich leicht und luftig erheben. Jeder dieser Pfeiler besteht aus eine Gruppe von fünf Pfeilern, die sich zu einem einzigen vereinen. Das durch die hohen bemalten Fenster verschleiert eindringende Sonnenlicht verbreitet heilige Dämmerung ringsumher, über alle die unzähligen, mit unendlichem Kunstfleiße gearbeiteten Verzierungen, welche diesen ehrwürdigen Tempel schmücken.

Alles Alte darin ist groß, herzerhebend und erfreulich; desto unangenehmer sticht alles Neuere dagegen ab. Besonders fremd nimmt sich der moderne, von weißem Marmor im sogenannten griechischen Geschmacke erbaute Altar in dem wunderherrlichen alten Chor aus, in welchem die englischen Könige gekrönt werden.

Auch die unzähligen Momente, welche diese Kirche eigentlich überfüllen, zerstören die Einheit des Gebäudes. Ohne Ordnung und Wahl stehen sie durcheinander, als hätte man sie vor irgendeinem Unfalle hierher geflüchtet und einstweilen hingestellt, wo eben ein freies Plätzchen zu finden war. Obendrein scheinen die wenigsten, wenn man sie als Kunstwerke betrachtet, diese Sorgfalt zu verdienen. Viele sehen in dieser hohen Umgebung nur um so kleinlicher aus; oft sind Mauern aufgeführt, an die sie lehnen, und obgleich es ein schöner Gedanke ist, daß eine große Nation hier in ihrem heiligsten Tempel, bei den Gräbern ihrer Könige, das Andenken großer, verdienter Männer dankbar aufbewahrt, so kann man sich doch nicht enthalten zu wünschen, daß dieses auf eine weniger störende Weise geschehen sein möchte. Ein großer Teil der Ausführung des schönen Zwecks geht durch die Art verloren, mit welcher alles unter- und übereinander gestellt ist. Durch Staub, Schmutz und unzählige Spinnweben muß man sich drängen, um manches Monument in seinem engen Winkel zu betrachten, und dabei den Kummer zu fühlen, das wahrhaft Schöne und Große durch soviel Mittelmäßigkeit verdrängt und entstellt zu sehen.

Eine Ecke in einem der kürzeren Flügel ward dem höheren Talent gewidmet. Sehr unpoetisch nennt man diese Abteilung den Poetenwinkel, The Poets Corner. Hier finden wir Goldsmith, Händel, Shakespeare, Garrick, Chaucer, Buttler, Thomson, Gay, Johnson, Milton, Dryden und viele andere, nur nach Swift, Sterne und Pope suchen wir vergebens. Der Platz ist sehr enge, und mancher hochgefeierte Name muß sich in diesem Pantheon aus Mangel an Raum mit einem unscheinbaren Winkel behelfen. Ein Medaillon mit dem Profil des durch Talent und Schicksal unserem Hölty so nah verwandten Goldsmith ist über der Türe angebracht. Händel sitzt schreibend und aufhorchend, als belausche er die Melodie der Sphären und eile, sie auf dem Papiere festzuhalten. Im königlichen Schmucke tritt Garrick hinter einem Vorhange hervor und schaut entzückt und geblendet die neue Szene. Gedankenvoll lehnt Shakespeare an einem Postament und zeigt auf eine herabhängende Pergamentrolle mit folgender Inschrift aus seinem "Sturm":

"So werden

Die wolkenhohen Türme, die Paläste,

Die hehren Tempel, selbst der große Ball,

Ja, was daran nur Teil hat, untergehen,

Spurlos verschwinden. Wir sind solcher Zeug

Wie der zu träumen, und dies kleine Leben

Umfaßt ein Schlaf."

Unter den im übrigen Teil der Kirche zerstreuten Denkmäler wird das dem Lord Mansfield gewidmete und von den Engländern besonders hoch gehalten. Es ist vom jüngeren Flaxmann gearbeitet [Fußnote:

John (1755-1826), bekannter Bildhauer und Illustrator]. Dieses und das des Lords Chatham, Vater des berühmten William Pitt [Fußnote: im Gegensatz zu seinem Vater der jüngere Pitt genannt (1759-1806). War zweimal Premierminister. Seine größten Verdienste um das Staats- und Wirtschaftsleben Großbritanniens waren die Ostindische Bill, die Verfassung Kanadas und die Union mit Irland. Vorkämpfer gegen Napoleon.], wurden jedes mit sechstausend Pfund Sterling bezahlt. Lord Mansfield, in der weiten, der plastischen Kunst gar nicht vorteilhaften Tracht der englischen Richter, sitzt in ziemlich ungraziöser Stellung auf dem Richterstuhle; eine Hand stützt sich auf's Knie, die andere hält eine Pergamentrolle. Neben seinem Sitze, etwas niedriger, stehen Weisheit und Gerechtigkeit, hinter ihm der die Fackel auslöschende Tod, gewagt genug in der Gestalt einer schönen, nackten, weiblichen Figur dargestellt.

Hoch auf dem Piedestal, in Rednerstellung, steht Lord Chatham; viele Tugenden weinen zu seinen Füßen und lassen es unentschieden, ob seine Rede sie rührt, oder ob er Dinge sagt, über welche die Tugend weinen muß.

Auch die traurigen Manen des unglücklichen Majors Andree, der im amerikanischen Kriege vom erbitterten Feinde als Spion gehängt ward, finden hier ein ehrenvolles, seinem Andenken geweihtes Monument.

Zwölf an die Kirche sich anschließende Kapellen enthalten die Asche der Könige und einiger sehr vornehmer Familien. Seit Elisabeths Zeiten ward keinem Könige ein Monument hier errichtet, obgleich alle hier begraben lieben.

Gern betrachteten wir jene alten Denkmäler; fast alle sind große, viereckige Sarkophage, auf welchen die Statue des Verstorbenen in völliger Staatskleidung ausgestreckt daliegt, mit gefalteten Händen, ruhig wie im Schlummer. Keine Zerrbilder fanden wir wie in Paris aux petits Augustins, wo Franz der Erste, Maria von Medici und Karl der Neunte in den gräßlichsten Verzerrungen des Sterbens, mit wild zerstreutem Haare, fast nackt, in entsetzlichen Konvulsionen auf ihren Gräbern abgebildet liegen. Gerührt standen wir hier am Grabe der Maria Stuart. Man hat sie unweit ihrer Todfeindin und Mörderin gebettet; das Gesicht ihrer Statue war durch die Zeit fast unkenntlich geworden.

Die älteste der zwölf Kapellen enthält das Grab Eduards des Bekenners [Fußnote: angelsächsischer König (1042-66) [Fußnote: König von England (1272-1307); er kehrte 1274 aus dem Heiligen Land zurück,

191

nachdem er mehrere Jahre dort gekämpft hatte.); es war mit Mosaik von farbigen Steinen geziert, welche leider größtenteils von ungezogenen Altertumsfreunden ausgebrochen und mitgenommen wurden.

Eduard der Erste ruht ebenfalls hier; neben ihm seine Gemahlin, Eleonore von Kastilien, dieses Muster ehelicher Lieber und Treue bis in den Tod. Als ihr Gemahl noch Kronprinz war, zog auch er 1274 zum frommen Kriege ins gelobte Land. Eleonore begleitete ihn, achtete nicht der weiten, gefahrvollen Reise, wollte lieber alles Ungemach dulden, als von dem so hoch Geliebten entfernt lebten. Gestärkt durch ihren Anblick, angefeuert durch ihren Mut, richtete er siegend unter den Sarazenen bald große Verwüstungen an. Die Ungläubigen rächten sich aber fürchterlich und tückisch. Sie sandten Meuchelmörder gegen ihn aus, die ihn mit einem tödlich vergifteten Pfeile am Arme verletzten. Die Mörder fielen zwar unter den rächenden Schwertern seiner Getreuen, aber Eduard ward bewußtlos in sein Zelt getragen. Die Ärzte gaben ihn ohne Rettung verloren, wenn nicht einer seiner Diener das Gift aus der Wunde zu saugen und das Leben des Gebieters mit Aufopferung des eigenen Lebens zu erhalten sich entschlösse. Starr und stumm standen all um das Sterbebette ihres künftigen Königs; sie hatten oft dem Tode in seiner furchtbarsten Gestalt getrotzt, dennoch konnte keiner zu diesem Opfer sich entschließen. Da eilte Eleonore herbei; niemand durfte es wagen, sie zu hindern; sie warf sich auf den verwundeten Arm, und bald schlug der Gerettete die Augen wieder auf. Mit welchem Gefühl er auf diese Weise sich dem Leben wiedergeschenkt sah, wie sie, fürchtend ihn auf's neue zu vergiften, es nicht wagte, ihn zum letzten Mal an die treue Brust zu drücken, und nur von ferne, zitternd vor Freude, vor ihm stand, dafür haben wir keine Worte. Konnte das Gift diesem engelreinen Wesen nicht schaden? War es vielleicht nur bei einer äußeren Verletzung tödlich? Dies wissen wir nicht; genug, Eleonore lebte noch mehrere Jahre ein glückliches, schönes Leben an der Seite ihres Gatten, teilte bald darauf mit ihm den Thron und fand erst neunzehn Jahre später hier ihre letzte Ruhestätte.

So erzählt die Sage, und zu schön, um ihre Wahrheit zu bezweifeln, obschon einige berühmte Geschichtsschreiber diese rührende Begebenheit nicht erwähnen.

Auch auf diesem Sarkophage ist die Gestalt der darunter Schlummernden abgebildet. Die Kunst war damals noch in der Kindheit, aber diesmal führte ihr Genius den Meißel des Künstlers, ein schützender Engel wachte über das Bild und barg es vor der zerstörenden Zeit. Eleonorens Gesicht strahlt noch von hoher Schönheit und wunderbarer Güte und Milde auf dieser ihre Züge der Nachwelt aufbewahrenden, wohlerhaltenen Abbildung.

Die Gräber Eduards des Dritten [Fußnote: König von England [1327-77)] und Heinrichs des Dritten [Fußnote: König von England (1216-72)] sind ebenfalls in dieser Kapelle.

Das Monument Heinrichs des Dritten, ein merkwürdiges Denkmal alter Kunst, ist reich verziert mit Porphyr, Mosaik und Vergoldungen; seine in Erz gegossene Statue ruht darauf. Hier stehen auch die alten Sessel, auf welchen die Könige bei der Krönung sitzen; in einen derselben ist der Stein eingefügt, welcher den Königen von Schottland zum Königsthrone diente. Eduard der Erste ließ ihn von Scone, welches die Leser aus dem ersten Teile dieser Erinnerungen kennen, hierher bringen.

Die dicht daran stoßende Kapelle Heinrichs des Fünften [Fußnote: König von England (1485-1509] ist wegen ihrer altertümlichen Pracht eine der merkwürdigsten. Leider liegt der gute König ohne Kopf auf seinem Grabmale, auch Reichsapfel und Zepter sind seinen Händen entrissen. Alles dies war, dem solide Pracht liebenden Geschmack jener Zeit gemäß, ganz von gediegenem Silber und konnte selbst in diesem Heiligtume der schlauen Habsucht listiger Diebe nicht entgehen.

Neun andere Kapellen, verschiedenen Heiligen geweiht, deren Namen sie noch führen, enthalten viele für den Altertumsforscher höchst merkwürdige Gegenstände, viele Belege zur Geschichte des Kunstgeschmacks und der Lebensweise im Mittelalter; selbst das uralte hölzerne Monument des sächsischen Königs Sebert, welcher zuerst an diesem Orte eine Kirche erbaute.

Merkwürdig war uns das Grab eines Grafen Leicester wegen seiner Ähnlichkeit und zugleich Unähnlichkeit mit dem berühmten Bettstelle des Grafen von Gleichen. Gar stattlich ruht der edle Graf im ritterlichen Schmucke, mitten auf dem ungeheuer breiten Sarkophage, den er sich selbst errichten ließ; neben ihm, zur rechten Hand, in holder Bescheidenheit, seine erste Gemahlin; aber der ziemlich weite Platz zur Linken ist leer. Seine zweite Gemahlin konnte unmöglich sich entschließen, ihrer wenn auch toten Nebenbuhlerin im Range zu weichen, sie wollte durchaus nicht mit der linken Hand vorlieb nehmen, während ihre Vorgängerin zur Rechten läge. Noch auf dem Totenbette war es bis zum letzten Augenblicke die angelegentlichsten Sorge der rangsüchtigen

Frau, solche Unbilde zu verhindern. Sie erreichte ihren Zweck, man begrub sie anderswohin; niemand weiß, wo ihre Gebeine ruhen. Das Andenken ihres Lebens wäre längst verschollen, wenn nicht das ihrer Torheit auf dieser leeren Stelle kommenden Jahrhunderten aufbewahrt worden wäre.

Alle diese Kapellen sind mit der Westminster Abtei unter einem Dache, nur die letzte und schönste, die Kapelle Heinrichs des Siebenten, [Fußnote: König von England 1485-1509)] ist daran angebaut, so daß nur der Eingang dazu in der Kirche steht.

Dies Gebäude ist eines der schönsten seiner Zeit, aber leider sahen wir es in einem unverantwortlich vernachlässigten Zustande, mehr noch als die Kirche selbst. Kaum wurde das Dach desselben notdürftig unterhalten; hätte man die langsam zerstörende Zeit noch länger ungehindert fortwüten lassen, so wäre bald alles zu einer schönen Ruine zusammengesunken, die überall sich besser ausgenommen haben würde als an dieser, dem heiligen Andenken großer Vorfahren geweihten Stelle. Von außen ist die Kapelle mit aller Pracht der gotischen Baukunst geschmückt, das Ganze im schönsten Ebenmaße, leicht und erfreulich. Vierzehn schöne durchbrochene Türme sind die Hauptzierde. Zum Eingange, von der Kirche aus, dient ein prächtiges, in Stein gehauenes Portal, welches drei sehr künstlich gearbeitete Gittertüren von vergoldetem Eisen verschließen. Die Decke ist über und über mit schöner Bildhauerarbeit von Stein geschmückt, schöne,

gewölbte Bogen, unterstützt von Pfeilern im reinsten Ebenmaße, prächtige Fenster, herrliches Schnitzwerk, alle Pracht gotischer Architektur ist hier zu finden. Unmöglich kann man dieses schöne Überbleibsel früherer Zeit zu hoch preisen, und wohl wäre es wünschenswert, daß die Kapelle einen Freund und Verehrer fände, wie der Dom von Köln ihn an dem Herrn von Boisserée fand, [Fußnote: Sulpiz und Melchior, zwei Brüder, gebürtige Kölner, deutsche Kunstsammler und -historiker, mit Goethe befreundet. Sulpiz (1783-1854) vor allem war es, der durch eine Beschreibung die Vollendung des Kölner Doms anregte.

Zum üblen Erhaltungszustand hat Johanna in der Ausgabe von 1830 in einer Anmerkung ergänzt: "Dieser Wunsch ist seit dem ersten Erscheinen dieses Buches erfüllt, und auch für die bessere Erhaltung der Westminsterabtei wird Sorge getragen."] welcher der kommenden Zeit wenigstens im treuen Bilde ein Andenken der sichtbar hinsinkenden Herrlichkeit aufbewahrte.

Mitten in der Kapelle steht das Grab Heinrichs des Siebenten von schwarzem Basalt, verziert mit vergoldeter Bronze, umgeben von einem ebensolchen, sehr prächtigen Geländer. Sechs Basisreliefs und vier Statuen von vergoldetem Erze schmücken dies Werk des Florentiners Pietro Torregiano.

Außer diesen wirklich merkwürdigen und ehrwürdigen Kunstwerken werden hier auch aufgewahrte Wachsbilder alter Könige und Königinnen in alten Glasschränken gezeigt. Wahre Vogelscheuchen, die dem Untergange längst hätten übergeben werden sollen. Nur das leiht ihnen einiges Interesse, daß sie mit den nämlichen Kleidern angetan sind, welche die hohen Herrschaften bei Lebzeiten trugen. Wüßte besonders die Königin Elisabeth, welch ein häßliches Bild von ihr die Nachwelt hier anstaunt, so würde die ihr im Leben so eigen gewesene Eitelkeit ihr noch im Grabe keine Ruhe lassen.

LONDONS UMGEBUNGEN

Windsor

[Fußnote: von Eduard dem Bekenner erstmals erbaut; Eduard III. ließ es niederreißen und durch William of Wykeham im 14. Jahrhundert ein neues Schloß bauen. Es wurde unter den folgenden Herrschern mehrfach erweitert, zuletzt im 19. Jahrhundert unter Georg IV., und Königin Victoria unter Leitung des Architekten Sir Jeffrey Wyattville.]

An dem südlichen Ufer der Themse, zweiundzwanzig englische Meilen westlich von London, thront auf einer Anhöhe das alte stattliche Schloß von Windsor. Von dieser herab genießt man eine der ausgebreitetsten Aussichten auf die schöne, reiche Gegend umher. Wunderbar kontrastiert diese mit dem ernsten Anblicke des Schlosses, seinen alten Mauern und mit Efeu umrankten Türmen.

Wilhelm der Eroberer erbaute dieses Schloß, kurze Zeit nachdem er sich zum Herrn von England gemacht hatte. Mit einer Mauer umgab es Heinrich der Erste und vergrößerte es. Später erwählte Eduard der Erste Windsor zu seinem Lieblingsaufenthalte, und Eduard der Dritte ward hier geboren. Vorliebe für den Ort, an welchem seine Wiege stand, bestimmte diesen, das Schloß, welches er zu seiner Sommerwohnung wählte, nach einem neuen Plane prächtiger zu bauen. Auch König Karl der Zweite wendete viel auf die Verschönerung von Windsor, und seit seiner Zeit blieb es der Lieblingsaufenthalt der Könige von England und ihre gewöhnliche Sommerwohnung. Unter der Regierung Georgs des Dritten ist ebenfalls manche Veränderung und Verschönerung damit vorgenommen worden. Der Schloßgraben ward ausgefüllt, ein Hügel, welcher die Aussicht gegen Morgen beschränkte, wurde geebnet, Festungswerke wurden abgetragen. Dennoch sieht das Schloß noch immer ehrwürdig und altertümlich genug aus, obgleich es viel von seinem ersten imponierenden Ansehen verloren haben mag.

Es hat zwei Höfe, den oberen und unteren; beide werden durch den sogenannten runden Turm, die Wohnung des Kommandanten, voneinander getrennt. An der Nordseite des oberen Hofes befinden sich die Staats- und Audienz-Zimmer, an der Ostseite die Appartments der Prinzen und gegen Süden die der vornehmsten Kronoffizianten. Der untere Hof ist wegen der St. Georgen Kapelle bemerkenswert. Die verschiedenen Säle und Staatszimmer zieren Tapeten und Malereien, bald von höherem, bald von geringerem Werte. An allen ist die Wirkung der Zeit sichtbar, und sie machen im Ganzen keinen heiteren Eindruck. Der merkwürdigste unter den Sälen ist der Georgen-Saal, der Kapitelsaal der Ritter des Ordens vom Hosenbande [Fußnote: Order of the Garter; angesehenster englischer Orden. Gestiftet von Eduard III. Der Überlieferung zufolge verlor Eduards Geliebte, die Gräfin Salisbury, bei einem Tanz ihr blaue Strumpfband. Der König hob mit dem Band auch den Rocksaum der Gräfin auf und entblößte dabei ihre Beine. Bis in das 19. Jahrhundert hinein war es zwar schicklich, die Büste mehr oder minder frei zur Schau zu stellen, nicht jedoch irgend etwas von den Beinen zu zeigen. Aus dieser Situation wird der Wahlspruch abgeleitet.]. Er ist einhundertacht Fuß lang, am Ende desselben steht der königliche Thron, über diesem sieht man das St. Georgen-Kreuz in einer Glorie, umgeben mit dem von Amoretten getragenen Strumpfbande und der bekannten Inschrift: Honny soit qui mal y pense.

Die Staatszimmer hängen voll Gemälden, welche man aus Mangel an Zeit nur zu flüchtig betrachten muß. Dem Anschauer werden im Vorübereilen die Namen der größten Meister wie Tizian, Poussin, van Dyck, Holbein und viele andere genannt. Auch eine heilige Familie von Raffael und eine Anbetung von Paul Veronese zeigt man den Fremden als die Krone der Versammlung.

Der schönste Punkt von Windsor Castle ist die große, in ihrer Art einzige Terrasse. Sie erstreckt sich längs der östlichen und eines Teils der nördlichen Seite des Schlosses, ist eintausendachthundertsiebzig Fuß lang und von verhältnismäßiger Breite. Die Aussicht auf die Themse, welche sich durch eine der reichsten Landschaften hinschlängelt, auf die mannigfaltigen Landhäuser, Dörfer und Flecken, die ihre Ufer beleben, auf den parkähnlichen Wald von Windsor und die in der Nähe liegenden Gärten, ist über alle Beschreibung schön und reizend.

Nicht im eigentlichen Schlosse von Windsor wohnte die königliche Familie Georgs des Dritten, sondern in einem modernen Gebäude, welches der südlichen Terrasse gegenüberliegt. Hinter diesem Gebäude erstreckt sich ein wohlangelegter Garten, den man von einem Winkel der großen Terrasse übersieht. In ihm befindet sich ein zweites Gebäude, das die Prinzessinnen bewohnten.

Die Königin besaß nahe bei Windsor noch ein kleines, bürgerlich aussehendes Haus mit einem unbedeutenden Garten. Diese Besitzung, welche sie sehr liebte, heißt Frogmore. Hierher machte sie oft Landpartien mit ihren Töchtern und einigen Lieblingen unter ihren Damen. Kleine ländliche Feste an den Geburtstagen der Prinzessinnen, Frühstücke und dergleichen wurden hier gegeben, in einem sehr beschränkten Familienzirkel.

In Windsor mußte man vor der traurigen Krankheit Georgs des Dritten die königliche Familie sehen, um sich von ihrer Lebensweise uns Persönlichkeit einen Begriff zu machen. Hier fielen die Schranken, welche Etikette und strenge Eingezogenheit in London um sich zogen. Dort hatte man kaum Gelegenheit, sie zu Gesichte zu bekommen, wenn man sich nicht präsentieren lassen wollte. Im Theater erschienen sie sehr selten, und beim Spazierenfahren oder Reiten eilten sie zu schnell vorüber, als daß man die Gestalten auffassen konnte.

Während ihres Aufenthaltes zu Windsor hingegen sah man sie alle Sonntage morgens in bescheidenen Negligé, nach englischer Sitte, beim Gottesdienst in der Georgen-Kapelle versammelt. War der König gesund, so versäumte er auch an Wochentagen nie, um sieben Uhr des Morgens in der königlichen Kapelle im oberen Hofe des Schlosses seine Morgenandacht feierlich zu halten, wobei ebenfalls jedermann zugelassen wurde. Später traf man ihn vormittags oft in den Wirtschaftsgebäuden, in den Pferdeställen, überall. Er trug dann einen einfachen, dunkelblauen Oberrock, mit einer runden braunen Perücke, die ihm völlig das Ansehen eines wohlhabenden Pächters gab. Er pflegte es nicht ungern zu hören, wenn man ihn Farmer George nannte; ländliche Ökonomie war in früheren Zeiten seine Lieblingsbeschäftigung.

An jedem heiteren Sonntagabend promenierte die ganze Familie auf der großen Terrasse, und dieses gewährte dann einen in seiner Art einzigen Anblick. Von der einen Seite die grauen altertümlichen Mauern des Schlosses mit ihren Zinnen und Türmen, von der anderen die oben erwähnte reiche Aussicht auf den Strom, Feld und Wald im verklärenden Glanze der sinkenden Sonne, und nun das bunte drängende Gewühl aller Stände, jeden Alters, beinahe jeder Nation; denn kein Fremder versäumte es leicht, Windsor wenigstens einmal von London aus an einem Sonntage zu besuchen. Zu der Menge von Fremden gesellten sich die Bewohner der umliegenden Gegend, vom vornehmen Gutsbesitzer bis zum geringsten Landmann; zwischen ihnen bewegten sich schwerfällige Bewohner der City mit ihren wohlbeleibten geputzten Ehehälften und zierlichen trippelnden Misses.

Auch wir waren an einem Sonntage gleich den anderen Fremden nach Windsor geflüchtet und mischten uns unter die bunte Menge. Auf und ab wogte das Gewühl, die große Terrasse war fast zu enge. Um sieben Uhr erschienen zwei Banden militärischer Musik auf der Schloßmauer an beiden Ecken der Terrasse. [Fußnote: dazu Johanna: "In England sagt man immer eine Bande Musiker. Uns dünkt dies recht charakteristisch."]. Beide spielten gar lustig God save the King, ohne sich sonderlich umeinander zu kümmern; die Entfernung und das Geräusch waren auch zu groß, als daß sie viel voneinander hätten hören können. Mit dieser beliebten Melodie fuhren sie ohne weitere Abwechslung den ganzen Abend fort zu musizieren. Die königliche Familie erschien bald darauf; ein einziger Konstabler ging mit dem Stabe voraus, um nur einigermaßen Raum für sie zu machen. Man drängte sich von allen Seiten um sie her. Der König ging zuerst, an seiner Seite die Königin. Wo er einen Bekannten erblickte, redete er ihn an oder nickte ihm einen freundlichen Gruß zu, ohne Unterschied von Rang und Stand. Neugierig forschte er nach den Namen jeder ihm aufzufallenden Gestalt, und wir hörten verschiedentlich, wie er nach seiner alten, durch Peter Pindar so bekannt gewordenen Gewohnheit ein einsilbiges Wort oft drei- bis viermal hintereinander wiederholte. Mit dem Astronomen Herschel sprach er, so oft er ihm begegnete, einige Worte; auch die Königin war ausgezeichnet freundlich gegen diesen ihren Landsmann. Die Promenade schien ihr viel weniger Freude zu machen als ihrem Gemahl, an dessen Arm sie hing. Das Gehen auf den hohen, spitzigen Absätzen, die sie noch immer trug, wurde ihr sichtbar schwer; sie war sehr klein, und in dem grautaftenen Kleide, welches sie hoch in die Höhe nahm, mit einem altmodischen Mäntelchen von weißem Taft, sah sie gar nicht königlich aus. Der König schien oft ganz zu vergessen, daß er sie führte, und ging, stand oder kehrte plötzlich um, wie es ihm eben gefiel.

Hinter dem königlichen Paare wandelten die beiden ältesten Prinzessinnen am Arme einer Hofdame. Die zweite, Mary, hat ein interessantes Gesicht. Jetzt folgte die Prinzessin Elisabeth, auf zwei Hofdamen gestützt. Nach der Prinzessin Elisabeth folgten die beiden jüngeren Schwestern am Arme ihres Bruders, des Herzogs von Cambridge. So zogen sie in Prozession durch das Gewühl auf und ab; stand der König, so standen alle, wendete er um, so folgten sie ihm.

In der Zeit von anderthalb Stunden begegneten wir ihnen wenigstens zwanzigmal, denn so wie der König an einen etwas menschenleeren Teil der Terrasse kam, kehrte er um. Diese Promenaden machten ihm viel Vergnügen; selten kehrte er vor der Dämmerung nach Hause. Wir waren ihrer eher überdrüssig als er, denn er wandelte noch ganz munter umher, als wir die Terrasse verließen.

199

Das Städtchen Windsor hat wenig Ausgezeichnetes; es zieht sich den ganz beträchtlichen Hügel hinan, auf welchem das Schloß liegt. Die Straßen sind folglich bergig und unbequem zum Fahren und Gehen; auch die Gasthöfe fanden wir weniger gut, als man es in dieser Nähe des Hofes vermuten sollte.

Das Dorf Eton, bekannt durch die hohe Schule Eton College, liegt am Fuße des Hügels, jenseits der Themse, und wird nur durch eine Brücke von der Stadt Windsor getrennt. Die Schulgebäude zeichnen sich nicht durch ihre Bauart aus; die Kapelle aber ist ein schönes gotisches Gebäude, welches die reiche Landschaft noch mehr verschönert. Heinrich der Sechste stiftete und erbaute diese Schule im Jahr 1440. Sechzig Pensionäre werden dort auf Kosten des Königs erzogen, aber auch Söhne guter Familien für Bezahlung darin aufgenommen. Die Schüler sind in zwei Klassen geteilt, deren jede noch drei Unterabteilungen hat. Die Erziehung in diesen Anstalten, sowie auch das Studieren in Oxford und Cambridge haben noch viel Strenges und Klösterliches, sogar in der Kleidung. Im Monat August werden die Schüler in Eton examiniert und diejenigen ausgewählt, welche nach Cambridge gehen sollen, um ihre Studien fortzusetzen. Die zwölfe unter diesen, die sich im Examen am besten auszeichnen, haben das Recht, nach drei Jahren Mitglieder der Universität Cambridge zu werden, Fellows of the University, welches ehrenvoll und einträglich ist. Die Bibliothek in Eton ist bedeutend. Weitläufige, wohlunterhaltene Gärten umgeben die Schulgebäude.

Die Gärten von Kew

Durch den Hyde Park hindurch, vorüber an den schönen Gärten von Kensington, führt der Weg zu diesen, besonders in botanischer Hinsicht mit Recht berühmten königlichen Gärten.

Vier englische Meilen fährt man von Kensington nach Kew zwischen einer seltenen ungebrochenen Reihe eleganter, mit zierlichen Grasplätzen und Gärten eingefaßter Landhäuser. Größtenteils sind diese der Aufenthalt wohlhabender Londoner Familien, deren Häupter in der Stadt ihren Geschäften nachgehen, während Frau und Kinder, fern von der dunstigen Atmosphäre der City, sich hier einer reineren Luft und aller Annehmlichkeiten eines ländlichen Aufenthalts in der schönen Gegend erfreuen. Oft schon erwähnten wir in diese Blättern der unbeschreiblichen Reize, welche Sauberkeit, Geschmack und augenscheinliche Wohlhabenheit diesen halb städtischen, halb ländlichen

Wohnungen geben; beinahe ist es unmöglich, nicht immer in neue Lob-sprüche auszubrechen, so oft man ihrer gedenkt, und sich dabei des Ge-fühls von häuslicher Ruhe und behaglichen Wohllebens erinnert, wel-ches ihr bloßer Anblick selbst dem vorübereilenden Wanderer einflößt.

Nur die Gärten sind in Kew merkwürdig; das Haus des Königs ist klein, unbedeutend und dient ihm und seiner Familie bei den nicht sel-tenen Morgenpromenaden zu diesem Lieblingsorte nur gelegentlich zum Absteigequartier. Es wird nie von der königlichen Familie bewohnt und ist auch auf keine Weise solcher Bewohne würdig. Indessen war man während unseres dortigen Aufenthalts beschäftigt, ein großes mas-sives Gebäude zum künftigen Witwensitz der Königin zu erbauen [Fußnote: Caroline von Braunschweig, Gattin Georgs IV., 1818 hier ge-storben.]. Nie sahen wir etwas Ungeschickt-Schwerfälligeres als diese, im seinsollendgotischen, ganz verfehlten Geschmack aufgetürmte Steinmasse. Ungeheuer dicke Mauern, kleine, spaltenähnliche Fenster, dicke, unbeholfene Säulen geben ihr eher das Ansehen eines Staatsge-fängnisses als der Wohnung einer Königin.

Die botanischen Gärten von Kew vereinigen eine unzählige Man-nigfaltigkeit von Pflanzen aller Weltteile, aller Zonen, und gehören ge-wiß zu den merkwürdigsten in Europa, wenn sie nicht vielleicht alle übrigen übertreffen. Die überall wehende englische Flagge brachte von den entferntesten Ufern auf diesen kleinen Punkt fast alles zusammen, was nur auf Erden wächst. Von der Zeder des Libanons bis herab zum bescheidenen Heidekraut findet alles hier Pflege, Boden und Klima, wie es sie bedarf, um nicht nur kümmerlich zu vegetieren, sondern üppig zu wachsen, zu grünen und zu blühen. Der König liebte die Botanik, er wandte viel Geld und Mühe auf diese Gärten und freute sich ihres Ge-deihens. Der berühmte Weltumsegler Sir Joseph Banks nahm sie unter seine spezielle Aufsicht, und seine, in den entferntesten Weltgegenden mit unsäglicher Mühe und Gefahr erworbenen botanischen Kenntnisse fanden hier ein weites, fruchtbares Feld. Auf diese Weise mußte etwas sehr Vollkommenes entstehen. Das durch die wärmende Seeluft unend-lich gemilderte Klima, der natürlich warme Boden Englands tragen das ihrige bei, um der Anstalt das höchste Gedeihen zu geben. Hier, wo der Winter den Wiesen ihren grünen Teppich nie raubt, wo die Herden das ganze Jahr hindurch im Freien ihre Nahrung finden, wird jede aus ei-nem milden Klima hergebrachte Pflanze bald einheimisch. Sehr viele, welche selbst im südlichsten Teile von Deutschland den größten Teil des Jahres im Hause gehalten werden müssen und nur während der Sommermonate dort der Luft ausgesetzt werden dürfen, wachsen hier üppig im Freien, wie in ihrem Vaterlande, zum Beispiel die großblättrige Myrte, der duftende Heliotrop und noch viele mehr.

Es ist eine große Freude, auf den festgewalzten, bequemen Kieswegen dieser Gärten zwischen mannigfaltig geformten Blumenbeeten zu wandeln und sich an dem freundlichen, ewig wechselnden Spiele der Natur mit Farben und Formen zu ergötzen; dann in die großen Treibhäuser zu treten, in jedem derselben eine andere neue Welt zu finden, in dem einen die seltensten Produkte des glühend heißen Afrika, im anderen alles zu bewundern, was im südlichen Amerika wächst; dann wieder sich an den Pflanzen milderer Zonen zu erfreuen, und doch immer das auf einem Punkte vereinigt zu sehen, was zusammengehört und gleichsam ein für sich bestehendes Ganzes ausmacht.

Auch die lebendigen Blumen der Lüfte werden hier gepflegt. Eine große Volière vereinigt eine Menge der schönsten ausländischen Vögel, die darin, wenigstens in scheinbarer Freiheit, ihr lustiges Wesen treiben, als wären sie zu Hause. In einer größeren Abteilung des Gartens werden eine Menge der schönsten Gold- und Silberfasanen gehalten, neben ihnen stolzieren prächtige, zum Teil seltene Pfauen und mehrere andere Arten größerer fremder Vögel. Mitten in dieser Abteilung des Gartens befindet sich ein Teich mit einer Insel, auf welcher ein chinesischer Pavillon erbaut ist. Wasservögel aller Art, mit langen und breiten Schnäbeln, schwimmen auf den silberhellen Wellen, oder wandeln auf langen Stelzbeinen gravitätisch am Ufer. Alles dieses fremde Volk ist froh und lustig, als wäre es im Vaterlande.

Auf einer großen grünen Wiese sahen wir ein anderes lustiges Schauspiel; einige vierzig Känguruhs hüpften darauf in völliger Freiheit umher.

Nichts Lächerliches gibt es in der Natur als diese wunderlichen Tiere. Sie wandeln mit Hilfe ihrer langen Schwänze aufrecht und machen dabei ganz gewaltige Sätze. Die kurzen Vorderbeinchen, die sie zum Gehen gar nicht brauchen können, halten sie auf eine possierliche Art vor der Brust. So aufrecht haben sie wohl Mannshöhe. Neugierig gucken die Jungen aus dem Beutel, in welchem die Mütter sie tragen, in die weite Welt. Macht die Mama einmal zu arge Sprünge, so fällt wohl so ein liebes Kleines aus dem Beutel heraus auf die Erde, wird aber gleich wieder sorgfältig aufgehoben und eingesteckt. Bisweilen erzürnten sich ein paar Männchen und fochten miteinander, indem sie, auf einem Hinterfuße und dem Schwanze stehend, sich mit dem langen scharfen Nagel am anderen Hinterbeine gewaltige Hiebe versetzten.

Lange sahen wir dem argen, wilden Treiben dieses närrischen Volkes zu, das uns oft lautes Lachen abnötigte.

Als wir die eigentlichen Lustgärten von Kew zu sehen wünschten, ging unsere alte Not wieder an. Sie wurden nur sonntags gezeigt, und wir waren an einem Wochentage da. Als kein Zureden, kein Bitten, keine Vorstellungen etwas fruchteten, wurden wir verdrießlich und ließen unseren Unmut untereinander in gutem, vernehmlichem Deutsch aus. Zu unserem Glück hörte dies ein in der Nähe arbeitender deutscher Gärtner. Der süße Klang aus dem Vaterlande bewegte sein Herz, und er nahm sich der Landsleute so kräftig an, daß ihm endlich erlaubt wurde, unser Führer zu sein.

Wir fanden die Promenaden sehr angenehm, viel hohe, herrliche Bäume in einzelnen Gruppen; dichte Schattenpartien wechselten mit lichten Gängen zwischen Gras, Blumen und kleinem Gesträuch. Besonders reizend erschien uns ein reich geschmückter Blumengarten mit einem kleinen Wasserbassin, in welchem Goldfischchen spielten. Nur ein wenig zu überladen mit Gebäuden sind diese Gärten. Da gibt's Tempel in Menge, der Bellona, dem Pan, dem Äolus, dem Frieden, der Einsamkeit und wem nicht noch sonst geweiht; da ist ein Haus des Konfuz, eine Wildnis mit einem maurischen Gebäude, eine chinesisch seinsollende Pagode, eine Moschee, römische Ruinen, kurz - viel zu viel für den guten Geschmack. Keines dieser Gebäude ist ausgezeichnet schön, aber auch keines seines Platzes ganz unwert. Man kann sich indessen doch nicht enthalten, manches davon wegzuwünschen; denn dieses bunte Allerlei wird niemandem gefallen, der Gelegenheit hatte, die liebliche Einfachheit der englischen Parks zu bewundern.

Richmond Hill

Ein höchst angenehmer Weg führt durch die Gärten von Kew zu den daran stoßenden von Richmond. Viele Gebäude, mit denen auch diese unter der Regierung mehrerer Könige und Königinnen überladen wurden, sind glücklicherweise wie von selbst verschwunden. Auch waren sie wohl nirgends schlechter angebracht als auf diesem zauberisch schönen Flecke, wo die ganze Gegend ringsumher einem großen herrlichen Garten gleicht. Nur ein Landhaus der Königin, welches diese oft mit ihrer Familie besuchte, steht an einem der freundlichsten Plätzchen des Gartens, einfach und anspruchslos; an einem andere Orte die vom Könige erbaute Sternwarte. Sie soll besonders wegen mehrerer, vom

Doktor Herschel verfertigter Instrumente merkwürdig sein. Wir besuchten sie nicht, die Erde erschien uns hier zu schön, um von ihr weg den Blick zum Himmel zu wenden.

Schon von der hübschen steinernen Brücke aus, die nahe vor dem berühmten Hügel von Richmond über die Themse führt, genießt man einer entzückenden Aussicht auf dem Strom, seine mit schönen Villen geschmückten Ufer und den sich sanft zu keiner sehr beträchtlichen Höhe erhebenden grünenden und blühenden Hügel. Weit schöner noch ist es, wenn man diese Anhöhe ersteigt und nun aus dem Fenster des darauf erbauten Gasthofs hinabblickt auf eines der reizendsten Täler der Welt. Größere, ausgebreitetere, romantisch schönere Aussichten gibt es viele, aber keine, welche an Anmut diese überträfe. Ein unaussprechlich süßes Gefühl von Ruhe, stillem Glück, Freude am Leben ergreift jeden mächtig, der von hier aus den Blick herabsenkt. Alles grünt und blüht in der herrlichsten, üppigsten Vegetation. Die höchstmögliche Kultur schmückt das weite, von einem der schönsten Sröme belebte, von sanft anschwellenden, waldgekrönten Hügeln umgebene Tal. Selbst England bietet keine solche zweite Aussicht dar, und außer dieser Insel kann es keine ähnliche geben; wo fände man noch dieses frische Grün in Wiese und Garten, Feld und Wald?

In mannigfaltigen Biegungen und Krümmen durchströmt die Themse dies Paradies. Hier ist sie noch nicht der mächtige Strom, der dort, nahe bei der Hauptstadt, sich prächtig weit ausbreitend, die Schätze aller Weltteile auf seinem Rücken trägt. Nur schiffbar für kleinere Fahrzeuge, gleitet sie durch die friedliche Landschaft, selbst das Bild eines schönen tätigen Lebens in stillem Frieden. Überall trägt sie die klaren Wellen hin, verschönt, erfrischt, tränkt die Umgebungen und wandert dann geräuschlos weiter.

Das üppigste Gedeihen füllt Wald, Höhe und Tal, krönt die Ufer, die schönen Hügel, so weit das Auge nur reicht. Weiße Giebel freundlicher

Pächterwohnungen, schöne Fassaden prächtiger mit Säulen geschmückter Villen, Landhäuser, umrankt von Jelängerjelieber, Türme entfernterer Kirchen, stattliche Schlösser, freundliche Dörfer und Städtchen blinken überall hervor aus Bäumen und Gebüsch, in der Höhe und in der Tiefe, in der Nähe und in der Ferne. Wohin das Auge sich wendet, erblickt es freundliche Gegenstände, überall ist Lebensgenuß und Freude, nirgends Geräusch und ängstliches Treiben. Am Ufer des schimmernden Stromes drängt sich alles dies noch freundlicher zusammen und spiegelt sich in den klaren Wellen, damit alles Schöne und Herrliche verdoppelt erscheine. Aus der Ferne schauen die ehrwürdigen grauen Türme von Windsor von ihrem Hügel herüber, unten, mehr in der Nähe, breitet sich stattlich das große königliche Schloß Hampton Court aus; fast ganz im Vordergrunde, nahe an der Themse, liegt das reizende Schloß Strawberry Hill; dicht daran das aus lauter schönen Häusern zusammengesetzte Dorf Twickenham mit seiner hübschen Kirche. Hart am Strome zeichnet sich die elegante, ehemals vom Dichter Pope bewohnte Villa aus.

Es wäre sehr zwecklos, diese wunderbar reizende Gegend umständlich beschreiben zu wollen; nicht einmal der Pinsel, viel weniger die Feder können ihren Zauber wiedergeben. Wer von unseren Lesern vielleicht einst aus dem einen Eckfenster des kleinen Schlosses, auf der Höhe von Dornburg bei Jena, hinab in das stille Saale-Tal, auf die sanft sich hinwindende Saale blickte, der hat einen schwachen Abriß, ein Miniaturbild des Tales von Richmond gesehen. Uns ergriff die Ähnlichkeit dieser Aussicht mit der von Richmond Hill beim ersten Anblick. Nur daß dort alles groß, mannigfaltig ausgebreitet daliegt, was sich hier eng und klein zusammenschmiegt; auch schmücken nicht unzählige Türme und Gebäude das stille, einsame Saaleufer, wie sie dort die Ufer der stolzen Themse krönen.

Aus den Fenstern des auf Richmond Hill erbauten Gasthofs zum "Stern und Strumpfband", Star and Garter, übersieht man all diese Herrlichkeiten mit einem Blick. Nicht nur die einzig schöne Lage, sondern auch die vorzüglich gute Einrichtung und Bedienung erheben diesen Gasthof zu einem der ersten in England. Ihm gegenüber ist der Eingang zum Park, den man zu den größten rechnet und dessen Umfang acht englische Meilen beträgt. Bescheiden hat die Kunst hier nur für die Bequemlichkeit der Wandelnden gesorgt, ohne sich vorzudrängen. Zahme Hirsche und Rehe weiden hier in großer Anzahl zwischen herrlichen Bäumen. Sie wurden von Hampton Court, wo sie sonst wohnten, hierher gebracht, da der alte König dort selten hinkam. Überall im Park öffnen sich Aussichten auf einzelne Teile der großen Landschaft, die man von Richmonds Hügel erblickt; in anderen Zusammenstellungen, von einem anderen Standpunkte aus gesehen, bilden sie hier neue Ansichten und vervielfältigen den Genuß ins Unendliche.

Staines. Slough. Oatlands

Wenige Meilen hinter Hampton Court, etwas entfernter von der Themse, fuhren wir durch den schönen Park von Claremont, alsdann durch das nahe daran gelegene freundliche Städtchen Chobham nach Painshill. Das Haus von Claremont Park wird Fremden nicht gezeigt. Seine Außenseite verspricht nichts Außerordentliches. Man lobt sehr dessen innere Einrichtung und die vielen Gemälde und anderen Kunstwerke, die es verbirgt.

Die Gärten von Painshill waren die ersten, welche wir vor mehreren Jahren bei einem früheren Aufenthalte in London besuchten. In der Nähe dieser Hauptstadt gibt es keinen Landsitz, dessen Promenaden sie an Größe und Schönheit überträfen. Erwartungsvoll, als gingen wir einem alten Freunde entgegen, langten wir an; aber der heutige Tag war ein Tag getäuschter Hoffnungen für uns. Wir wurden nicht eingelassen. Painshill war seit kurzem verkauft. Der jetzige Besitzer, ein reicher Londoner Bankier, erlaubte niemandem mehr den Eintritt in sein mit baren Guineen bezahltes Paradies. Traurig sahen wir von weitem die schönen Bäume, nach deren Schatten wir uns sehnten, und wandten uns wieder zur Themse, nach dem hart an ihren Ufern erbauten Städtchen Staines, in dessen Nachbarschaft es eben sehr lustig beim Pferderennen herging.

Das frohe, bunte Gewühl der Zuschauer ergötzte uns und zerstreute schnell den Verdruß über unser Mißgeschick in Painshill und Claremont Park. Er erinnerte uns von neuem auf das Lebhafteste an die Jahrmärkte und Kirchmessen, welche in Deutschland von Zeit zu Zeit Dörfern und kleine Städten Leben und Freude bringen.

Dicht neben dem Gasthofe in Staines führt eine hoch und kühn gewölbte Brücke über den Strom. Nicht ganz so groß als die bei Sunderland, gleicht sie jener auf's Genaueste und verdient allein, daß man die kleine Reise von London hierher macht, besonders wenn man nicht nach Newcastle und Sunderland zu reisen Gelegenheit hat. Leicht und zierlich wie ein kühner Sprung wirft sie sich über den Strom, und der Pont aux arts in Paris läßt sich trotz seiner mit Orangenbäumen garnierten Geländer auf keine Weise mit diesem schönen, wie von Feenhänden durch die Luft gezogenen Bogen vergleichen.

Von Staines führte uns ein sehr angenehmer Weg durch eine höchst reizende, fruchtbare Gegend, fast immer im Angesicht der

Themse, über Windsor nach dem nahe dabei gelegenen Salthill, einem einzelnen Gasthofe, welcher alle Bequemlichkeit bietet, die man nur wünschen kann. Von London aus werden oft Landpartien dahin gemacht, besonders von Fremden, die mehrere Tage hier verweilen, um alles Schöne mit Muße zu genießen, was Windsor und die mannigfaltigen Reize der Gegend ringsumher gewähren.

Ganz nahe an Salthill liegt das kleine Dorf Slough, in welchem Doktor Herschel seit mehreren Jahren in einem nicht großen, aber sehr hübschen, vom Könige ihm geschenkten Hause wohnt [Fußnote: Sir William (1738-1822); entdeckte den Planeten Uranus und über 250 Nebel und Sternhaufen. Seine Schwester Karoline (1750-1848) entdeckte mehrere Kometen.]. Wir hatten ein Empfehlungsschreiben an unseren berühmten Landsmann. Freundlich empfing er uns, er und seine ihm an Geist und Ausbildung ähnliche Schwester. Während diese die Aufsicht über den Himmel mit dem Bruder teilte, machte sie ihm zugleich das Leben auf der Erde so angenehm als möglich und überhob ihn jeder irdischen Sorge. Fast gleich aneinander an Jahren, beide ganz demselben hohen Zwecke ergeben, genossen diese seltsamen Geschwister in ruhiger, ländlicher Stille hier ein schönes, glückliches Dasein. Die königliche Familie, unter deren besonderem Schutze sie einzig ihrer Wissenschaft lebten, zeichnete sie auf alle Weise aus, besonders während des Sommeraufenthaltes in Windsor. Die ganze Nachbarschaft, Reiche und Arme, Vornehme und Geringe, ehrten und liebten sie; überall war man ihres Lobes voll, sowie wir nur ihren Namen nannten.

Trotz seines hohen Alters und der von seiner Wissenschaft unzertrennlichen Beschwerden, die in den feuchten englischen Nächten vielleicht zerstörerischer sind als irgendwo, erfreute sich Doktor Herschel einer festen, dauerhaften Gesundheit. Im Umgange war er heiter, anspruchslos und nahm auf's erste Wort für sich ein, so auch seine Schwester. Durch den langen Aufenthalt in England hatten beide ihre Muttersprache verlernt, wenigstens wurde es ihnen schwer, sich geläufig darin auszudrücken; übrigens aber waren sie Deutsche geblieben, und ihr ganzes Wesen trug unverkennbar den Stempel unserer Nation.

Gefällig und freundlich zeigte uns Herschel seine astronomischen Instrumente. Das große Riesen-Teleskop in seinem Hofe betrachtete er selbst mehr nur als eine Seltenheit und bediente sich fast immer kleinerer Fernrohre. Er gestand, daß er mit diesen alle seine wichtigen Entdeckungen machte, und daß nicht die Größe der Gläser, sondern unablässige Aufmerksamkeit, Fleiß und Treue in seinen Beobachtungen ihn zu der Höhe brachten, die er erreicht hatte.

Alles, was wir hier sahen, ist in Deutschland bekannter, als wir, bei unserem Mangel an den dazugehörigen Kenntnissen, durch unsere Beschreibung es machen könnten. Herschel erschien uns immer selbst das Merkwürdigste unter allen seinen Umgebungen. Nach dem bekannten Sprichworte lobt zwar das Werk den Meister, aber uns dünkt doch, daß der Meister immer über sein Werk erhaben bleibt.

Doktor Herschel gehörte zu den merkwürdigen Menschen, die ohne äußere Unterstützung, ohne daß ihre Eltern sie durch eine, ihrem Talent angemessene Erziehung auf das Leben vorbereiten konnten, in die Welt treten, arm, freudlos, aber mit festem Willen, hellem Blick und nie zu ermüdendem Mute bei allen Stürmen des Lebens. Er ward 1738 im Hannoverischen geboren. Sein Vater, ein armer Musiker, mit vielen Kindern, konnte wenig mehr für ihn tun, als daß er ihm, so gut er es vermochte, in seiner eigenen Kunst Unterricht erteilte. Doch fand der Knabe bald Gelegenheit, Französisch zu lernen, und glücklicherweise war sein Lehrer auch übrigens ein unterrichteter Mann, der ihm einige logische und mathematische Kenntnisse beibrachte, die den jungen Geist des lernbegierigen Schülers auf das lebhafteste beschäftigten. Während des siebenjährigen Krieges gingen Herschel und sein Vater mit dem Musikchor eines hannoverischen Regiments nach England. Der Vater kehrte nach einiger Zeit mit seinem Regiment zurück ins Vaterland, während der Sohn sich entschloß, in London zu bleiben und dort sein Glück zu versuchen. Aber sein Stern war noch nicht aufgegangen. Verloren in der Menge, übersehen, zurückgestoßen überall, gehörte sein fester Geist dazu, um hier nicht den Mut zu verlieren. Er verließ die glänzende Hauptstadt, die dem schutzlosen unbekannten Fremdling sich so unfreundlich zeigte, und wanderte ins nördliche England. Auch hier irrte er eine Zeitlang von Ort zu Ort, bis endlich in Halifax ihm eine bleibende Stätte ward. Die Stelle eines Organisten war dort eben erledigt, er meldete sich dazu, bestand in den Proben und ward angenommen. Außer den Stunden, welche er seinem Amte widmen mußte, und einigen anderen, die er, um Geld zu verdienen, auf musikalischen Unterricht verwendete, gab er alle seine übrige Zeit jetzt dem Sprachenstudium hin. Mit der italienischen Sprache fing er an, dann lernte er mit vieler Anstrengung Latein, in welchem er große Fortschritte machte; das Griechische, was er auch zu studieren anfing, gab er indessen bald wieder auf. Alle diese Studien trieb er für sich allein, ohne fremde Hilfe. Vom Studium der Sprachen schritt er weiter zu noch ernsteren Kenntnissen, immer allein und ohne Lehrer. Zuerst erwarb er sich eine vollkommene Übersicht des ihm zunächst gelegenen, der Theorie der Harmonie, dann drang er weiter und immer weiter zur Mathematik und allen ihr verwandten Wissenschaften.

So verflossen ihm in Halifax einige von ihm höchst nützlich verwandte Jahre auf das Angenehmste, dann ward er, ebenfalls als Organist, nach Bath berufen. Hier fand er mehr Arbeit in seinem einmal erwählten Stande, er mußte in den Assemblee-Sälen spielen, in Konzerten, im Theater, aber alles dieses hinderte ihn nicht, in seinem eigentümlichen Berufe fortzufahren. Trotz der überhäuften Arbeit, trotz der Lockungen zu einem zerstreuten Leben in der glänzenden Außenwelt, die ihn umgab, blieb er seinem Genius treu und verwachte viele Nächte bei den abstraktesten Gegenständen.

Astronomie und Optik beschäftigten ihn jetzt fast ausschließend. Mit unbeschreiblichem Vergnügen betrachtete er den gestirnten Himmel durch ein von einem Freunde geliehenes Teleskop. Unwiderstehlich erwachte in ihm der Wunsch, einen ganzen astronomischen Apparat zu besitzen. Unbekannt mit den dazu erforderlichen Kosten, schrieb er einem seiner Londoner Bekannten, er möge ihm für's erste ein größeres Teleskop aus der Hauptstadt schicken. Dieser, verwundert über den dafür geforderten Preis, wagte den Einkauf nicht, ohne Herschel vorher davon zu benachrichtigen. Auch dieser erschrak nicht wenig darüber, denn die verlangte Summe schien ihm unerschwinglich. Statt sich aber dadurch niederschlagen zu lassen, faßte er jetzt den kühnen Entschluß, selbst ein solches Instrument, wie er es sich wünschte, zu verfertigen. Nach unendlichen fehlgeschlagenen Versuchen mit den schlechtesten Hilfsmitteln, immer angefeuert durch seinen strebenden Geist, gelang es ihm endlich im Jahr 1774, den Himmel durch einen, von ihm selbst verfertigten, fünffüßigen Newtonschen Reflektor zu betrachten. Jetzt strebte er weiter und immer weiter, verfertigte Instrumente von einer zuvor nie gesehenen Größe und hielt doch fest bei seinem einmal angefangenen Berufe. Oft eilte er aus dem Theater, aus den glänzenden Konzertsälen, während der Pausen hinaus ins Freie zu seinen Sternen und kehrte dann zur rechten Zeit zurück zum Notenpulte.

Von dieser Zeit an datieren sich seine weltbekannten astronomischen Entdeckungen. Herschel ward berühmt und zuletzt drang sein Ruf bis zum Könige. Im Jahr 1782 nahm ihn dieser ganz unter seinen Schutz, befreite ihn von seinen beschwerlichen Berufsarbeiten, gab ihm eine lebenslängliche Pension und räumte ihm die Wohnung in Slough ein, wo wir so glücklich waren, den ehrenwerten Mann persönlich kennenzulernen, und von wo aus er bis an seinen vor einigen Jahren erfolgten Tod die Geheimnisse der Sphären belauschte. Von Slough nahmen wir unseren Weg über Oatlands zurück nach London. Diese einsame ländliche Wohnung der seitdem auch verstorbenen Prinzessin Friederike von Preußen [Fußnote: Gattin des Herzogs von York, eines Bruders von Georg IV., den sie 1791 heiratete. Wegen Kinderlosigkeit trennten sie sich nach sechsjähriger Ehe. Die Wochenendgesellschaften in Oatlands waren berühmt, und auch der Herzog besuchte sie bisweilen trotz ihrer Trennung.], Gemahlin des Herzogs von York, liegt in geringer Entfernung von den Ufern der Themse, fast am äußersten Ende des schönen Tals, welches der Blick von Richmonds Hügel aus beherrscht. Hier wohnte diese Fürstin, die Tochter König Friedrich Wilhelms des Zweiten, als Kind schon der Liebling ihres großen Oheims, beinahe das ganze Jahr hindurch in klösterlicher Eingezogenheit, umgeben von wenigen Damen. Selten nur kam der Herzog mit einigen Freunden nach Oatlands und brachte Abwechslung in ihr einförmiges Leben. Ihre Hauptbeschäftigung waren wunderschöne Stickereien, an welchen sie mit ihren Damen bis tief in die Nacht arbeitete. Wenn der Morgen dämmerte, ging sie gewöhnlich erst zur Ruhe, und stand auf, wenn die Sonne wieder zu sinken begann.

Der böse Genius, der uns vom Anfange dieser kleinen Reise begleitete und uns so manche Erwartung vereitelte, schien uns auch hier noch nicht verlassen zu wollen. Wir waren leider wieder nicht an dem Tage dort, an welchem Fremden der Eintritt erlaubt wird, und hätten durchaus an einem Sonntage kommen sollen, versicherte uns eine alte, ziemlich grämliche, korpulente Dame, die Frau des Kastellans. Neben ihr stand ein ebenso wohlbeleibter und verdrießlicher Berliner Mops und wies uns knurrend die weißen Zähne. Trotz dieser trüben Aspekte versuchten wir unsere Redekünste und glücklicherweise nicht ohne Wirkung. Wir stellten ihr vor, wie wir ausdrücklich aus Deutschland über's Meer hierher gekommen wären, um unseren Landsleuten hernach sagen zu können, wie es in der Wohnung unserer Prinzessin aussähe und wie es ihr erginge? Dies rührte das Herz der alten Dame, zusehends wurde sie freundlicher, der knurrende Mops ward auf sein Kissen verwiesen, sie schrieb ein Billett an Madame Silvester, eine deutsche Favorite der Herzogin, und machte zuletzt noch eine große Toilette, um uns selbst ins Schloß zu begleiten. Langsam wedelnd watschelte jetzt der Mops gesellig neben uns her.

In dieser Begleitung durchwanderten wir zuerst einen schönen großen Park, dann traten wir in einen Blumengarten, voll der schönsten und seltensten Pflanzen. Eine Menge großer und kleiner, lang- und kurzgeschwänzter Affen trieb darin ihr lustiges Wesen. Die Herzogin liebte diese und alle Tiere, welche sich zur häuslichen Geselligkeit erziehen lassen. Fremde und einheimische Vögel, Papageien, Hunde aller Art fanden wir in großer Anzahl überall in und um ihre Wohnung.

Die größte Zierde des nicht groß, nicht prächtig, sondern ganz einfach und fast bürgerlich eingerichteten Schlosses waren die künstlichen Stickereien der Fürstin und ihrer Damen. Die Spaziergänge fanden wir sehr angenehm, sehenswürdig allein eine schöne, mit seltenen Versteinerungen und Fossilien aus Derbyshire etwas phantastisch verzierte Grotte, die ein marmornes Bad enthält. Rund um sie her lagen die mit Inschriften versehenen Gräber der verstorbenen Lieblingshunde und Affen der Fürstin. Diese erinnerten uns lebhaft an den Kirchhof, welchen Friedrich der Große in Sanssouci für seine vierbeinigen Freunde einrichtete und in dessen Mitte er einst, in einer trüben Stunde, sein eigenes Grab bereiten ließ.

Westindische Docks. Knole

Landsitz des Herzogs von Dorset

Die nördlichen Ufer der Themse in der Grafschaft Kent sind nahe bei London mit unzähligen Magazinen, Schiffswerften und anderen dem Seehandel unentbehrlichen Gebäuden bedeckt. Hier auf der befahrensten Straße zum "Markte der Welt" ist alles der rastlosesten Tätigkeit geweiht, und die ländlichen Freuden fliehen von selbst diesen ewigen Lärm, wo der Amboß und der laute Ruf einer zahllosen Menge arbeitender Menschen unaufhörlich ertönt.

Nahe an der Stadt erblickt man ein Riesenwerk unserer Tage: die dem westindischen Handel gewidmeten Docks. Eine Gesellschaft Londoner Kaufleute erbaute sie vor nicht gar langer Zeit. Sie kosteten die ungeheure Summe von sechshunderttausend Pfund Sterling. Eine Abgabe von den hier abzuladenden Waren entschädigt die Unternehmer für ihre Auslage vollkommen, denn alle Westindienfahrer müssen in diesem durch Kunst hervorgebrachten Hafen ihre Waren ein- und ausladen. Er besteht aus zwei ungeheuren Bassins, von welchen das kleinere bloß zum Laden dient, das größere zwei- bis dreihundert große Schiffe beherbergen kann, die darin sicher und bequem unter Schloß und Riegel liegen.

Man kann sich den imposanten Anblick des Ganzen kaum vorstellen. Schöne breite Quais, belebt von allem Gewühl des Seehandels, umgeben die mit Schiffen bedeckten Bassins. Einer Reihe Paläste gleich, stehen die großen prächtigen Magazine die Quais entland; kein Fleck ist unbenutzt, und trotz der Größe des Ganzen scheint es oft noch an Raum zu fehlen. Diese Einrichtung gewährt dem Handel nicht zu berechnende Vorteile; denn die mit den kostbarsten Waren beladenen Schiffe liegen hier gesichert gegen allen Diebstahl, in einem ganz abgesonderten Raume, geschieden von den übrigen Fahrzeugen, welche den Hafen überfüllen. Da die Westindienfahrer gewöhnlich in großen Flotten zugleich anlangen, so entstand bei ihrer Ankunft sonst immer eine gewaltige Verwirrung, ein fürchterliches, unendliches Schaden und Verlust mit sich bringende Gedränge auf dem Strome. Dem ist nun vorgebeugt, und alles geht mit Ruhe und Ordnung vonstatten.

Den prächtigen Docks gegenüber breitet sich das stattliche Greenwich aus, und man braucht nur in einem der immer bereit liegenden Boote quer über die Themse zu schiffen, so ist man in diesem der Ruhe gewidmeten Asyl; nur einige Schritte weiter in dem schönen Park von Greenwich und die friedlichste Stille umgibt uns, kein Laut von jenem unruhigen Treiben der gelderwerbenden Menge tönt mehr herüber.

Hinter dem Park erstreckt sich die nicht große, aber als Haupttummelplatz englischer Straßenräuber berüchtigte Heide von Blackheath, welche jedoch in üblerem Rufe steht, als sie es verdient. Im Ganzen scheint die Zahl jener Unholde in England ziemlich abgenommen zu haben, und manche Mordgeschichte, die man in den englischen Blättern liest, wurde nur ersonnen, um den Platz zu füllen, oder den übrigen, oft faden Inhalt der Neuigkeiten bekannter zu machen.

Von Blackheath aus machten wir eine kleine Lustreise durch einen anderen Teil der Grafschaft Kent, als der war, welchen wir auf der Reise von Dover nach London sahen.

Gleich anfangs erfreute uns, wenige Meilen von London, eine in ihrer Art einzige, wunderherrliche Aussicht. Wir sahen die mächtige Stadt, ihre unzähligen Türme und den Dom von St. Paul ausgebreitet daliegen am Ufer des Stroms, der, bedeckt mit Masten, wirklich im strengsten Sinne des Worts wie ein seiner Zweige beraubter Wald sich zeigte. Gerade vor uns lag Greenwich, zur linken Hand die nicht unbeträchtliche, fast einzig dem Schiffsbau gewidmete Stadt Deptford mit ihrem Hafen, ihren Docks, ihren gewühlvollen Schiffswerften, rechts die ihr ähnliche Stadt Woolwich, in welcher sich das ungeheure Arsenal der englischen Seemacht nebst vielen dazugehörigen Schmieden, Magazinen und Fabriken befindet. Das sanfthügelige Land ringsumher, belebt durch unzählige Dörfer, trägt ganz den englischen Charakter; alles ist grün, fruchtbar, angebaut und geschmückt mit einzelnen Gruppen ehrwürdiger Eichen und Buchen.

Manchen schönen Park mit seiner Villa, manche reizende ländliche Wohnung sahen wir im Vorbeifahren, bis zu dem vierzehn Meilen von London entlegenen Landstädtchen Bromley. Hier drängen sich indessen die Landsitze nicht so aneinander als in der Gegend um Richmond herum, denn es fehlen die höheren Reize, die dort der alles belebende Strom gewährt, und überhaupt mangelt es der Grafschaft Kent an Gewässern.

Nahe bei Bromley besuchten wir einen alten Freund, den wir vor mehreren Jahren in einem kleinen Hause der City als einen mittelmäßig wohlhabenden Kaufmann in seinem Comptoir verließen und hier als den reichen Besitzer von Tunbridge Park wiederfanden. Ein schöner Park, angenehme Gärten und Spaziergänge umgeben die elegante, von unserem Freunde ganz im italienischen Geschmacke erbaute Villa. Der Tempel der Ceres nahe bei Rom diente der Hauptfassade zum Modell.

Wenige Meilen weiter, nahe beim Städtchen Sevenoaks, liegt Knole, der uralte Sitz des Herzogs von Dorset. Bis hierher behält die Gegend denselben Charakter, hügelig, grün, angebaut wie ein Garten. Das durch sein Alter ehrwürdige Schloß liegt mitten in einem weitläufigen Parke, dessen himmelanstrebende Eichen vielleicht schon vor seiner Erbauung dastanden. Es ist ein düsteres, weitläufiges Gebäude, dessen innere Einrichtung aus einem wunderlichen Gemisch von Altem und Neuem besteht. Einige Zimmer sind ganz modern möbliert, andere, wie sie vor ein paar hundert Jahren es waren; die übrigen, gerade die am meisten bewohnt zu werden schienen, enthalten Altes und Neues durcheinandergemischt und nehmen sich eben nicht zum besten aus.

Besonders merkwürdig für den Forscher nach alter Sitte sind zwei Zimmer; das erste steht noch da, wie König Jakob der Erste [Fußnote: König von Großbritannien und Irland (1603-25), als König von Schottland Jakob IV. (1567-1625), Sohn Maria Stuarts.] es verließ, der einmal eine Nacht darin zubrachte. In dem hohen geschnitzten Bette könnten wenigsten sechs Personen bequem Platz finden; an den Spiegeln ist mehr Schnitzwerk als Glas, und die zentnerschweren Lehnstühle sind mit kleinen Treppen zum Hinaufsteigen versehen.

Das andere Zimmer, dessen Einrichtung aus derselben Zeit stammt, ist ein kostbares Denkmal der damaligen soliden Pracht. Die aus Gold und Silber gewirkten Gardinen des Bettes, welches allein zwanzigtausend Pfund Sterling gekostet hat, scheinen ihre Entstehung eher dem Amboß und Hammer als dem Webstuhle zu verdanken, so massiv sind sie, und die mit einer zolldicken künstlichen goldenen Stickerei über und über verzierte Decke desselben würde jeden, der darunter schlafen wollte, durch ihre Schwere erdrücken. Eine silberne Toilette von schöner alter getriebener Arbeit, ein großer silberner Tisch und ein geschnitzter Schrank, groß wie ein Haus in den Hochlanden, über und über besetzt mit silbernen Prunkvasen, machen das Ameublement vollständig.

Viele andere Zimmer enthalten eine Menge guter alter Gemälde. Besonders merkwürdig in dieser Hinsicht ist eine lange Galerie voll Familienportraits und Bildnissen ausgezeichneten Menschen früherer Zeit. Manche wunderliche Karikatur, aber auch mancher vortrefflich gemalter Kopf blickt hier von den Wänden auf uns herab. Zu den letzteren gehört besonders ein sehr charakteristisches Porträt Cromwells, nächst dem Luthers, dessen bleichen Freundes Melanchthon und Erasmus, gemalt von Lucas Cranach. Die Porträts fast aller bekannten und berühmten Gelehrten und Dichter Englands füllen ein besonderes Kabinett.

Weiterhin hinter Knoles erhebt sich die Gegen allmählich; höhere Berge gewähren dem Reisenden manche schöne Aussicht; bald zeigen wunderbar gestaltete Felsen ihre kahlen Scheitel; weiter blick man hinab in die tiefen Schluchten eines sehr pittoresken Steinbruchs; dann zeigt sich die schöne Ruine eines uralten Schlosses hoch auf einem Berge, der drohend auf das und seinem Fuße liegende Städtchen Tunbridge hinabschaut. So geht es fort bis zu dem einige Meilen weiterhin gelegenen freundlichen Badeorte Tunbridge Wells.

Dieser wird sehr häufig besucht, da er nur sechsunddreißig Meilen von der Hauptstadt entfernt ist und man den Weg dahin in wenigen Stunden zurücklegt. Wir würden indessen die Grenzen der nächsten Umgebung überschreiten, wenn wir uns auf dessen nähere Beschreibung hier einließen; auch zeichnet er sich weder durch seine innere Einrichtung noch durch seine Lage vor anderen ähnlichen Orten aus. Tunbridge sei also der Scheidepunkt, wo wir dem Leser, der uns freundlich bisher begleitete, ein dankbares Lebewohl sagen.

CPSIA information can be obtained
at www.ICGtesting.com
Printed in the USA
LVHW102049171022
730905LV00004B/398